WHEN GENIUS FAILED

天才たちの誤算

【ドキュメント】LTCM破綻

ロジャー・ローウェンスタイン
東江一紀／瑞穂のりこ訳

日本経済新聞社

WHEN GENIUS FAILED

by Roger Lowenstein

Japanese translation rights arranged
with Roger Lowenstein
c/o Melanie Jackson Agency, L.L.C., New York
through Tuttle-Mori Agency, Inc., Tokyo

モーリー・ラスキーとジェーン・ルース・メアーズへ

過去はプロローグだというけれど、どの過去かが問題だ(注)。

——ヘンリー・フー

まえがき

以下に綴るロングターム・キャピタル・マネジメントの物語は、当事者に承諾を得たものではない。企画の初期には、パートナーのうち二名が、公式なインタビューに数回にわたり応じてくれた。エリック・ローゼンフェルドとデビッド・マリンズだ。だが、こうした公式の協力は間もなく得られなくなった。それ以降、インタビュー再開の試みも、創設者であるジョン・W・メリウェザーをはじめ他のパートナーに公式に接触する申し入れも、最終的にむだに終わった。ただし取材の過程でこちらから、際限なくといってもいいほど膨大な質問のリストを再三ローゼンフェルドに送りつけ（電子メールか電話で）、ローゼンフェルドは、質問の多くに快く答えてくれた。そのうえ、ロングタームの社員が、職種を問わず、個人的に取材を支援してくれたおかげで、ロングターム内部の仕組みとパートナー個人の間の微妙な関係について、理解を深めることができた。その方々に、深く感謝している。

次に主な情報源となったのは、ウォール街の大手投資銀行の関係者に対するインタビューだ。特にロングターム誕生と最後の救済で中心的な役割を演じた六行に取材した。ベア・スターンズ、ゴールドマン・サックス、JPモルガン、メリルリンチ、ソロモン・スミス・バーニー、スイス・ユニオン銀行の人々の協力がなかったなら、本書を書き上げることはできなかった。

そのほか、ピーター・バーンスタイン、ユージン・ファーマ、ジョン・ジルスター、ブルース・ジェイコブズ、クリストファー・メイ、マーク・ルービンスタインの各氏をはじめ多くの方々に、オプション、ヘッジ、ベル型曲線、膨れた尻尾《ファット・テール》などの用語を理解するうえで指導をいただいた。

また、ロングタームのパートナーが一九九九年一月に作成したファンドの破綻に関する内部資料から、運用期間中のファンドの自己資本、資産総額、レバレッジ、月次成績、さらにパートナーを含めた各投資家の投資結果について、情報とデータとを利用させてもらった。これはかけがえのない情報源で、事実、本書に引用した数値の多くは、この資料に基づいている。

情報源は、可能な限り、後注に記載した。ただし、匿名を希望する情報源に頼らなくてはならないケースも数多くあった。最近起こった出来事の経緯を本にするのは、常に支障の多い作業であり、ロングタームの物語は――基本的に失敗と失望の物語である――特に微妙だった。ロングタームのパートナーはもともと内向きな人たちで、絶頂期ですら、こういう企画には乗り気でなかっただろう。この巨大な破綻劇の経緯を詳《つまび》らかにする作業に熱意を示さなかったとしても、人間である以上当然だ。したがって、明らかにしていない情報源については読者のご容赦を願うほかない。

取材を手伝ってくれたビーケン・バービアンに深く感謝する。万難を排して事実を収集してくるだけでなく、機知縦横にして慧眼なる助手として能力を発揮してくれた。ニール・バースキー、ルイス・ローウェンスタイン、ジェフリー・タンネンバウム――親愛なる友人ふたりと比類なき父――は、粗い草稿を辛抱強く読み、かけがえのない、まさに必要としていた提言を寄せてくれた。どの頁にも、三人の貴重な書き込みの跡が残されている。私の代理人、メラニー・ジャクソンと編集者のアン・ゴッドフのふたりは、スーパーボウルでモンタナとライスが見せたパスワークそこのけの確かさで、構想から完成まで、この企画を巧みに導いてくれた。ふたりがどれだけ手応えを感じているか繰り返し示してくれたおかげで、ほかに寄る辺とてない長い道のりが明るく感じられた。最後に三人の子供たち、マット、ザック、アリーは、いつも新鮮な発想のヒントを与えてくれた。そのほか執筆の過程では大勢の方々に、技術的にも個人的にも、支援していただいた。感謝の念に堪えない。

目次

装幀　安彦勝博

LTCMに当初出資した１ドルの価値の推移（1994年３月～98年10月）

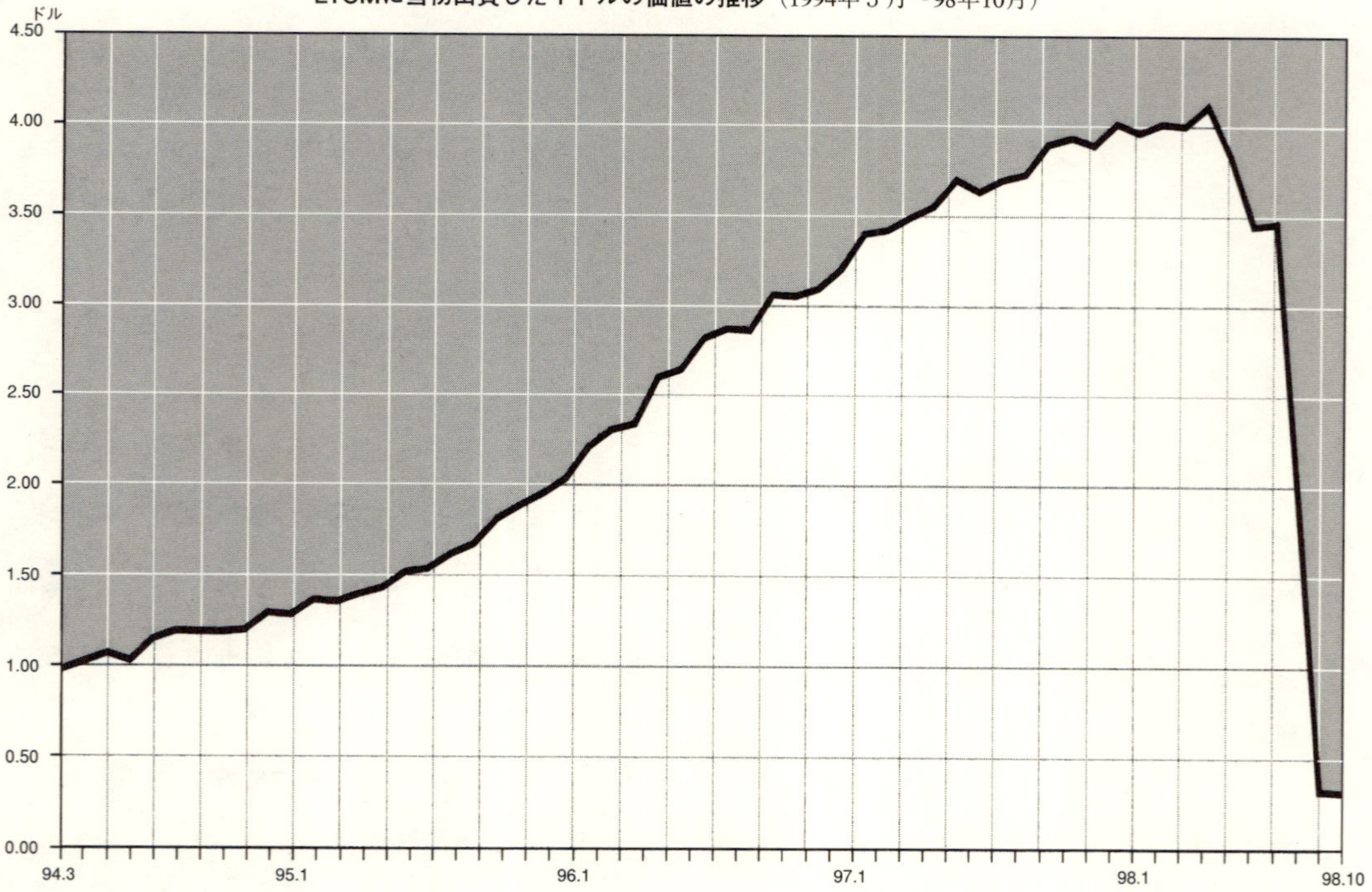

プロローグ

ニューヨーク連邦準備銀行ビルと呼ばれる灰色がかった重厚な砂岩造りの建物が、ウォール街の真ん中に立っている。一九二四年に建てられた街の名物ビルだが、腕一本でのし上がろうとする人々の活気みなぎるこの界隈では、ややくすんだ、影が薄いともいえる存在だ。あたりにはディスカウント・ショップや軽食堂が点在し、そしてもちろん、ほとんど切れ目なく、証券会社と銀行が軒を連ねる。すぐ隣には、靴直しのスタンドとテリヤキ・ハウスに並んで、チェース・マンハッタン銀行があり、数ブロック先には、JPモルガンがある。もう少し西に進むと、庶民の証券会社メリルリンチが、ハドソン河の川面を見つめている。河を越えた先には、また別の米国があり、メリルの顧客の大半を占める人々の暮らしがある。こうした銀行の高層ビルが、開放的で親しみやすい雰囲気を演出しているのに対して、連銀ビルはと見ると、フィレンツェ・ルネサンス様式の粋を凝らした建築で、いかにも近寄りがたい。アーチ型の窓には鉄製の枠がはめられ、リバティ通りに面した正面玄関には、黒ずくめの屈強な警備員がずらり居並ぶ。

米国の中央銀行制度である連邦準備制度の中にあって、ニューヨーク連銀はいわば車輪を支えるスポークのひとつであり、軸となる一本とはいえ、それ以上の存在ではない。ウォール街に近いので、〝預言者〟アラン・グリーンスパン率いるワシントンの連邦準備制度理事会(FRB)に代わり、目となり耳となって、市場の動きを探っている。牛を思わせる体軀をしたニューヨーク連銀総裁ウィリアム・マクドナーは、バンカーやトレーダーを相手に、始終意見を交換している。特に市場を揺さぶりかねない、ひいては金融システム全体を揺さぶりかねない動きに関することなら、なんであれ耳をそばだてる。ただしマクドナー自身は、カーテンの陰から出てこようとしない。規制当局としての連銀の役割は、常に議論の的になってきた。ウォール街と肘突き合わせて渡りあう公僕、でなければ、下々の無法な争いには手を下さない孤高の当局。マクドナーが仲介に乗り出すとすれば、些細な一手であったとしても、事態は危機でなければならない。ことによると戦争かもしれない。一九九八年初秋、マクドナーはたしかに仲介に乗り出した。そしてそれは、些細な一手ではなかった。

火種はあまりに小さく、ばかばかしいほど遠い話に思えて、大きな意味を持つとは誰ひとり予測しなかった。だが、何かが起こるときは、いつもそうではないだろうか？　港で船荷の紅茶が海に投げ捨てられる。皇太子が狙撃される。あれよという間に、火薬庫に火がつき、危機が広がり、気がつけば、世界が変わっている。今回、銃声の代わりになったのは、ロングターム・キャピタル・マネジメント（LTCM）だ。ウォール街から四十マイルばかり離れた瀟洒《しょうしゃ》な郊外の町、コネティカット州グレニッチに本社を構える非上場の投資パートナーシップである。LTCMに資産を託していた投資家は百人そこそこで、社員は二百人に満たず、国内でもLTCMの名前を耳にした覚えのある人は、百人にひとりもいなかっただろう。なにしろ五年前には、存在すらしていなかった。

しかしこの日、一九九八年九月二十三日水曜日の午後、ロングタームは小さくは見えなかった。LTCMの危機を理由に、マクドナーはウォール街の主だった銀行のトップをかたっぱしから招集――連邦準備銀行の控えめな言い回しによると〝招待〟――した。史上初めて、バンカース・トラスト、ベア・スターンズ、チェース・マンハッタン、ゴールドマン・サックス、JPモルガン、リーマン・ブラザーズ、メリルリンチ、モルガン・スタンレー・ディーン・ウィッター、ソロモン・スミス・バーニー各社のトップが、連銀ビル十階にある役員会議室の肖像画の下、一堂に顔をそろえた。中南米のとある国を救済するためではなく、同業の一社を救うためだ。米銀のほか、ニューヨーク証券取引所理事長、さらに欧州系の大手銀行の代表も参加していた。これだけの人数を一度に迎えるのは連銀としても異例のことで、皮張りの椅子が皆に行き渡らず、CEO（最高経営責任者）たちは金属製の折りたたみ椅子に、窮屈そうに身を押し込めなくてはならなかった。

マクドナーの身分は公務員だが、この会議は秘密裏に招集された。世間の知るかぎり、米国証券市場は歴史的な強気相場の真っ只中にある。ただここにきて、秋には相場が荒れるというジンクス通り、若干の変調期を迎えていた。八月半ばにロシアのルーブル債でデフォルトが発生し、以来、国際債券市場は特に不安定に推移している。しかし、マクドナーが銀行トップを集めたのは、そのためではない。

ロングタームと呼ばれる債券トレーディング会社が、破綻の淵にあった。ファンドを率いるのは、ジョン・メリウェザー。かつてソロモン・ブラザーズで名を馳せたトレーダーだ。慎重ではあるが根っからの中西部人で、バンカーの間で人気があった。メリウェザーがいたからこそ、銀行はロングタームへの融資に――きわめて気前のいい条件で――応じたのだといっていい。とはいえメリウェザーはいわば、ロングタームの顔に過ぎなかった。ファンドの心臓は、博士号を持つ頭脳派アービトラージャーの一団だ。多くは元大学教授で、ふたりはノーベル賞受賞者だった。ひとり残らず、きわめて頭脳明晰であり、また、自分たちがきわめて頭脳明晰であることを知っていた。

四年間、ロングタームはウォール街の羨望の的だった。ファンドは年率四〇パーセントを超えるリターンを稼ぎ出し、長期にわたる損失はなく、変動性もなく、見たところ、リスクというリスクとは縁がなかった。頭脳スーパーマンたちは、不確実な世界を、精密で冷徹なオッズに集約する業を身につけているかに見えた。彼らこそ金融工学の粋を凝らした結晶体だった。

信じがたいことだが、この無名に近いアービトラージ・ファンドが、一千億ドルという目玉の飛び出そうな額の資産を集めていた。ほぼ全額が借り入れ——つまり、マクドナーのテーブルに顔をそろえた銀行の懐から出た金だ。このレバレッジ自体途方もないが、ロングタームはじつはこれよりはるかに深刻な問題を抱えていた。ファンドが結んだ無数のデリバティブ契約が、際限なく絡まりあって、ウォール街の銀行という銀行を巻き込んでいるのだ。市場価格の動きとは直接関わりのない、こうしたデリバティブのエクスポージャー（リスクにさらされている投資）は、総額一兆ドルという天文学的な数値に膨れ上がっていた。

ロングタームがデフォルトに陥れば、この部屋に集まった銀行はすべて、相手のいなくなった契約の片方の端を握ったまま、取り残されることになる。要するに、とてつもない——しかも理不尽な——リスクを負わされる。銀行は当然、大混乱のうちに、相手のいなくなった債務から逃れるべく奔走し、ロングタームの差し入れた担保を売却しようとするだろう。

市場にパニックはつきものだが、デリバティブが登場したのは比較的最近だ。こうした革新的な新型証券に潜むリスクについて、規制当局は懸念を抱いてきた。デリバティブの普及で、国中の金融機関が、互いの債務を定めた鎖に、がんじがらめにしばられてしまった。鎖の中の、どこか太い繋《つな》ぎ目が切れたら、どうなるだろう。マクドナーが恐れたのは、市場が機能を停止し、トレーディングがストップする事態、つまりシステムそのものが崩壊する事態だった。

いらだたしげに葉巻を噛むのが癖のベア・スターンズCEOジェームズ・ケインは、かねてから、決済用資金が五億ドルを割り込んだら、ロングタームの取引の決済を差し止めると宣言していた。決済の停止は破綻を意味する。これがこの年の初めであれば、ありそうもない話と思えただろう。当時、ロングタームの自己資本は四十七億ドルに達していた。ところが、ここ五週間のうちに、つまりロシア債がデフォルトに陥って以来、ロングタームは気が遠くなるほどの損失を――来る日も来る日も、また次の日も――被ってきた。自己資本はぎりぎりまで低下している。ケインはもう一日ももたないと見ていた。

資金を求めて、ファンドはウォーレン・バフェットを訪ねた。ジョージ・ソロスを訪ねた。メリルリンチを訪ねた。ひとつひとつ、思いつく限りの銀行を、しらみつぶしに訪ねて回った。もう訪ねる先はどこにもない。かくして、普段から仲の悪い、抗争中かもしれない一族のメンバーをゴッドファーザーが招集するように、マクドナーがバンカーたちを招待する次第となった。各行それぞれが単独でポジションの手仕舞いに走れば、世界的なパニックになりかねない。しかし協調体制を組めば、おそらくは、破局を回避できる。はっきりと口には出さなかったが、マクドナーは銀行に四十億ドルを拠出させ、ファンドを救済するつもりだった。それも、今すぐに――明日では遅すぎる。

しかし銀行にしてみれば、ロングタームに関わり合うのはもうたくさんだった。数学者どもはいつも秘密の壁を築いては仲間だけで閉じこもり、誰であれ、自分たち以外のウォール街の人間と見ると、あからさまに見下した態度をとった。メリルリンチはロングターム設立に手を貸して以来、ファンドとの間に、実りある、互いの利益につながる関係を築こうと努めてきた。他の銀行もそうだ。しかしロングタームはそれを鼻であしらった。教授らは自分たちの――自分たちだけの条件で取引を求め、相手に歩み寄ろうとはしなかった。ロングタームが今になって助けを求めてくること自体、おもしろくない。

それにバンカーたちはみずからも、ロングタームが原因の一端を担った混乱の中で、苦汁を味わっていた。ゴールドマン・サックスのジョン・コーザインCEOは、パートナーたちの反乱に遭っていた。ゴールドマン・サックスが最近被ったトレーディング損失に戦々恐々となったパートナーたちは、コーザインの考えに反して、ただでさえ目減りした自己資本を費やして競合先を救うことに抵抗した。トラベラーズ・ソロモン・スミス・バーニーのサンフォード・I・ワイル会長も、巨額の損失に見舞われていた。心配なのは、この損失によって、輝かしいキャリアの頂点を飾る玉となるはずのシティコープとの合併計画にひびが入ることだった。それについ最近、行内のアービトラージ部門――数年前、ここを踏み台にメリウェザーが飛び出していった――をたたんだばかりだ。アービトラージ・ファンド救済は一度でたくさんだった。

テーブルをぐるり見渡すと、マクドナーの客人たちはひとり残らず、大なり小なり、なんらかの問題を抱えている。多くの場合、ロングタームが直接の引き金となったものだ。銀行株は軒並み値を崩している。アジア諸国の通貨下落を皮切りに、じつになにげなく始まった混乱が、ロシアからブラジルに飛び火して、世界的危機となり、ロングターム・キャピタル・マネジメントにまで達した今、マクドナー同様バンカーたちも、ウォール街全体がこれに巻き込まれるシナリオを恐れていた。

リーマン・ブラザーズのリチャード・フルド会長は、ロングタームへの過剰融資疑惑から、リーマン自身破綻の淵にあるという噂の揉み消しにおおわらわだった。スイスの巨大銀行、スイス・ユニオン銀行（UBS）のデビッド・ソロ代表も、ロングタームとの取引には行き過ぎを感じていた。軽はずみな投資のおかげで、巨額の損失が発生していた。チェース・マンハッタンのトーマス・ラブレックはかつて、ロングタームへの五億ドルの融資を後押しした。そのあとすぐ、追加融資を検討する間もなく、逆に貸出金を一刻も早く回収しなくてはならない事態に立ち至った。

太鼓腹を突き出したメリルリンチ会長デビッド・コマンスキーの心配は、なかでも深刻をきわめていた。この二カ月の間に、メリルの株価は半分に下がった。時価総額にして百九十億ドルが吹っ飛んだ勘定になる。さらに、債券トレーディングでの巨額損失が追い討ちをかけた。今や信用格付けも降格の危機に瀕している。

個人的にも、百万ドル近く投資しているコマンスキーは、ロングターム破綻が引き起こすはずの混乱を恐れていた。だが、ロングタームに対する反感がこの部屋にどれだけ充満しているかも、よく分かっている。各行が救済に合意する確率は、楽観的に見ても一か八かだった。

コマンスキーのにらんだところ、流れを左右するキーマンは、我が道をいくタイプのベア・スターンズ会長ケインだった。ベア・スターンズはロングタームの取引決済機関であり、他の誰よりロングタームの内実をつかんでいる。他の面々が椅子の上で落ち着かなげに尻の位置をずらしたりしているなか、コマンスキーの補佐役ハーバート・アリソンが、ケインの立場を尋ねた。

ケインははっきりと答えた。ベア・スターンズはロングターム・キャピタルに一セントたりとも出資するつもりはない、と。

一瞬、テーブルを囲むバンカーたち、ウォール街の選りすぐりの経営陣は、言葉を失った。そして、舌戦の幕が切って落とされた。

第1部 躍進

第1章　ジョン・メリウェザー

ジョン・メリウェザーがソロモン・ブラザーズで見出した信仰箇条がひとつあるとすれば、損失は利益に転じるまで持ちこたえるべし、だろう。啓示を受けた時期を正確に絞り込むこともできる。一九七九年、J・F・エクスタインという証券会社が、破綻の淵に追い込まれていた。あわてふためいたエクスタインはソロモンに駆け込み、パートナー（共同経営者）数名を含む一団と面談する。この中に、血色のいい丸い頬をした三十一歳のトレーダー、メリウェザーも交じっていた。「大きい取引をかかえているんですが、持ちこたえられそうもなくて」エクスタインは訴えた。「会社ごと買い取っていただけませんか？」

背景を説明すると、こうなる。エクスタインは米国債の先物を取引している。米国債先物とは、その名の示す通り、米国財務省証券を、将来、特定の価格で受け渡すことを取り決めた契約だ。国債の先物はふつう、現物債券の価格をやや下回る水準で取引される。アービトラージ（さや取り）の型通りの手順を踏むと、エクスタインは先物を買って、現物を売り、それから双方の価格が収斂するのを待つ。たいていの人間は、ごく近い将来に手に入る先物には、現物と同じ程度の価格を支払うので、双方がじきに収斂すると考えるのは理にかなっている。ここに、ちょっとしたからくりがある。これはエクスタインの事業の秘密であり、ロングターム・キャピタル・マネジメントの先物取引の秘密でもあり、じつのところ、この業界で働く世界中のアービトラージャーの秘密である。このふたつの債券の価格がこの先、上がるか下がるか、エクスタインには分からない。そしてエクスタインにとってはじつは、どちらでも構わない。大事なのは、ふたつの間の価格差がどう広がりどう縮まるか、である。

国債先物を買って、現物を空売り（価格が将来下がる方に賭ける）すれば、エクスタインは事実上、双方向、二種類の見通しに賭けたことになる*。当然、どちらか一方で利益が出て、他方で損失が出る。しかし価格が低い方、つまり先物の上げ幅が、現物の上げ幅をわずかに上回るか、あるいは先物の下げ幅が、現物の下げ幅をわずかに下回っている限り、当たった見通しで得る利益は、外れた見通しで失う損失を上回ることになる。これがアービトラージの基本的な考え方だ。

＊実際には、空売りするには、借りてきた証券を売ることになる。その証券は、のちに返却しなければならない——空売り側の思惑では、その頃には値下がりしている。割安銘柄を買って、割高銘柄を売るという原則に変わりはない。空売りは、ただこの順序をひっくり返したに過ぎず、割高銘柄を売り建てておいてから、割安銘柄を買う方法だ。

エクスタインはこの売買を何度も繰り返し、おおむね成功を収めた。資産が増えるにつれ、しだいに投資額を引き上げていった。ところがどういうわけか、一九七九年六月、通常のパターンが逆転し、先物価格が現物価格を上回るようになった。必ず元の関係に戻ると確信しきっていたエクスタインは、巨額の資金を取引につぎ込んだ。しかし先物と現物の価格差は収斂するどころか、いよいよ広がった。莫大な追加証拠金を求められ、エクスタインはあわてて持ち高を売りに走った。

メリウェザーはちょうどこの頃、ソロモンに債券アービトラージ部門を立ち上げたばかりだった。そしてエクスタインのポジションが理にかなっていることを、たちまち見てとった。なぜなら、価格はいずれ収斂するはずだからだ。しかしそれまでの間、数千万ドル規模の自己資本をリスクにさらすことになる。ソロモンの自己資本はわずか二億ドル程度だった。危ぶむ声もあったが、パートナーたちはエクスタインのポジションを引き継ぐことに同意した。続く数週間、スプレッドは広がり続け、ソロモンは深刻な損失を被った。当時は資本勘定を書き込んだ帳面を、アラン・ファインというパートナーのオフィスの外に置いておくのが慣わしで、毎日午後になると、パートナーたちが不安げに、爪先立ちでやってきては、損失がいくらになったか確かめていった。メリウェザーは涼しい顔で、いずれ利益が出ると言い張った。「早くしたほうがいいぞ」マネジング・パートナーのジョン・グッドフレンドが言った。「でなきゃおまえのクビが飛ぶ」

スプレッドははたして収斂し、ソロモンには巨額の利益が転がりこんだ。当時、金融先物取引はめずらしかったが、メリウェザーは仕組みを理解した。すぐ翌年、パートナーに昇進する。そして、この方が重要だが、〝国内債券アービトラージ部門〟なる、あまり発展しそうもない名称のついたメリウェザーのささやかな部門が、ここで、ソロモンの自己資本を使ってスプレッド取引を実行する裁量権を得た。メリウェザーはじつに、天職を見つけたのだ。

一九四七年生まれのメリウェザーは、シカゴのサウスサイド寄りにあるローズランドのローズムア地区で育った。リチャード・デイリー市長を頂点とする民主党=アイリッシュ・カトリック勢力の本拠地だ。三人兄弟のうちのひとりだったが、親戚が多世帯集まって暮らしていて、路地をはさんで従兄弟が四人いた。実際、近所一帯が家族だった。界隈に知らない人間はいないといってよく、バスケット・コートと駄菓子屋と地区教会を中心に、世界は限られた円の中で回っていた。東の境界線がイリノイ・

セントラル鉄道の線路で、北の境界線が赤い板囲いだ。囲いの向こうには、無人地帯が広がり、操車場と工場がぽつりぽつり立っている。貧しくはなかったとしても、けっして裕福ではなかった。メリウェザー一家は、父親が会計士、母親は教育委員会で働いていた。両親ともに厳格だった。赤茶けた煉瓦造りのこぢんまりとした家に、刈り込まれた芝と、手入れの行き届いた庭が付いている。隣近所もたいていそうだった。どの家も教区学校に子どもを通わせた（そうでないひと握りの家は〝公立派〟として村八分にされた）。メリウェザーは水色のシャツに濃紺のネクタイを締めて、聖ヨハネ・デ・ラサール中学校に通い、次いでメンデル・カトリック高校で聖アウグスティノ修道会の司祭に学んだ。規律はきびしかった。少年たちは定規で打たれ、ひどいときには、ひざまずいた姿勢のまま授業を受けた。こうしたジョイスの小説を地でいく体制のもとで教育を受けたメリウェザーは、秩序の徹底を当たり前とみる感覚を身につけた。友だちのひとりである理髪店の息子は、当時をこう振り返る。「中学生の頃、ぼくらはびくびくしてました。シスターから一生の罰を食らって、地獄に送りこまれるんじゃないかって」この世での行き先については、半ば冗談、半ばまじめに、こう言われていた。ローズムアの若者には三つの選択肢がある――大学に行くか、警官になるか、それとも刑務所に入るか。自分の選択についてメリウェザーに迷いはなかったし、仲間たちも疑わなかった。

級友に人気があり、成績も優秀だったメリウェザーは、成功への道を着実に歩んでいるように見えた。栄誉学生団体の奨学金資格を獲得していて、特に数学――債券トレーダーの必須科目――が得意だった。おそらく、数学の秩序立ったところが肌に合ったのだろう。いつも自制心に従って行動し、うっかりはめを外せば、定規のお仕置きが待っているとでも考えているふうだった。たまに生意気な口を利くことはあっても、仲間のひとりによると、災難に巻き込まれたことは一度もない（注1）。感情を表に出さず、軽はずみな衝動はきびしく抑え込んで、適度な慎みの陰に熱望を隠した。秀才だったが、神童ではなく、みんなに好かれていたが、特に目立つ存在ではない。つまり、その時その場所の平均の枠の中にきっちり収まっていた。当時そこで平均から外れて生きるのは、つらい毎日を意味したろう。

ギャンブルを好む一面があったが、賭けるとすれば、オッズにうまみがあって確実に儲けが見込めるときだけだった。ギャンブルは実際、統制に焦がれるメリウェザーの性向がうまく作用する分野だった。メリウェザーは馬に賭けることを覚え、ブラックジャックを覚えた。後者を手ほどきしたのはトランプ好きの祖母だ。持って生まれたオッズ感覚に物を言わせ、シカゴ・カブズの試合にも賭けたが、その前に必ず天気予報を聞いて、リグレー球場の風向きを確かめることを忘れなかった(注2)。十二歳かそこらで、投資の世界に足を踏み入れる。だからといって、この、やや小柄で栗色の髪をした少年が、ホレイショ・アルジャーの描く立身出世物語の主人公そこのけに、いずれはウォール街のヒーローになるに違いないと、同級生の誰かひとりくらい、あるいはメリウェザー本人が、予想していただろうと当て推量するのは間違いだ。数十年後、母親はこう述懐する。「ジョンは高校生の頃、兄といっしょに株を買って小金を稼いでいました。父親がアドバイスして」要するに、それだけのことだった。

メリウェザーのローズムア脱出は人並みはずれた情熱によって実現した。投資ではなく、ゴルフに対する情熱だ。子どもの頃から、ローズムアの少年としてはめずらしく、レクリエーション広場のゴルフ・コースに足しげく通った。メンデル高校ではゴルフ部の主力メンバーとなり、シカゴ・サバーバン・カトリック・リーグ・トーナメントで二度優勝している。そのうえ、フロスムア・カントリー・クラブのキャディになって、わざわざ町の南端まで電車かバスでかなりの距離を通い始めた。クラブのマネジャーが、熱心で人好きのするこの若者を気に入り、特に金持ちの会員とコースを回る役目——実入りのいい特別待遇だ――をあてがってくれた。その客のひとりがメリウェザーに目を留めたのがきっかけで、チック・エバンス奨学金への道が開けた。チック・エバンスとは前世紀末頃に、キャディのために大学進学を支援する奨学基金を設けるという名案を思いついたゴルファーだ。メリウェザーはイリノイ州エバンストンのノースウェスタン大学を選んだ。ミシガン湖の寒流に洗われるこの土地は、ローズムアから二十五マイル先にある、まるで別世界だった。メリウェザーのここまでの物語を見ると、ふたつの相反する真理が浮かび上がる。まず、人並みの幸福な暮らしは、近所とか教会とかいわゆる集団に溶け込んで、その価値だの慣わしだのに忠実に従うことで手に入る。秩序や習慣は、それ自体、善きものなのだ。しかし一方でメリウェザーは、他人にない強みを磨く努力――町内でほかに相手すらいないゴルフのハンディを下げる努力――がけっしてむだにはならないことも、学びとった。

ノースウェスタン大学を出ると、一年間、高校で数学を教え、それからシカゴ大学のビジネス・スクールに進んだ。同じクラスに、穀物農場の息子ジョン・コーザイン（のちにウォール街でライバルとなる）がいる。アナリストとしてCNAフィナンシャル・コーポレーションに勤めながら勉強を続け、一九七三年に卒業した。頑丈な身体、人を魅了する瞳を持ち、えくぼのできる丸い頬をした二十七歳の青年は、翌年、ソロモンに入社した。ソロモンはまだ小さい会社だったが、世界の債券市場を揺さぶる革命の嵐の真っ只中にあった。

一九六〇年代まで、債券トレーディングは退屈な仕事だった。債券の投資家は、確定利息を目的に、たいていは近所の銀行の信託部門で債券を買い、デフォルトでも起こらない限り、買い物にまずまず満足しているか、それきり忘れ去っていた。活発に売買する投資家はほとんど見当たらず、債券ポートフォリオを「運用」して、隣の誰かより高いリターンを達成しようなどとは、あるいは、ベンチマーク指標を上回る利回りを稼ごうなどとは、夢にも思わない。これは幸いというべきで、なぜなら、そんな指標はどこにもなかった。この世界に君臨していたのは、ハーバード仕込みの古典主義者であり、画家ウィンズロウ・ホーマーの遠戚にして、メトロポリタン・オペラのソプラノ歌手を母親に持つ、ソロモンのシドニー・ホーマーだった。ホーマーは大著『金利の歴史――紀元前二〇〇〇年から今日まで』の著者で、物腰穏やかな学者――ウォール街ではその後まもなく絶滅種となる――であった。

ホーマーの市場の特徴は、少なくとも今日の市場と比べると、固定的な関係にある。為替相場は固定制で、金利は規制され、金価格も固定されていた（一オンス三十五ドル）。ところが一九六〇年代後半、インフレという伝染病が西側諸国を襲い、この居心地のいい世界を永遠に葬り去った。インフレ率が上がると、金利も上がる。すると四パーセントの利息が魅力的だった頃に購入した国債の価格が、半値以下に下がる。一九七一年、米国が金価格を自由化し、次いでアラブ諸国が、原油輸出制限に踏み切った。この時点でまだ、安定性の幻影にしがみつく投資家が残っていたとしても、優良投資家に幅広く買われていたペン・セントラル鉄道の破綻で、幻は粉々に砕け散った。かくして、大半は手痛い損失を被った末に、べんべんと満期を待つスタイルを捨てた。世界各国の政府もしだいに、金利・為替規制を撤廃せざるを得なくなった。固定された関係の世界は、過去のものとなった。

大豆がにわかにもの寂びて見えてくる。マネーこそが、注目の市況商品となったからだ。先物取引所は、短期長期の財務省証書や日本円といった金融商品を使って新たな契約を開発し、いたるところで、新型証券、新型オプション、新型債券が売買されるようになった。プロのポートフォリオ・マネジャーが登場し、活発に売買を始めたのもこの頃だ。一九七〇年代終盤になると、ソロモンなど金融機関は、ホーマーなど夢にも見なかったやり方で、例えばモーゲージをプールして、個人投資家が購入しやすいよう小口に分けて証券化するといったやり方で、思い通りに債券を料理するようになった。

もうひとつの大きな変化はコンピューターの登場だ。一九六〇年代終盤頃まで、債券を値付けするトレーダーは、そのたびに分厚い価格表の世話になっていた。一九六九年、ソロモンはマーティン・リーボヴィッツという数学者を雇い入れ、リーボヴィッツを通じて初のコンピューターを購入した。リーボヴィッツは有史以来最も人気のある数学者となった。少なくとも、債券市場が熱を帯び、価格表をいちいち繰っていられなくなったソロモンのトレーダー連中が、一秒でもはやく価格を弾き出そうと、リーボヴィッツを取り巻いているところを見ると、そう見えた。一九七〇年代初めになるとトレーダーも初期の小型電卓を持ち歩くようになり、これがビジネスのリズムを微妙に加速させた。

メリウェザーが配属されたのは、ファイナンス・デスク、いわゆるレポ部門で、債券市場はちょうど、大きな転換期を迎えていた。これまで予測が可能で、比較的低リスクとされてきた債券の世界で、変化とチャンスの機運が脈を打ち始めたのだ。若くて目端がきくアナリストには、特にそう見えた。メリウェザーは、ひとりの知り合いもいないニューヨークに降り立って、マンハッタンのアスレチック・クラブに部屋を借り、やがて、債券が自分のためにつくられた商品であることを発見した。数学的な思考回路を持つ人間の目に、債券はことのほかおもしろく映る。価格を形成する要因の大半は、簡単に数量化できるからだ。債券価格を決める要因は基本的にふたつある。ひとつは債券自体のクーポンを基準に、さまざまな条件から割り出される。今日の貸出金利が一〇パーセントだとすると、投資家は利回り一二パーセントの債券にはプレミアムを支払おうとするだろう。いくらまで払うだろうか？　これを決めるのは、債券の満期、支払いのタイミング、投資家の金利見通し（もしあれば）であり、さらにコーラブル（任意償還可能）かどうか、株式への転換権付きかどうかといった、発行体が知恵を絞って捻り出したありとあらゆる条件が関わってくる。

もうひとつの要因は、デフォルト・リスクだ。ほとんどの場合、これは厳密に数量化できるものではなく、さほど大きくもない。しかし、全然ないわけではない。投資先として見たとき、GEはまずまず安全だが、アメリカ合衆国ほど安全ではない。ヒューレット・パッカードは、GEに比べるとやや危ない。アマゾン・ドット・コムとなると、もっと危ない。したがって、債券投資家はアマゾン債を買うとき、GE債より高い金利を求める。またはボリビア債を買うとき、フランス債より高い金利を求める。どこまで高い金利を求めるかを判断するのが債券トレーディングの核心となるわけだが、要するに債券は、数学的なスプレッドを基準に取引される。債券のリスクが高いほど、スプレッドが広がる。つまり、その債券の利回りと米国債（事実上無リスク）の利回りとの格差が広がる。いつもではないが、一般的にいって、スプレッドは投資期間とも連動する。つまり投資家は、二年債には、三十日間の短期債よりやや高い利回りを求める。そのぶん不確実性が大きくなるからだ。

こうした原則は債券トレーディングのいわば教理問答集であり、司祭の叙階にも似て、世界中の債券の利回りとスプレッドを、膨大なマトリクスにまとめあげる。複雑にして一定不変である点、偉大な宗教の教えと変わりなく、いつもロザリオと祈祷カードをブリーフケースに入れて持ち歩いているメリウェザーの目に、それが快く映ったとしても、少しも不思議ではない。学べば学ぶほどおもしろく、神学校の生徒そこのけに、上司を質問攻めにした。上役たちは将来性を嗅ぎとり、政府機関債トレーディング部門にメリウェザーを移した。それからまもなく、ニューヨーク市があやうくデフォルトに陥りかけ、つられて各種政府機関債のスプレッドが急騰した。メリウェザーはこれを市場の判断ミスと見て——政府機関がどれもこれも破綻の淵にあるはずはない——、手の届くかぎり、政府債を買いまくった。はたしてスプレッドは縮小し、莫大な利益が転がり込んだ（注3）。

メリウェザーが一九七七年に立ち上げたアービトラージ部門は、ソロモンの歩みを振り返るうえで、微妙な、しかし重要な転換点を刻んでいる。これは、一九九〇年代にロングターム・キャピタルが、そっくりそのまま複製する元になる雛型でもある。ここを実験室としてメリウェザーは、巨大なリスクをとることに慣れ、恐れを感じなくなっていった。ソロモンと債券トレーディングの関係は古いが、業務の中心は、比較的リスクの低い顧客のための取引だった。そこへアービトラージ部門が登場して、メリウェザーを旗頭に、ソロモンの自己資本を使って売買する自己取引に乗り出した。新しい畑なので、競合相手はほとんどなく、実入りもたっぷりあった。メリウェザーはエクスタインと同様に、スプレッド――先物契約と現物債のスプレッドや、二種類の債券間のスプレッド――が収斂する方向に多く賭けた。スプレッド拡大に賭けても構わないわけだが、さや寄せがメリウェザーの基本形だった。取引の相手側にいたのは、保険会社、銀行、でなければ投機筋だったろう。メリウェザーには分からなかったし、ほとんどの場合、気にもかけなかった。ときには、ほかの投資家が不安に駆られて資金を引き揚げ、スプレッドがますます広がって、少なくとも一時的に、損失が出ることもあった。だがその間を持ちこたえる資金さえあれば、いずれ、それは利益に変わる。少なくともこれまでの経験から、そう当てこむことができた。最終的に、スプレッドはいつも縮小する――これがエクスタインの一件から学んだ教訓だった。そして、のちにロングターム・キャピタルでも、この教訓が拠り所となった。しかしエクスタインの一件には、もうひとつ、同じくらい重要な教訓が潜んでいて、メリウェザーもこれほど短期間に成功していなければ、学ぶ機会があったかもしれない。つまり、損失を出しているポジションは、いずれ利益を生むポジションに転じるかもしれない（もちろん、もともと適切に設定されていることが前提だ）が、その転換点がなかなか訪れず、トレーダーに打つ手がなくなると、どうなるか。当然、その間に、破綻する。

一九八〇年代の初めには、メリウェザーはソロモンに輝く新星のひとつになっていた。内気なところと、一分の隙もないポーカーフェイスとが、有能なトレーダーとなるうえで、遺憾なく力を発揮した。採用時にメリウェザーを面接したソロモンのパートナー、ウィリアム・マッキントッシュは言う。「ジョンの胸の内には鋼鉄製の檻が仕込んである。何を考えているんだか、こちらには見当もつかない」かつてソロモンでメリウェザーと机を並べたことがある作家のマイケル・ルイスも、これと同じメリウェザー像を『ライアーズ・ポーカー』で描いてみせた。

成功したときも、失敗したときと同じ緊張半分の無感動な表情を浮かべている。おびえと強欲さという、トレーダーにとっては命取りのふたつの感情を、彼は並みはずれた自制心で抑えることができ、そのせいで、ひたすら私利を追求する人間にはめずらしい気品を感じさせるのだろう（注4）。

残念なのはこの本が、一対一のポーカーの勝負を挑まれて、賭け金を一千万ドルに引き上げろとメリウェザーがグッドフレンド会長を挑発したとされる事件を、特に誇張して描いている点だ。典拠が疑わしいうえに、この件をもって、向こう見ずの殿堂にメリウェザーを列しているからで、向こう見ずはメリウェザーの本質ではない（注5）。メリウェザーが司祭を務めるギャンブルの世界は、計算で成り立っている。用心深さは、メリウェザーの欠点といってもいいくらいだ。この男は自分をけっして表に出さない。生い立ちにしろ家族にしろ、一切の過去は、同僚の目には白い紙も同然で、そのひとりによれば、まるで「砂の上に線を引いた」かのようだった。私的な話を極端に避けるので、ロングターム・キャピタルの事件が新聞の一面を飾ったときですら、ニューヨーク・タイムズ紙のある記者は、メリウェザーに兄弟がいるかどうかを突きとめようと苦労したあげく、ひとりっ子だと信じていた友人の間違ったコメントを引用してしまった（注6）。こういう抑えた性格は、トレーダーになるにはもってこいだが、それだけではじゅうぶんとはいえない。メリウェザーに欠けていたのは、本人も気づいていたに違いないが、他人にない強み——高校生の頃、ゴルフコースで培ったような、何か特別な取り柄、ソロモンとほかの債券トレーダーとの間に一線を画す何か、だった。

メリウェザーの解決策は、あきれるばかりに単純だった。もっと頭のいいトレーダーを雇えばいいではないか。勘と度胸が頼りの、ウォール街土着の非科学的なネアンデルタール人どもではなく、学問の一分野として市場をとらえられるトレーダーを雇えば……。学界には市場をテーマに、訳の分からぬ論文を何年も発表し続けている浮世離れした数学者がわんさといる。ウォール街はすでにこういった人種を雇い入れ始めていたが、受け入れ先は、雨風の当たらない調査部門に限られていた。ウォール街でインテリ連中は「クォンツ」と呼ばれ、男の商売たるトレーディングには不適格の烙印を押されていた。ソロモンの米国債部門責任者に、クレイグ・コーツ・Jrという男がいて、これはトレーディング・フロアに棲息する典型的なタイプだった。背が高く、感じがよくて二枚目で、どんなクライアントとも反りが合う。たしかに、大学の授業はさぼってばかりいたけれど、バスケットの選手でフォワードを務めていたし、それにトレーダー魂というやつを生まれながらに持っている。メリウェザーが排除したかったのは、まさにこの情熱の要素だった。欲しいのは情熱ではなく、学者の冷静な節度と、市場に対する精密かつすぐれて定量的なアプローチだ。

ウォール街の幹部クラスのほとんどは、学術的な話となるとちんぷんかんぷんだったが、数学の教師であり、シカゴ大でMBAを取得したメリウェザーにとっては、なじみの世界だ。これなら、自分だけの強みになる。一九八三年、メリウェザーはエリック・ローゼンフェルドに電話を入れた。気が優しく、MIT（マサチューセッツ工科大学）卒業後はハーバード・ビジネス・スクール助教授の座に就いているこの男に、学生のうち誰か推薦してもらえないか打診するつもりだった。コンコードでそこそこに成功した投資顧問を父親に持つローゼンフェルドは、コンピューター・マニアでもあり、この頃すでに定量的なモデルを使って実際に投資していた。ハーバードでは、苦労していた（注7）。口数が少なく、特におもしろみもなく、頭は圧倒的によかったが、教室で堂々と振るまえる器ではない。遠くから見ると、眼鏡をかけた痩せ鼠に見えた。学生たちは容赦なかった。将来の同僚のひとりによると、「いつもボコボコにされていた」メリウェザーの電話を取ったときは試験の採点中で、本人の記憶によると当時の年収が三万ドル程度だったそうだが、その場で、自分が面接を受けたいと申し入れた。十日後、採用が決まった（注8）。

メリウェザーはなおも突き進んだ。ローゼンフェルドを皮切りに、ロンドン・スクール・オブ・エコノミクスの金融学修士号を持つイラン系米国人ビクター・J・ハガニ、続いてアーカンソー州出身でビル・クリントンの法務長官選挙を支援したのちMITで金融経済学博士号を取得したグレゴリー・ホーキンス、やはりMITで博士号を取得し、数学的思考を得意とする、精力的なエコノミストにしてハーバードでローゼンフェルドの同僚だったウィリアム・クラスカー、こういった面々を次々と雇い入れた。なかでも、浮世離れの程度ではおそらく、頭のよさでは間違いなく、横綱だったのがローレンス・ヒリブランドだろう。なにしろMITでふたつの博士号を取得している。ソロモンはクォンツの伝統的な受け入れ先である調査部門にヒリブランドを配属したが、メリウェザーはさっそくアービトラージ部門に引き抜いた。言うまでもなく、これが将来、ロングターム・キャピタルの中核になる。

インテリたちは、たちどころにウォール街に適応した。まず過去の債券価格を手の届く限り、ひとつ残らずコンピューターにとり込んだ。そこから債券間の関係を長期的に探り出し、それが将来どう動くかを予想するモデルを構築した。その後、どこかの市場の価格が、何らかの理由で通常の水準から外れれば、モデルからひと目で分かるようになった。

モデルが売買を指示するわけではない。あくまでも、人間の頭脳というコンピューターに判断材料を提供するのが、モデルの役割だ。モデルは複雑な世界を単純化する。二年物国債の利回りが、通常より十年物に近づいてはいないか。スプレッド自体が外国の同じ期間の国債に比べて異常に小さくなってはいないか。モデルは市場をひとつの明白な問いかけに凝縮する。グループのあるメンバーはこう言った。「世界の現状——イールド・カーブ、変動性、金利水準——を広く見渡したとき、金融市場のさまざまな主張の間に不整合がないかどうかを問うわけだ」これがメンバーの言い方であり、考え方だった。価格はどれも〝主張〟であり、ふたつの主張が互いに矛盾しあうとき、そこにさや抜き（＝アービトラージ）の機会が生まれる。

メリウェザーの試みは、ふたつの好環境に恵まれなければ、間違いなく失敗に終わっていただろう。第一に、教授たちは実際、頭がよかった。わき目も振らず仕事に取り組み、そして裁定機会もたっぷりあった。デリバティブなど新しい市場では、特にそうだ。教授たちはこれを機会といわず、〝非効率性〟といった。完全に効率的な市場、つまり価格がすべて適正水準にある市場では、取引の機会は永遠に生まれない。しかし現実の市場は発展途上にあるので、価格はしばしば適正水準から外れ、豊富な機会を生みだす。加えて教授たちは、この商売に、学界で学んだ絶対的信条を持ち込んだ。傾向としてあらゆる市場は、時の経過につれて、より効率的になるという信条だ。

特に、リスク水準の異なるふたつの債券間のスプレッドは、時の経過とともに縮小に向かうとの説を、教授たちは固く信じていた。理論的にいえば、そうなる。なぜならスプレッドは、ハイリスク資産につきものの不確実性を一要因として織り込んでいるからだ。市場が時の経過につれ、理論通りもっと効率的になれば、ハイリスク債券の変動性が低下し、したがって確実性が増し、投資家が求めるプレミアムは縮小に向かう。例えば、一九八〇年代初め、デリバティブの一種で比較的新しい商品だったスワップのスプレッドは、二パーセント・ポイントだった。アービトラージ部門にいたあるスタッフは、当時を振り返って言う。「それを見て、彼らはこう言いました。『そんなはずはない。それほどのリスクがあるわけがない。市場は長期的に効率化に向かうだろう』」

スワップのスプレッドははたして、一パーセント・ポイントに縮小し、最終的には〇・二五ポイントまで下がった。こういう取引を、ウォール街ではどこでもやっていて、しだいに慎重姿勢を強めてきたコーツ率いるソロモン米国債部門も、その点変わりなかった。違いは、メリウェザーのアービトラージ部門が、これを桁違いの金額で実行したことだ。相場が逆に振れたときには、アービトラージャーたち、特にいつも自信に満ちたヒリブランドは、黙って投資額を倍にした。モデルを裏づけに、彼らは他の誰よりも、確信を持っていた——揺るがしがたいまでに。じゅうぶんな時間と、じゅうぶんな資本を与えられて、学界出身の若き天才たちは、間違いなど犯しようがないと感じていた。こうした才能を取り込むべく定期的に学会に顔を出し始めたメリウェザーも、天才は正しいと信じるようになった。

もうひとつの好環境は、教授連中を社内の政治力学から守り、トレーディング資本を調達してくる保護者がいたことだ。メリウェザーの存在がなかったなら、このグループは絶対に立ち行かなかったろう。教授連中は、ひと口にいって、場違いもいいところだった。ニュージャージー州チェリーヒル出身、技師の息子のヒリブランドは、アル・ゴア副大統領が学者になったところを想像させた。人付き合いがへたで、ごく簡単と思える質問にすら、味も素っ気もない専門的な――ただし数学的には正確な――答えを返した。ある日、アービトラージとは別の部門のトレーダーがやってきて、あるひと組の証券の取引について質問をぶつけた。ヒリブランドは、学生に個別指導でもする調子で、こう答えた。「しかし、その価格水準は、きわめて醜悪だね」トレーディング・フロアでやりとりされる野卑な冗談に慣れている目の前の男は、こう返した。「わたしもちょうど同じように考えてたんですよ――醜悪だってね！」アービトラージ部門のモデルの多くを設計した慎重なクラスカーは、机と同化する天賦の才を余すところなく与えられていた。ローゼンフェルドは、ひねりの利いたユーモアの持ち主だったが、パートナーの多くがＭＩＴの大学院どころか普通の大学すら出ていないソロモンの社内では、内気で無口な男でしかない。

この面々をウォール街に連れ込むという特異な才能が、メリウェザーにはあった。この手法はソロモンのライバル会社がのちにまねることになる。「ジョンが連れてきた連中は、会社の中では変人扱いされていました」当時、ソロモンの投資銀行部門にいたジェイ・ヒギンズは言う。「ジョンがいなかったら、彼らはベル研究所で対数の計算尺でも振り回していたでしょう。本人たちにも、それは分かっていました」(注9)。

教授たちはトレーディングを、足し算と引き算とに集約する名人だった。言いかえれば、ハム・サンドイッチを分解してリスク要因を数え上げることはできても、まともな会話の相手にはならなかった。

メリウェザーは彼らが力を発揮できるよう、安全で隔離された場所を用意した。アービトラージ部門を、慎んで別世界に仕立てたのだ。トレーダーたちは、メリウェザーがいたからこそ、仲間同士親しく交わった。他の部門の社員たちと親しくなる必要性はまったく感じなかった。

「日曜に、みんなでゴルフに行くぞ」メリウェザーがよく口にしたせりふだ。「きみも来ないか？」と、付け加える必要はなかった。ヒリブランドやローゼンフェルドがそうだが、それまでゴルフの経験がなかったトレーダーも、さっそく習い始めた。メリウェザーは馬にも熱を上げるようになり、サラブレッドを数頭、手に入れた。当然、馬場にも部下のトレーダーを連れていく。毎年、一行とその夫人たちを引率して、カリブ海のアンティグアに旅行することまでした。マーケットが開いている間だけ、そばに置きたがったわけではなく、全員を四六時中、そばに置きたがった。みんなに栄養をあてがい、そのかたわらで、一同のまわりに、ローズムアの赤い板塀がそうだったように、頑丈な保護柵をぐるり張り巡らした。

メリウェザーらしく、グループがグループで過ごす時間の中心には、ギャンブルがあった。アービトラージャーたちは、週末のゴルフの勝敗を巡って、手の込んだトトカルチョを組んだ。馬にも賭けたし、よく連れ立ってアトランティック・シティーまで日帰りのカジノ・ツアーにも出かけた。選挙の結果にも賭けた。オッズへの情熱をそそられるものであれば、何にでも賭ける。スポーツが話題に上るとすれば、論じているのは試合の内容ではなく、スプレッドだった。

メリウェザーは部下のトレーダーが、〝嘘つきポーカー〟という、ドル紙幣の通し番号で手をつくる一種のポーカーに興じるのを特に好んだ。この男は、部下を試すのが好きだった。ゲームを通じて勘が磨かれると考えていて、みんながへまばかりやると、つむじを曲げたり、今日限りだといって脅したりする。最初は遊びのつもりが、しだいに真剣になってきて、よく何時間もぶっ通しでゲームに没頭し、ときには数万ドルの賭け金が飛び交った。ローゼンフェルドは机の引き出しに、一ドル札を数百枚収めた封筒を用意していた。そのうち、同じ札ばかり何度も出るような気がしてくると、札束をわきへかたづけて、コンピューターに向かい、乱数表をつくり始める。ギャンブル中毒の症状をきたしていた。「JMのとこの連中と食事にいくと、決まって嘘つきポーカーが始まって、勘定を誰が払うかそれで決めてましたね」ソロモンのジェラルド・ローゼンフェルドCFO（最高財務責任者）は当時を振り返って言う。メリウェザーは名手だったし、謎めいたポーカーフェイスのエリック・ローゼンフェルドも強かった。まじめ一本槍のヒリブランドは、少し融通が利かなすぎた。嘘をつくという芸当とは無縁で、長いこと、はったり《ブラフ》をかまされた経験がない。口ひげを蓄え、薄気味が悪いほど知能が高く、その超然ぶりはほとんど人間離れしていた。一度、奥さんがモーゲージ市場（ヒリブランドの担当）で働いているのはやりにくくないかと訊かれて、にべもなく答えた。「ワイフと仕事の話をしたことはないよ」

全部で十二人前後のアービトラージ・グループは、信じがたいほど結束が固くなった。トム・ウルフの小説『虚栄の篝火《かがりび》』で投資銀行のモデルにもなった、怒号飛び交うソロモンのトレーディング・フロアで、二列に向きあって机を並べている。モーゲージ担当だったランディ・ヒラーは、この排他的な雰囲気を耐えがたく思い、ソロモンを去った。別の離脱者は裏切り者扱いされ、メリウェザーは報復としていっしょにゴルフに行くことさえメンバーに禁じた。しかし出て行ったのはほんのひと握りで、残った面々がメリウェザーを見る目は、崇拝に近かった。メリウェザーを語るときは、おのずと声をひそめる。パレスチナに民を導いたモーゼを語るとき、イスラエル人もこうしたろう。賞賛は一方通行だったが、メリウェザーが部下に与えたものにはそれ以上の値打ちがあった。メリウェザーの興味と好奇心とが、教授たちの心に息を吹き込んだ。未知の世界で自分を試すうち、教授たちはいい方向へと変わっていった。それにメリウェザーは、心からの誠実さで部下に報いた。声を荒らげたことは一度もなかったが、怒鳴っても誰も何も言わなかっただろう。トレーダーたちにとって、JMの二文字は――これが間違えようのないメリウェザーの通称だった――ほかのどんなイニシャルより威力を持っていた。

上階に専用のオフィスがあったが、JMはいつもトレーディング・フロアに降りて、狭苦しいちっぽけな机にメンバーと並んで座った。切れ目なく煙草に火を点け、ユーロドルの売買に手を出し、鋭い質問を投げては教授たちの手綱を締める。どういうわけか、メリウェザーはその壮大な野心を、感動的なまでの慎ましさですっぽり包み込んでいた。自分より頭のいい人間しか雇わないというのが、得意のせりふだった。みずからについて語ろうとしなかったが、それに誰も気づかなかったのは、他人が何をしているかに心から興味を寄せていたからだ。モデルを構築するわけではないが、モデルが何を示しているかはつかんでいた。そして、部下が構築したモデルである以上、それを信頼していた。あるとき、モーゲージの売買で損失を出したアンディというトレーダーが、投資額を倍にする承認を求めてきた。メリウェザーはごくあっさり、求められたものを与えた。「取引の内容について、もっと詳しく知りたくないんですか?」アンディは尋ねた。メリウェザーが部下に寄せる信頼は、彼を感激させた。こう答えたのだ。「わたしの取引は、きみを雇ったときにすんでいる」

一九八一年、JMはカリフォルニア出身の本格的な乗馬家ミミ・マレーと結婚し、アッパー・イースト・サイドのヨーク街にある二寝室のつましいアパートに暮らしていた。同僚によると、ふたりとも子どもを望んでいたが、恵まれなかった。ミミを別にすると、JMの家族はソロモンだった。昼食のときすら机を離れない。実際、メリウェザーの昼休みは教授たちがつくったモデル並みにルーチン化されていた。ソロモンではチャイナ・サービス・ランチをやっていて、長いこと、毎日のように、正午になると足取り軽くウェイターが現れ、銀色に光る半円形の蓋の下に、ホワイト・ブレッドのボローニャ・サンドイッチ、リンゴ二個、タブ一瓶を並べてメリウェザーの席に持ってきた。ＪＭはリンゴをひとつだけ食べ、もうひとつを、特に理由もなく、その辺にいるメンバーのひとりに差し出す。他のメンバーはよく中華料理を頼んだので、机の上になにかソースがこぼれたりすると、大事な領土を侵されたＪＭは、眉間にしわを寄せてこう言った。「見てごらん。この机はあきらめて、オフィスに戻って仕事しなけりゃならないらしい」

ウォール街の鼻息荒いバンカーたちとは交わらず、自分と同格のリッチな重役連より、少年時代をいっしょに過ごした教区学校の同級生たちと自分を重ねて見ていた。ウォール街が沸きに沸いた一九八〇年代、大物たちが、あれよという間に華やかなゴシップ記事の常連となっていくのを尻目に、世間の評判には鼻も引っかけず（ソロモンの年次報告書から自分の顔写真を削らせた）、フレンチなんとかと名のつく料理は絶対口にしなかった。東京に行けば、マクドナルドで食事する。永遠のはみだし者として、はみだし者の集団たるグループをつくり、ローズムアのなつかしい町にも似た、親密で、義理堅く守られた世界に仕立てあげた。メリウェザーのチームの面々は、ヴィックだの、シェイクだの、ＥＲだの、ホークだの、少年時代のニックネームで呼びあった。

ＪＭはマーケットを知り尽くしていたが、トレーダーとしての名声には、尾ひれがついている。メリウェザーの本領は、人を動かすその妙にあって、彼はこれを、じつにさりげなくやってのけた。大勢を前にして話すのは苦手だった。途中で何度もつっかえるので、聞く方が後で意味をつなぎ合わせなくてはならなかった（注10）。だが、メリウェザーが部下に寄せる信頼は、強壮剤さながらの効果を及ぼした。トレーダーたちの並外れた自信に、メリウェザーの信頼が加わり、強力である半面、暴走の可能性も孕《はら》んだ組み合わせが生まれた。メンバーの持つ最高にして至上の自信が、ますます膨れ上がる。しかも、ヒリブランドをはじめ一同に、会社の自己資本をいくらでも提供しようとするメリウェザーの姿勢が、危険な副作用を生んで、メンバーは資金ならいつでも、もっと手に入ると考えるようになった。

稼ぎが増すにつれ、必然的に、アービトラージは陣地を広げていた。メリウェザーはコーツなどライバルの地歩を食う形で、債券取引全体の責任者となり、米国債、モーゲージ、ジャンク債、ユーロ債、日本のワラント、すべてを指揮下に収めた。グループがそのやり方を、新しく実り豊かな分野に当てはめようとするのは、理にかなっていると見えた。しかし、他の部門からは不満が噴き出し始める。ＪＭはよく、メンバーのうち誰か、ヒリブランドやビクター・ハガニを、ソロモンのロンドン・オフィスや東京オフィスに派遣した。そして、派遣されたこの使節がまた、よくこう宣言した。「いい取引ですけど、投資額を十倍に引き上げるべきです」倍ではなく、十倍である。間違えることなどあり得ないといわんばかりの口ぶりだった。ヒリブランドとハガニはまだ二十代で、歳からいえば相手は倍も上かもしれない。そのうちふたりは、こう言い始めた。「これはもうおよしなさい。これなら私たちが、誰よりもうまくやれます。アービトラージで丸ごと引き受けましょう」

ヒリブランドは、特に人の神経を逆撫でした。折り目正しく丁寧だったが、古株からは傲岸に見られ、数学的な細部にこだわっては、相手の激しい怒りを買った。あるとき、市況商品のトレーダー数名をつかまえて、原油の価格推移のパターンは債券とよく似ていると言って、その方向で売買するよう説得し始めた。うさんくさそうに聞いている数名を前に、神経質に首を振り振りしゃべり続ける。そのうちいきなり、片手を上げて、声高く宣言した。「これからいう仮説をよく考えるように」次いで銘文を彫り付ける石板でも配られるのか、とトレーダーたちは思った。

トレーダーの毎日は気ぜわしい。一日中、受話器に向かって怒鳴り、フロアの向こうにいる相手にわめき、コンピューターの画面に忙しく目を注ぐ。アービトラージの面々は、統制されたこの大騒ぎのまんなかで、秘密の特権を与えられた別の種族に見えた。一日のうち半分は、大学のゼミさながらに、訳の分からぬ深遠秘奥なる用語を連ねて、取引を論じている。残りの半分は、笑いながらライアーズ・ポーカーに興じる。スーツといえば安物で、余裕しゃくしゃくたるこの一団は、周りがみな髪を振り乱して働いている中で、いちばんおいしい取引だけをつまみ食いする術を身につけているように思えた。

メンバーは極端に秘密主義だった。生来打ち解けないＪＭの性質を、保護色として取り入れたかのようだった。トレーダーたるもの、慎重であるべしとはよく言われるが、ソロモン社内の同僚にさえ手の内を明かそうとしない教授たちのふるまいは、コーツをはじめ周りの反感をますますあおった。国債トレーディング・フロアでやりとりされる貴重な情報は利用するだけ利用しておきながら、独自の調査チームを立ち上げ、自分たちの売買の中身について他の部門が調べることをきびしく禁じた。あるとき、ライバル会社のプルデンシャル・ベーチェが、ソロモンからモーゲージ・トレーダーを引き抜いた。ちょっとした事件だった。「そのトレーダーがまず何を要求したと思います?」当時のプルデンシャルのマネジャーが笑いながら思い出を語る。「解析ツール?　最新のコンピューター・システムやソフト?　いやいや、ファイル・キャビネットの鍵を要求したんです。ソロモンの内部事情がよく分かりました!」メリウェザーに対する盲目的な忠誠心に駆られて、われら対あいつら式の族意識がグループ内に育った。これはのちにロングタームが、ウォール街の同業者との間に不用意に距離を置く遠因になる。ヒリブランドはプライバシーにとり憑かれ、会社が顔写真を撮ることすら拒否した（注11）。

他の部門が苦戦する中、アービトラージはしだいに発言力を強めていった。ヒリブランドは会社を相手に、投資銀行部門を廃止するよう迫り、高給をせしめるくせに稼ぎがないと、ある程度もっともな言い分をまくしたてた。ヒリブランドは次に、アービトラージは社員食堂を利用していないのだから、運営費の割当を払う必要はないと言い始めた。国粋主義者にして自由意思論者の名に恥じずというべきか、〝独占業者〟を押しつけられていると訴え、その口ぶりから推して、トレーダーも事務員も、それぞれ交渉に基づいて昼食を調達すべしと言いだしかねなかった。ありていにいって、ヒリブランドを筆頭にアービトラージの面々は、大半が歳上の他部門の同僚に、ほとんど敬意を払っていなかった。「いわば宇宙船の中のカプセルみたいなもので」ＪＭの部下を指して、ヒギンズは言う。「あそこの連中だけ、周りの人間とは別の空気を吸っていました」

ヒリブランドとローゼンフェルドはＪＭに繰り返し昇給を求めた。ふたりの見方では、どの部門にも公平に富を配分するソロモンの給料体系は社会主義的だった。会社収益の大半を稼ぎ出しているのがアービトラージである以上、報酬を受け取るのもアービトラージであるべきで、それ以外の社員の手に渡るのはおかしい、と彼らは考えた。

一九八七年、乗っ取り屋のロナルド・ペレルマンが、ソロモンに敵対的買収を仕掛けた。グッドフレンド会長はこれに対し、ペレルマンが勝てば、信頼されるバンカーとしてのソロモンの名声は地に落ちると、じつにもっともな懸念を抱いた（実際、そうなればペレルマンの次の標的リストにソロモンの法人顧客の名が連なる恐れもじゅうぶんあった）。グッドフレンドはペレルマンをかわす形で、富豪の投資家ウォーレン・バフェットに経営権を売り渡した。なんであれ、物事を測るのに数学という物差ししか持ち合わせていないヒリブランドは、これをソロモンに不利なディールと見て、激怒した。二十七歳になるこの天才児は、本人は正直一本槍だったが、ソロモンの倫理的イメージなどという無形資産にも金銭価値があるとする考え方が、どうしても呑み込めなかった。ヒリブランドは実際にオマハまで飛んで、新たにソロモンの取締役会の一員となったバフェットを説き伏せ、投資を売り戻させようとしたが、当然ながら、バフェットは断った。

ＪＭは、鼻っ柱の強すぎる青二才どもをなだめ、もっと広く会社に対する忠誠心を吹き込もうと努めた。抗議のボルテージが上がってくると、ヒリブランドとローゼンフェルドを誘って、年配のパートナー、ウィリアム・マッキントッシュと夕食をともにし、ソロモンの歴史を聞かせる。アイリッシュ・カトリックの伝統を継ぐ民主党リベラル派たるメリウェザーは、全体の幸福とか道徳心とかいう意識が特に高く、そのせいで熾烈なトレーダー稼業につきものの鋭い険があまりなかった。ときおり将校どもから湧き起こる、部門ごとソロモンから独立しようという声は、肩をすくめて軽くかわす。得意のせりふがこうだった。「わたしはソロモンの人たちに義理がある。それにきみたち、欲が深くなってきたぞ。ハーレムの人たちを見なさい」会社に向かっては問題の改善を求めたが、他の部門に対する気遣いを忘れなかった。抜かりなく、必要に応じて、ＣＦＯに報告に現れる。「ひと山張っています。大穴があくかもしれません。あらかじめ承知しておいていただきたい」一九八七年の暴落で、アービトラージ部門は一日に一億二千万ドルを失った（注12）。アービトラージが何をやっているのか、レバレッジがどの程度か、社内のほかの人間にはよく見えなかったが、みんな本能的に、メリウェザーを信頼していた。社内のライバルたちでさえ、メリウェザーには好意を持っていた。一切が崩れ去ったのは、それからだ。

❁

一九八九年、どうしても引き下がらない若いトレーダーたちにせっつかれ、メリウェザーはグッドフレンドを説き伏せて、部門収益の一定比率、一五パーセントをトレーダーの報酬とする制度を採用させた。ヒリブランドが辞めると言って脅した一幕のあと、裏で合意が成立した（注13）。JMはいかにもJMらしく、みずからを取り決めから外し、自分の給料はいくらでも、そちらが適正と考える水準で結構とグッドフレンドに伝えた。その年、アービトラージは過去最高の収益をあげ、最大の割当を与えられたヒリブランドは、二千三百万ドルという破格の報酬を手にした。ヒリブランドはつつましく電車通勤を続け、相変わらずレクサスに乗っていたが、このニュースが引き金となって、だいぶ前から沸点に近づいていた反感が、表に噴き出した。特に、他の部門の社員にはこうした報酬制度が適用されていなかったことが、恨みを増幅させた。バフェットのパートナーで、ソロモンのディレクターも務めていたチャーリー・マンガーによると、「ソロモンで熱血タイプの人間はみな、文字通り、怒りで悶絶しそうだった」

なかでも、三十四歳のトレーダー、ポール・モーザーの憤りは激しかった。モーザーはもとはアービトラージにいたのだが、二年ほど前、荒稼ぎできるこの部門から外され、米国債部門の責任者となっていた。身体つきが針金を思わせ、左右の目がぎゅっと真ん中に寄っていて、言うことやることに、熱が込もっていた。一九九一年、ヒリブランドの報酬騒ぎから一年ほどたった頃、モーザーはメリウェザーのもとに出頭して、仰天すべき告白をした。米国債の入札で、落札上限を超えたシェアを得るため、財務省に虚偽の申請を行ってきたという。

寝耳に水の体で、メリウェザーは問い返した。「ほかにも何かあるのか？」モーザーはそれだけだと答えた。

メリウェザーはグッドフレンドに報告した。ふたりと、あとふたりの上級経営陣を交えて相談し、ことは深刻だという意見で一致したが、どういうわけか、何の手も打たなかった。驚いてはいたが、メリウェザーはモーザーに対して、以前と変わらぬ誠実な態度をとり続けた。仲間意識の固まりで、義理に厚いJMが、それ以外の態度をとるところは想像しにくい。仕事熱心が高じて勇み足を犯したのだろうと、モーザーをかばい、引き続き米国債部門の責任者として遇した。これが間違いだった。倫理的な間違いではなく、忠誠心に対するJMの並外れた考え方が招いた判断ミスだった。事実をいえば、モーザーはむら気なトレーダーで、あとさきを顧みず規則違反を何度も――現実的な収益見込みではなく、一時の怒りにかられて――繰り返しており、上司のメリウェザーはもとより会社全体の評判すら危うくしていた。たしかにモーザーの不正行為はあまりにばかげていて、上が気づかなかったのも無理はないともいえるだろう。ソロモンの債券部門の責任者だったメリウェザーには、部下のトレーダーが米財務省に虚偽を申し立てているかどうか調べようという考えは、当然ながら、まったくなかった。それにしても、事実が発覚した後のメリウェザーの寛容さは、理解しがたい。数カ月後の八月、ソロモンはモーザーがほかにいくつもの違反を犯していて、メリウェザーへの告白自体、嘘だったことを突きとめた。ソロモンは事件をすでに当局に報告していたが、財務省とニューヨーク連銀は、まだかんかんに怒っていた。事件は波紋を呼び、引き金となった些細な不行跡からすると、釣り合いを欠いて見えるほどの大騒ぎに発展した（注14）。いずれにせよ、米国財務省を欺いた――欺けた――者はいない。ウォール街の帝王グッドフレンドは、やむなく辞任した。

バフェットがオマハから乗り込んできて、暫定的ながら、新CEOの座に就任した。いい加減くたびれた顔を並べている経営陣を前にして、バフェットはまず尋ねた。「JMを助ける方法はないかね？」メリウェザーは、言うまでもなく、堂々たるソロモンの稼ぎ頭だったし、全員の知る限り道徳的に一点の瑕《きず》もない。部下のトレーダーは湯気を立てんばかりにボスをかばい、JMが、一件をすぐに直属の上司に報告したことをその理由にあげた。しかし、スキャンダルに関与した人間には一様に圧力が高まっていった。ある日、メリウェザーをソロモンに引き入れた張本人であるパートナー、マッキントッシュが、重い足を引きずって四十二階のJMのオフィスに現れ、会社のために辞めてもらいたい旨を通告した。アービトラージの面々がかろうじて嗅ぎつけた頃、ボスの部屋はすでに空だった。あまりに予想外な出来事で、メリウェザーは夢でも見ている心持ちだった。そのうえ、新聞の一面に書きたてられたことが応えた。本人はのちにビジネス・ウィーク誌で、「とても内気で、内省的な人間」と自己分析している（注15）。事実の全体像は、もっと苦々しいものだった。JMは、みずからやましいと思うようなことを何ひとつしていないのに、わきへ押しのけられ、陰口までたたかれた。スポットライトの当たる表舞台からのこの痛ましい転落は、メリウェザーの秘密主義にますます拍車をかけ、それがロングターム・キャピタルの将来に禍根を残すことになる。

一方、アービトラージ・グループでは、JM復活をかけた運動が聖戦となった。ヒリブランドとローゼンフェルドは、JMのオフィスを封印して、ゴルフクラブ、机、コンピューターにも手を触れさせなかったので、部屋の主はただ、長い休暇にでも出かけているかのように見えた。バフェットの後を継いだデリック・モーン新ＣＥＯは、聡い目で、このＪＭ廟が残っている限り、ＪＭは影のライバルとして生き続けるだろうと見て取った。はたして、一年後、モーザー事件に関するメリウェザーの訴訟問題が解決するのを待って、アービトラージ部門の責任者となっていたヒリブランドと、米国債部門の責任者となっていたローゼンフェルドは、ＪＭを共同ＣＥＯとして復帰させるべくロビー活動を開始した＊。

＊証券取引委員会（ＳＥＣ）は民事訴訟を起こし、モーザーの監督に不備があったとしてメリウェザーを訴えた。メリウェザーは、罪を認めるでも否定するでもなく示談として、証券業界から三カ月間離れること、五万ドルの罰金を支払うことで合意した。

実務型のモーンは、この案を容れるほど鈍感なお人好しではなく、フル・サービスを提供するグローバル・プレーヤーを目指す方向にソロモン改革の舵をきり、アービトラージを単なる一部門にとどめておこうとした。この方針に真っ向から反対したのがヒリブランドで、ＪＭ不在の間に、しだいに本領を発揮し始めた。まず投資銀行部門の廃止を会社に訴え、アービトラージ中心の体制を固めるよう主張した。その間にモーゲージで、一歩間違えば会社ごと破局に陥れかねないポジションを取り、四億ドルの損失を出した。そういう状況に立ち至れば、たいていのトレーダーは手を引くだろう。しかし、ヒリブランドにとってはほんの肩ならしに過ぎなかった。すぐに涼しい顔で、投資額を倍に引き上げると言い出した。みずからの売買を確信しきっているので、ほかのトレーダーなら耐えられないような圧力に耐えることができる。ヒリブランドが言うには、市場はいわば伸びたスリンキー――いずれ、びよんと元の形に戻るもの――だった。最終的に損失を被ったのは、ただの一度きりだったといわれる。実際、ギャンブラーではなかったことを示す証拠だ。ただしヒリブランドの、この自分の正しさに対する絶対の確信は、どこかでブレーキをかけてくれる存在をどうしても必要としていた。それがなければ、しだいに暴走の気味を帯びてくるのは避けられない。

ポジションを倍に引き上げられても、経営陣はヒリブランドに任せて好きにさせた。最終的に、その取引は利益を生んだが、社内のマネジャーたちはこの一幕を見て、ヒリブランドが他の部門をお荷物軍団と見ている以上、アービトラージは平然と、足りなくなりしだいいつでも、会社の資本を要求し続けるだろうと改めて思い知った。アービトラージがいったいどれだけの資金をつぎ込もうとしているのか、どれだけのリスクをとっているのか、自説を語って飽きないヒリブランドに何時間講義されても、経営陣の面々には杳《よう》としてつかめなかった。アービトラージは要するに、可能性として――仮に、いつの日か、そのスリンキーがびよんと戻らなくなれば――いくら損を出すのか？　バフェットにしてもマンガーにしても、ヒリブランドの返事の数学的趣きに、いまひとつ安心しきれないものを感じた(注16)。バフェットはJM復帰に同意した――ただし、ヒリブランドの望んだ、JMに会社全体を任せる案は、却下した。

当然ながら、メリウェザーにそんな条件つきの復職を受け入れられるわけがない。モーザー事件は、JMがソロモン会長の座に登りつめる望みを完全に断ち切ったが、ここにもっと大きなドラマの種が蒔《ま》かれた。このとき、齢四十五歳。少年を思わせる、ウェーブのかかった緩く弧を描く前髪の下に、底の知れない瞳をのぞかせ、JMは、ソロモンとの絆を断ち切った。続いて新たに、独立したアービトラージ・ファンド、おそらくはヘッジファンドを設立する計画を立ち上げ、かつてみずからの手で、丹精こめてつくりあげたアービトラージ・チームから、メンバーを引き抜き始めた。

第2章　ロングターム誕生

「わたくし、ヘッジは大好きです」（ヘンリー・フィールディング、一七三六年）
「好きなだけ予言するがいい。だが、ヘッジは忘れるな」（オリバー・ウェンデル・ホームズ、一八六一年）

一九九〇年代初め、休眠していたジョン・メリウェザーが活動を再開し始めた頃、投資の世界は黄金時代を迎えていた。米国民はかつてなかったほど投資に熱をあげ、株価は呆れるばかりの高値をつけた。株価指数が何度も、以前は考えられなかった抵抗線を突き抜ける。何度も過去最高値が更新され、古い基準は廃れていった。投資家は天にも昇る心地だったが、満ち足りた顔は見当たらない。黄金時代とはいえ、不安な黄金時代である。暇さえあれば、ほの白いモニターの前に立ち、市場の最新の動きを伝える画面を気ぜわしく目で追った。株価を表示したスクリーンが、到るところに――スポーツ・ジムに、空港に、独身者が集うシングルズ・バーに――設置される。評論家が出てきて、調整局面だの暴落だの、繰り返し予言した。当たったためしがなかったが、聞き捨てるわけにもいかない。投資家は強欲ながら、慎重でもあった。頬をつねりたくなるほど金持ちになった人々は、再投資先を探したが、万が

──あるいは、いつかそのうち──予想があたって株式市場が暴落したときに、大火傷するような投資先では困る。

そして世の中は、金持ちであふれていた。かなりの部分までは株高のおかげで、世界中で少なくとも六百万人が、ドルベースで百万長者の仲間入りを果たし、この層だけで資産合計が十七兆ドルに達した(注1)。少なくともこの幸運な六百万人の目には、ヘッジファンドへの投資は格別魅力的に映る。

証券取引法をいくら調べても、〝ヘッジファンド〟なる用語は存在しない。ヘッジファンドとは有限責任パートナーシップの慣例上の呼び名で、そのうち少なくともひと握りは、一九二〇年代から運営されている。バリュー投資の父として知られるベンジャミン・グレアムが運営していたものが、おそらく第一号だろう。もっと一般的な、いわば従兄弟にあたるミューチュアル・ファンドと違って、こうしたパートナーシップはウォール街の裏側で運営されている。株式非公開で、大半は規制の対象とならず、富裕層に的を絞った投資プールだからだ。証券取引委員会(SEC)への登録義務はない。ただ一部が例外的に、やはりワシントンにある商品先物取引委員会(CFTC)にちょっとした申請を義務づけられているに過ぎない。大半は運用の内容を開示していない。資金は借りたいだけ(ないしはバンカーが貸したいだけ──多くの場合、同じことだ)借りられる。しかもミューチュアル・ファンドと違って、分散を意識せず、集中的に投資できる。実際、オプションだの、デリバティブだの、空売りだの超ハイ・レバレッジだの、投資の図鑑に載っている格別にめずらしい品種さえ、お好みしだい、自由に試してみることも可能だ。

こうした自由と引き換えに、ヘッジファンドは、選ばれた少数の投資家にしかアクセスできない。いうなれば会員制クラブである。ファンド当たりの投資家の数は、法律によって、投資額百万ドル以上の個人もしくは法人もしくは投資機関九十九人以下、または五百万ドル以上のポートフォリオを有する投資家五百人以下と定められている。ひと握りの百万長者と機関投資家だけを相手とする以上、SECなど当局がわざわざ監視する必要はない、という理屈が言外に含まれる。おそらくは、百万長者なら自分が何をしているか承知しているはずだ。していなかったところで、損失は本人がどうにかすればいい問題であって、他人の知ったことではない。

最近まで、ヘッジファンド・マネジャーといっても、まったく無名の存在だった。ところが、一九八〇年代から九〇年代にかけて、いくつかのビッグネームが台頭し、悪名をとどろかす。なかでも名を売ったのが、東欧出身の通貨投機家ジョージ・ソロスだろう。一九九二年、ソロスのクォンタム・ファンドは、イングランド銀行を〝打ち負かし〟、ポンド切り下げに追い込んだ（執拗に空売りを浴びせた）勝者として一躍有名になった。この大勝負で、ソロスは差し引き十億ドルを手にしている。数年後には東南アジア諸国の通貨急落を引き起こした犯人として――おそらくは筋違いの――非難を浴びた。ソロスをはじめ、ジュリアン・ロバートソンやマイケル・スタインハートといった派手なマネジャーの活躍で、ヘッジファンドといえば、市場攪乱もいとわぬ大胆不敵な相場師、といったイメージができあがった。スタインハートにいわせると、彼らこそ資本主義の国境を守る残り少ない砦の一角だ（注2）。

だが、人々が抱くイメージは、法外な大金を稼ぐか、身を滅ぼすほどの大損を出すか、ふたつにひとつの人騒がせな冒険野郎というところだろう。一九九八年版ウェブスター・カレッジ・ディクショナリーを引くと、ヘッジファンドとは、〝ハイリスクな投機的手法〟を使うファンド、と定義されている。

しかし、そういう華々しいイメージとは裏腹に、ヘッジファンドの大半はかなり慎重なスタンスのものといっていい。もっといえば、慎重さこそヘッジファンドの本来の魅力である。〝ヘッジファンド〟

とは〝賭け金をヘッジする〟という表現から派生した言い回しで、つまり思惑買いをするときに、逆方向にも賭けておいて損失を小さくする手法をいう。普通に使う〝ヘッジ（庭の垣根）〟の概念を、境界や限界の意味にまで広げた言い方であり、シェークスピアも使っている（大海原に守《ヘッジド》られしイングランド（注3））。これを投資ファンドに当てはめることを最初に思いついたのが、メリウェザーの直系の先祖ともいうべきアルフレッド・ウィンズロウ・ジョーンズなる人物で、一九四九年にパートナーシップを組織したときのことだった（注4）。この手のパートナーシップは以前から存在していたが、バランスのとれた、つまりヘッジをかけたポートフォリオの運用を始めたのは、オーストラリア生まれのフォーチュン誌記者ジョーンズが第一号だ。相場全体の下落でポートフォリオの価値が下がるのを恐れたジョーンズは、ヘッジをかける――つまり、ロングとショートのポジションを同時にとる――ことで、市場リスクを中立化する手法を採用した。まずふつうの投資家と同じように、割安と見える銘柄を買う。一方で、割高と見える銘柄を、ショート・セリング（空売り）する。少なくとも理論的に、ジョーンズのポートフォリオは〝マーケット・ニュートラル〟になる。つまり戦争だの政治家の失脚だの天候不順だの、市場を上下動させる突発的な事件が起こっても、ジョーンズのポートフォリオは相場がどちらに振れるかに関係なく、半分が上がって、もう半分が下がる。差し引きどれだけ儲かるかは、〝相対的に〟最も割安もしくは最も割高な銘柄を見極めるジョーンズの眼力しだいである。

これは保守的とされるアプローチで、ふつう儲けが少なくなるが、損失も少なくてすむ。一九九〇年代の不安な投資家に、これがうけた。ソロスの大胆不敵ぶりを横目に、現代ヘッジファンドの大半は、利益率の高さに劣らず、その安定性を誇っている。長期的に、それなりのリターンを期待されているが、市場平均の後追いは期待されていない。一般的な株式ファンド並みかそれ以上の利益をあげつつ、全体的な相場が下降気味のときに踏みこたえるのが理想とされた。

かつて、高騰する住宅価格を何度も見比べた米国民が、それに劣らぬ執拗さで今度は投資利回りを見比べていた当時、こうしたヘッジファンドは――おぼろげにしか理解されていなかったものの――不思議な地位を獲得した。どうやら通常のリスクを避けながら、金持ちになる道が見つかったように思えたからだ。人々はバーベキュー・パーティに集い、口さえ開けばミューチュアル・ファンドについて語り合ったが、ミューチュアル・ファンドはいかにも月並みだった！　資産を持つ人々にとって、つまり、ハンプトンズで夏の休暇を過ごし、邸をウォーホールの絵画で飾る人々にとって、あるいは芸術家のパトロンであり、慈善ディナーを主催する人々にとって、ヘッジファンドへの投資はある種のステイタス、ウォール街最高の知性と智略への参加を意味した。世の中が寄ると触ると投資を話題にするなか、ごく控えめに、いわば見物席から、とある洗練された若きヘッジファンド・マネジャーの名を、そっと会話に滑りこませるときほど、ぞくぞくする瞬間がほかにあるだろうか？　その名の主はいまもわが資産を、慎重に、抜け目なく、着々と、殖やしてくれている。ヘッジファンドは最高の富、そして質を象徴するシンボルになった。逆説が成り立ち、ヘッジファンド・マネジャーが要求する手数料の法外さが、ますますその魅力を高める。これだけたいそうな手数料をふんだくって許されるのは、人並み外れた才能の持ち主に違いない！　ヘッジファンド・マネジャーたちは、投資家の収益からたっぷり分け前をとるだけでなく、運用資産からも貪欲に歩合を要求した。

そういうわけで、米国ではヘッジファンドが爆発的に増えた。ＳＥＣが調査を開始した一九六八年、確認できたのは二百十五社に過ぎない（注5）。これが一九九〇年代になると、推定三千前後に増殖し（正確な数は誰にも分からない）、投資スタイル、資産内容もさまざまに広がった。大半は小型で、自己資本は推定で合計三千億ドル前後。ちなみに、株式ミューチュアル・ファンドは合計三兆二千億ドルである（注6）。だが投資家はなお飽き足らなかった。彼らはプレーンなバニラ味にとって代わる、大胆で、しかも安全な投資先を求めていた。特にハイリスクではなく、いたって確実で、特に奇を衒《てら》うわけでなく、ただ巧妙な投資先。これはちょうど、メリウェザーが心に描いていたヘッジファンド像とぴったり一致する。

メリウェザーはアルフレッド・ジョーンズに倣って、将来のロングターム・キャピタル・マネジメントは、債券市場の〝相対価値《レラティブ・バリュー》〟取引に特化させようと考えていた。つまり、ある債券を買うと同時に、別の債券を売る。ひと組の債券の間の〝スプレッド〟が広がるか縮まるかに賭ける手法だ。イタリアの金利がドイツの金利を大幅に上回っていれば、イタリア債はドイツ債に比べて割安といえる。ここでイタリア債を買い持ちして、ドイツ債を空売りする。このトレーダーは、両者の間のスプレッドが縮小すればするほど、利益を得る。比較的リスクの低い戦略である。債券はふつう連動して上がったり下がったりするので、スプレッドの変動は、値動きそのものほど大きくない。ジョーンズのファンドと同様、ロングタームは理論的には、市場が上がろうが下がろうが、暴落しようが、影響を受けない。

しかし両者にはひとつ、大きな違いがあった。メリウェザーはそもそもの初めから、自己資本の二十倍から三十倍、あるいはそれ以上のレバレッジをかけるつもりでいる。これはロングタームの戦略にどうしても必要だった。ロングタームが買い、同時に売ろうとしている債券間のスプレッドは、多くの場合、あるかなきかの薄さだからだ。そういうわずかなスプレッドからまともな収益を得るには、借り入れによって、掛け金を何倍にも増幅させるしかない。この戦略の妙味は、公園に行ったことのある人ならすぐ分かるだろう。シーソーに乗ると子どもでも、素手ではとても動かせない重いものを持ち上げられるのと同じで、金融のレバレッジは、投資家の〝体力〟――つまり収益力――を、何倍にも増幅させる。自分のカネだけでなく、借りたカネが生み出すリターンまでを、自分の利益にできるからだ。当然ながら、損失の力も同じように増幅される。なんらかの理由でロングタームの戦略が失敗に終われば、その損失は何倍にも膨らみ、しかも加速的に積み上がる。それどころか存続すら危うくなりかねない――万が一にも起こりそうにない事態だと思えたが。

一九九三年の初め、メリウェザーはメリルリンチのダニエル・タリー会長を訪ねた。モーザー事件で不当にも負った汚点を気にして、いきなり切り出す。「わたしは前科者でしょうか？」タリーはそんなことはないと答えた。タリーはメリウェザーを、メリルのヘッジファンド向け資金調達チームに紹介する。間もなくメリルは、ロングタームの資金調達を引き受けた。

ＪＭの青写真は、目をみはるばかりに野心的だった。ほかでもないソロモン・アービトラージ・グループをそっくり複製し、世界にカバレッジを広げて巨額のポジションをとる能力はそのままに、ただし、数十億ドルの自己資本、信用枠、情報ネットワーク、七千人の従業員というソロモンの後ろ盾はなしに、運営しようというのだ。さんざん貢献させたあげく、不名誉な追放という煮え湯を飲ませた元の雇い主に対して、それを超えるものをつくることで恨みを晴らし、名誉を回復したい思いに駆られていた。

メリウェザーは二十五億ドルという途方もない金額を要求した（ふつうのファンドはせいぜいその百分の一程度から出発する）。実際、ロングタームでは何もかもが野心的だった。手数料も平均より大幅に高い。JMとそのパートナーが、収益からごっそり二五パーセントを取り、そのうえさらに、運用資産から年率二パーセントを徴収する(たいていのファンドの手数料は収益の二〇パーセント、資産の一パーセント)。世界的に運用するには、これぐらいの手数料が必要だとJMは見ていた——しかしこれは、限界のさらに先を目指そうとする彼の願望の性格を示すものにほかならない。

しかも、ロングタームは投資期間を最低三年にすると主張した。ヘッジファンドとしては、前代未聞といっていい拘束期間だ。理にかなった拘束ではある。気まぐれな市場が見通しの逆に振れたとしても、これなら、ロングタームは真に〝ロングターム〟な資本のクッションを確保できるからだ。いわば、預金を引き出しにきた顧客に「明日おいでください」と言える銀行である。とはいえ、絶大な信頼を投資家に課することにもなる——JMの側には、投資家に示すべき公の実績がないだけに、なおさらだった。ここ数年、ソロモンの儲けの大半を稼ぎ出していたのはアービトラージ部門だという噂は流布していたが、部門収益は公表されていない。アービトラージの稼ぎの規模をおおむねつかんでいた投資家でさえ、どうやって稼いでいたかとなると、まるでちんぷんかんぷんだった。肝腎の部分——モデルだの、スプレッドだの、エキゾチック・デリバティブだの——が、あまりに曖昧なのだ。それに、モーザー事件でSECの制裁期間を終えたばかりのメリウェザーに資金を託すことにも、深刻な懸念があった。

メリルが資金調達の戦略を練っていた頃、JMチームのメンバーが、ソロモンから離脱し始める。エリック・ローゼンフェルドは、一九九三年初めに退社した。イラン出身の中東系ユダヤ人、ビクター・ハガニがあとに続く。ハガニはソロモンのトレーディング・フロアでこれを発表し、一同の拍手喝采を浴びた。七月、グレッグ・ホーキンスが退社。まだヒリブランドが欠けていて、ソロモン必死の引き留めに態度を保留していたが、トップ・トレーダーの顔ぶれがおおむね揃ったところで、メリウェザーは計画を練り始める。相変わらずかつての仲間に義理堅く、ソロモンの堕ちた首領グッドフレンドに、執行権のない会長職の席を差し出すという泣かせる一幕もあった——グッドフレンドがソロモンを相手に繰り広げていた、補償を巡る大喧嘩から手を引くことが条件だ。見逃されがちだが、グッドフレンドはアービトラージ部門の成功になくてはならない役割を演じてきた。ときに行き過ぎる傾向があるトレーダーたちに、ブレーキをかけてきたのが彼だった。だがこれからは、そうはいかない。ロングタームではJMが自分の手で、使徒たちの手綱を締めなくてはならない。

いずれにしてもJMには、グッドフレンド以上の外部向けの看板が必要だった。有能ながら世に知られていない若いアービトラージャーたちにも、この役は務まらない。何か、ほかにはない強み——大胆なプランを投資家に納得させるだけの何か——が必要だった。配役を見直さなければならない。単なる債券トレーダー軍団としてではなく、金融界を舞台とする壮大な実験のパイオニアとして売り込まなければならない。今回ばかりは、無名の助教授をひっぱり込んでも話にならなかった——なにしろ、二十五億ドルを調達したいのだ。今回メリウェザーは、学界の最高峰の扉を叩いた。ハーバード大学教授ロバート・C・マートン。ファイナンス理論をリードする学者で、この世界では周囲から天才と目されている。ウォール街のトレーダーを数世代にわたって教え育てていて、エリック・ローゼンフェルドもそのひとりだ。一九八〇年代にローゼンフェルドに口説かれ、ソロモンの顧問を務めたので、アービトラージ・グループとも面識があった。それ以上に、マートンの名前は、人々にたちまちドアを開けさせるだけの威力を持ち、米国だけでなく欧州にもアジアにも鳴り響いていた。

マートンの父親は、コロンビア大学で科学者の行動を研究していた著名な社会科学者ロバート・K・

マートンだ。息子が生まれてまもなく、父マートンは〝自己充足的予言〟といわれる説を唱え、この現象の説明として、デフォルトを恐れるあまり取り付け騒ぎを引き起こす預金者の様子を描いた──息子から見れば、予言的な説明である(注7)。息子のマートンは、ニューヨーク市郊外のヘイスティングス・オン・ハドソンで育ち、なんであれ、ものごとに取り組むときに秩序立った方法を編み出す才能を示した。野球と自動車に熱中して、まずは野球選手の打率を熱心に暗記し、つぎには米国中の車のエンジン・スペックをかたっぱしから覚えこむ(注8)。長じてポーカーに興じるときには、よく電球をじっと見つめ、瞳孔を収縮させて、相手を混乱させようとした。父親が研究していた科学者をお手本にしたかのように、のちに「周囲のすべてに秩序を求める」と描写される人間が、すでに存在している(注9)。

カリフォルニア工科大学の学部生だった頃、新たな興味の対象、投資に目覚めた。ニューヨーク市場の開場に合わせて、翌朝の六時半から地元の証券取引所に駆けつけ、売買やら模様眺めやらで数時間を過ごした。運命の星に導かれるままに、MITに移って経済を勉強し始める。一九六〇年代後半といえばちょうど、経済学者が金融を数学的な秩序の世界に変え始めた時期にあたる。有名なポール・サミュエルソン教授のもと、マートンがここで成し遂げた業績は、新たな一分野の確立といっても過言ではない。それまでの経済学者は、時間軸のある一点における市場の状態、あるいは理論上あるべき状態を示すためにモデルを設計していた。マートンはここからニュートン級の飛躍をみせ、極限にまで分割した時間の流れに沿って価格をモデル化する。マートンはこれを〝連続時間型ファイナンス〟と呼んだ。数年後、仏銀ソシエテ・ジェネラルのデリバティブ専門家スタン・ジョナスは言う。「ファイナンスの世界で起こった諸々の出来事のほとんどは、一九七〇年代のマートンの業績の脚注としてかたづけられる」ガリ版刷りのマートンの青い講義ノートは、歴史的な記念の品となった。

一九七〇年代前半、マートンはふたりの経済学者、フィッシャー・ブラックとマイロン・S・ショールズが一部解明していたある問題に取り組んだ。株式オプションの〝適正価格〟の公式化だ。オプション価格と現物価格との間の関係に目をつけ、マートンは優美な数学的装飾文字を散りばめて、パズルの残りの部分を完成した。そして先のふたりが発表するのをつつましく待ったので、この公式はその後、ブラック＝ショールズ・モデルとして知られることになる。オプション取引の市場が存在しない頃であれば、ほとんど気にかける人もなかっただろう。ところがちょうどこの年、公式が発表される一カ月前に、シカゴ・オプション取引所で株式オプション取引が開始されていた。さっそく、テキサス・インスツルメンツ社がウォールストリート・ジャーナル紙に広告を出す。「これからは、わが社の……電卓で、ブラック＝ショールズ・モデルの計算ができます」(注10)。これこそ、デリバティブ革命の真の幕開けだった。大学教授がウォール街にこれほどの影響を及ぼした例は、かつてない。

一九八〇年代、メリウェザーをはじめとするトレーダーたちは、こうした最新の金融商品を株式や債券と同じものとして、当たり前のように売買していた。現物の証券と違ってデリバティブは単なる契約であり、その価値は、株式や債券その他の資産から派生する（それゆえ、デリバティブ＝派生商品といわれる）。例えば株式オプションの価値、つまりある期間中に特定の価格で株式を買い取る権利の価値は、現物株の価格に従って変動する。

マートンはロングターム・キャピタルに参加するチャンスに飛びついた。みずからの理論を現実世界に売り込む好機と思えたからだ。マートンはその頃、デリバティブの普及に伴って、投資会社や銀行などの金融機関を区別する境目がなくなるという説を唱えていた。境目のないデリバティブの世界、その創出にマートンがひと役買ったデリバティブの世界では、適切な契約を組みさえすれば、誰でも融資や出資のリスクをとることができる。要は機能であって、形式ではない。これはモーゲージ（住宅ローン）で、すでに証明されていた。モーゲージといえば、ひと昔前まで地元の銀行が一手に引き受けていたが、今やプールして小口に証券化し、無数の個人投資家にばらばらに販売することで、資金の大部分を賄っている。

実際、マートンはロングターム・キャピタルをヘッジファンドとは見ていなかった。この言葉をマートンをはじめパートナーたちは鼻で笑っている。ヘッジファンドではなく、最先端の〝金融仲介機関〟と見ていた。つまり市場に資金を提供する点で、銀行とまったく変わらない。町の銀行は預金者からカネを借りて、地元の住民や事業者に貸し出す。その過程で、資産――つまり貸出――と借入の釣り合いをとりながら、預金金利をわずかに上回る貸出金利を要求して、ささやかなスプレッドを稼ぐ。同じように、ロングターム・キャピタルは、あるグループの債券を売ることで〝借り入れ〟て、別のグループの債券――おそらくは需要がやや低く、したがって利率がやや高い債券――を買うことで貸し出す。こうしてスプレッドを稼ぐ点で、銀行とまったく変わりない。この説明はかなり単純化してあるが、ロングタームはつまり、リスクの比較的高い（つまり利回りの高い）債券に投資して、市場に〝流動性を提供する〟役割を担うことになる。流動性を提供する以外に、銀行にどんな仕事があるだろう？　輪郭が整い始めたヘッジファンドは、マートンのおかげで、もっと壮大な文脈で我が身をとらえ始めた。

あいにくマートンは、ファンドを売り込むうえではほとんど役に立たなかった。性格がまじめすぎたし、ハーバードで教えるのに忙しかったからだ。だが一九九三年夏、ＪＭはもうひとり、学界のスターをスカウトしてきた。マイロン・ショールズ。学界ではヘビー級よりやや軽く見られていたが、ブラック＝ショールズ・モデルのおかげで、ウォール街では名が知れ渡っている。ショールズもソロモンに在籍したことがあり、メリウェザーのチームとは親しかった。金融学界最高の知性であり、ノーベル賞の最有力候補といわれるふたりを仲間に加えたロングタームは、いってみればマイケル・ジョーダンとモハメド・アリを同じチームに迎え入れたも同然だった。「神秘もここにきわまれり」のちにファンドに投資したあるマネー・マネジャーの言葉だ。

一九九三年秋、ロングタームのパートナーたちは、メリルリンチといくつかのグループに分かれて、投資家への説明会に散っていった。行き当たりばったりのこの巡業は、ニューヨークからボストン、フィラデルフィア、タラハシー、アトランタ、シカゴ、セントルイス、シンシナティ、マディソン、カンザスシティ、ダラス、デンバー、ロサンゼルスを回って、さらにアムステルダム、ロンドン、マドリード、パリ、ブリュッセル、チューリヒ、ローマ、サンパウロ、ブエノスアイレス、東京、香港、アブダビ、サウジアラビアに飛んだ。ロングタームは、投資家ひとり当たりの投資額を最低一千万ドルに設定していた。

巡業はぎこちなく始まった。JMは堂々としていたが口が重く、うっかりしゃべってグループの秘密を漏らしてはならじといわんばかりだ。「誰もがJMに会いたがるのに、JMはだんまりを決め込むんです」メリルのデール・メイヤーはこぼした。万事控えめなローゼンフェルドは、このたびは控えめすぎた。ある投資家は彼を見て、目を開けたまま気絶しているのかと思ったという。マートンの教え子のひとり、グレッグ・ホーキンスにいたっては最悪で、ギリシャ文字の代数記号ばかり口にした。パートナーたちは、人に語るすべを知らなかった。数学の先生の口ぶりそのままだった。ファンドの名前からして、いかにもひねりがない。気に入っていたのは、まじめなマートンだけだった。投資家にしてみれば、二の足を踏む理由がいくらでもある。多くは、投資戦略を語ろうとしないJMの態度を心外に思った。一部は、レバレッジの高さを見越して恐れをなし、そしてＪＭはこれをおいそれとは開示しなかった。ロックフェラー財団やローズなど、投資のプロは手数料の高さに噛みつく。ロングタームが差し出す成功への展望は、どれをとっても前例がなく、特に、機関投資家に助言したり、巨額の資金の運用先を選んだりする投資顧問の目には、そう見えた。

ロングタームを由緒正しき血筋に引き上げようとアンテナを張り巡らしていたメリウェザーは、ある日、オマハに飛んで、ウォーレン・バフェットとステーキ・ディナーをともにした。バフェットが投資すれば、他も追随すると知っていたからだ。陽気な大富豪は、いつも通り気さくで、人をそらさず、ただし、小切手を切るのはなんとしてもご免らしかった。

米国一の富豪投資家に袖にされ、ＪＭは次にジョン・コーザインに接近した。コーザインは長いことソロモンのメリウェザー部隊を羨望の眼差しで眺めていて、今はゴールドマン・サックスにもこれと張り合える部門を創ろうとしている。コーザインはメリウェザーの鼻先に、ゴールドマンが大口投資家になる案をちらつかせた。あるいは、新ファンドを丸ごとゴールドマンでかかえこんでもいい。結局、どちらも実現しなかった。スイス・ユニオン銀行はじっくり検討を重ねたあげく、やはり見送ることに決めた。こうした大手に逃げられたのは痛かった。華やかな表向きとは裏腹に、今やソロモンの権力中枢の外側にいることに改めて不安を覚える。何か組織的な後ろ盾が、どうしても必要だった。

弱みを逆手にとって、ＪＭは次に、いくつかの外銀を追いかけた。準パートナーとして迎えて、ファンドに国際的な箔をつけるためだ。この準パートナーは——ＪＭはこれを〝戦略投資家〟と呼んだ——一社につき一億ドルを投資し、それぞれ国内市場の内部情報を提供する。少なくとも建て前上、ロングタームも見返りを提供する。未来の投資家に〝戦略〟の二文字をつけてくすぐるところなど、じつにメリウェザー的だった。マートンはこの案をすっかり気に入った。金融機関の従来の関係が覆るという自説を裏付ける実例になると思えたからだ。これでもうひとつ路線が出来あがり、ＪＭが単独で外銀を追いかける一方、メリルは自行の顧客の勧誘に励んだ。

メリルは資金調達を進める上で、巧妙な〝フィーダー（＝支線）〟システムを工夫した。税制、居住国を問わず、考えられる限りあらゆる分野から資金を集めるためのシステムだ。あるフィーダーは、一般の米国投資家向けに設定され、別のフィーダーは、非課税の年金基金向けに設定される。また別のは、円建てでポートフォリオをヘッジしたい日本の投資家向けで、さらに別のは、上場銘柄にしか投資できない欧州の金融機関に対応した（このフィーダーはアイルランド証券取引所に形式的に上場した）。

フィーダーが資金を管理するわけではない。フィーダーはペーパー会社であり、資金はここを通過して、基幹ファンドであるロングターム・キャピタル・ポートフォリオ（ＬＴＣＰ）に流れ込む。ＬＴＣＰとはケイマン諸島に居住するパートナーシップだ。実務上、ファンドとはＬＴＣＰのことで、ＬＴＣＰが債券を売り買いし、資産を保有する。このファンドを運営する機関がロングターム・キャピタル・マネジメント（ＬＴＣＭ）である。ＬＴＣＭはデラウェア州に拠を構えるパートナーシップで、ＪＭとそのパートナーたちが保有する。一部パートナーの夫人たちも参加していた。こういう入り組んだ構造を見れば、辟易するのが普通だろうが、複雑な取引を解析する能力こそ他がまねできない強みと考えているパートナーたちは、かえってこれを喜んだ。実際に勤務するのは、いうまでもなく、ケイマンからもデラウェアからも遠く離れたコネティカット州グレニッチとロンドンのオフィスである。

ファンドが立ち上がりかけた頃、吉報が舞い込んだ。ロングタームの顧問弁護士で、シンプトン・

サッチャー&バートレットのパートナー、トーマス・ベルのオフィスに全員が集まっていたときのこと、ローゼンフェルドが興奮ぎみに飛び込んできた。「見てくれ！　ソロモンが何をしたと思う？」テーブルに、ソロモンの決算報告書を投げ出す。ソロモンがようやく、アービトラージの部門収益公表に踏みきったのだ。これでロングタームは、パートナーの過去の実績を外部に示すことができる。注意して読めば、ソロモンの過去の収益の大半をＪＭのチームが稼いでいたことは明らかだった――ＪＭ退社までの五年間では、年間五億ドル以上を稼いでいる。しかし、これで万事解決とローゼンフェルドが思ったとしたら、間違いだった。メリルが拝んでもせがんでも、パートナーたちはその戦略について固く閉じた口を開こうとしない。取引の例すら示そうとしないので、将来の投資家はパートナーがいったい何を提案しているのか、まるで見当がつかなかった。債券アービトラージとは結局、世間の目にはよく分からない取引だった。

切れ目なく煙草に火を点けるのが癖のメリル幹部エドソン・ミッチェルは、今回の資金調達を任された責任者で、ＪＭに口を割らせようと必死だった。ＪＭはどうやら、資金を求めているのがどっちだか忘れてしまったようだ。ミッチェルとふたりで酒を酌み交わしているときですら、交渉中の銀行の名を明かそうとしない。どんな些細な情報も国家機密並みに扱った。ミッチェルにしてみれば、これほど用心深い顧客のファンドなど、自分の上司にだって売れるものではない。ミッチェルは社内で、メリルも戦略パートナーになるよう提案したが、メリルの資本市場部門責任者デビッド・コマンスキーは、警戒してはねつけた。メリルが手にする手数料約千五百万ドルを投資することには同意したが、それ以上をつぎ込むのは断固反対だった。

巡業中のあるとき、ショールズとホーキンスにメリルのスタッフ数人が加わり、インディアナポリスまでうんざりする旅をして、大手保険会社のコンセコを訪ねた。たどりついた時には一同疲れ果てていた。ショールズがまず口を開いて、かなり効率的な市場であっても、ロングタームなら莫大な利益をあげられると説明しかけた。そこへ、アンドリュー・チョウという三十歳の生意気なデリバティブ・トレーダーがいきなり口をはさむ。「そんな投資機会はありっこない。国債市場でそれほどの儲けが出るわけがない」金融修士どまりのチョウは、高名なブラック＝ショールズ・モデルの考案者をまるで畏れていなかった。ショールズは怒り心頭に発し、皮張り椅子から身を乗りだして、こう言った。「きみのおかげだよ――きみのような低能野郎がいるから、そういうことが可能なんだ」(注11)。コンセコ側はいっせいにむっとして、ミーティングは気まずい雰囲気のうちに終わった。メリルのスタッフは、ショールズに強く謝罪を求める。ホーキンスは、これをひどくおかしがり、腹を抱えて笑った。

しかし実際、ショールズはファンド随一のセールスマンだった。投資家はショールズの少なくとも名前ぐらいは知っており、数人は講義を受けたことすらある。そして、ショールズは根っからの話し上手で、あくは強いものの、外向的だった。鮮やかな比喩を操り出して、ファンドを売り込む。例えば、こんな調子で説明した。ロングタームは、無数の取引のわずかなスプレッドから収益を稼ぎます。ちょうど、ほかの人は気づかない五セント玉を掃除機で吸い取るように。言いながら、手品よろしく宙から五セント硬貨をとりだしてみせた。愛嬌たっぷりのショーマンシップだ。一般の耳には難解きわまりないファンドの詳細に話が及ぶと、数学の専門用語をべらべらとまくし立て、見込み客の大半をして出来の悪い生徒にでもなった気分にさせる芸当さえみせた。「ショールズを担ぎ出して、度肝を抜いたわけです」コンセコの投資部門責任者マックスウェル・バブリッツは言う。

オンタリオの歯科医の息子ショールズは、型破りな学者だった。起業精神やみがたく、兄弟のひとりと組んで、怪しげな本を出版したりサテン地のシーツを売ったり、次々とベンチャー事業に手を出した(注12)。じっとしていられない性格で、一九六二年に大学を卒業すると、夏のアルバイトに、コンピューターについては素人同然だったのに、シカゴ大学のコンピューター・プログラマーの職に就く。シカゴ大のビジネス・スクールはちょうどコンピューターの威力に目覚めたところで、市場価格に基づく研究など大量のデータを使った調査に力を入れていた。コンピューターを手にしたショールズの仕事ぶりはすばらしく、教授連中は、そのまま居残って自分で市場を研究してみるよう彼に勧めた(注13)。

おりしも、ショールズが足を踏み入れたこの頃の学界は、新保守主義派の台頭に沸いていた。ユージン・F・ファーマやマートン・H・ミラーといった学者が、のちに現代ファイナンス理論の中核になる〝効率的市場仮説〟を展開し始める。この説の前提になっているのは、株価はつねに〝適正〟であるという考え方だ。したがって、市場の将来の方向性は誰にも予見できない。予見できない市場の方向性は当然〝ランダム〟になる。価格が適正であるためには、言うまでもなく、それを決定する人間は合理的で、じゅうぶんに情報を与えられていることが条件になる。つまりこの仮説は、世の中のトレーディング・フロアだのブローカー・オフィスだのには——あるいは、少なくとも価格形成に参加するほどの機関には——冷静にして沈着なラリー・ヒリブランド的人種しかいないことを前提としている。彼らが支払う価格は証券の〝値打ち〟を一セントも上回らないし、一セントも下回らない。シカゴ大学でショールズと研究をともにし、のちに自分でヘッジファンドを立ち上げて失敗したビクター・ニーダーホッファーによると、ショールズは〝ランダム・ウォーク・コーザ・ノストラ（マフィア）〟の一員であって、誰であれ、市場とて間違うことがあるなどと言い出そうものなら、いちいち食ってかかる使徒のひとりだった。肌は浅黒く、弁説は爽やかで、あるとき不動産屋に、シカゴ大学に近いハイドパークに土地を買うよう勧められ、地区の住宅価格は一年で一二パーセント値上がりすると言われて、こう言い返した。それが本当なら、どの住宅も買い尽くされているはずだ。使徒信条は揺るぎなかったが、自分自身も市場を出し抜くことができないなどと謙虚に認める気にはなれなかった。一九六〇年代後半、俸給をすべて株につぎ込み、生活費を借り入れで賄っていた。そこへ相場が急落し、ショールズは銀行に泣きついて返済期限を延長してもらうことで、株を投げ売りして大損を被るような羽目をどうにか免れた。そのうち株価は持ち直した――ロングタームのパートナーが理解ある銀行のありがたみを学ぶのは、それが最後ではなかった（注14）。

マートンが究極の理論家なら、ショールズは理論を実践で試す巧みさで賞賛を浴びた。マートンが控えめなのを裏返しにしたような議論好きで、次から次へと新説を思いついては、熱を込めて喧伝し、その大半は陽の目を見ることもなさそうだが、よく創造力の火花を垣間みせた。実践的な性格だけに、ソロモンでもデリバティブ子会社を設立するなど、目に見える形で貢献している。そのうえ、税法にかけては一級の専門家で、米国だけでなく海外の税制にも精通していた。ショールズの目に映る税制は広大な知的ゲームだった。「税金をまともに払うのは愚の骨頂だ」侮蔑を込めてそう言い放ったこともある（注15）。税金を逃れるためにあらゆる手を尽くそうとしない人間がいること自体、信じられなかった。シカゴ学派の言う経済ロボットとしての人間のモデルに合わないからだ。ロングタームでは、先頭に立って巧妙な案を練り、おかげでパートナーは利益の取り分の計上を最長十年まで先送りして、納税を繰り延べた。些細なことで弁護士をつかまえて延々と説教を垂れる男だったが、パートナーたちはその熱を帯びた稲妻を、たいてい大目に見た。ショールズのエネルギーと、〝生きる歓び〟とが全員を魅了した。倦むことなく自分を再開発し、スキーだの――メリウェザーの影響で――ゴルフだの、未経験のスた。

ポーツに挑戦する。特に、ゴルフには情熱を傾けた。

ショールズがメンバーに加わり、マーケティング・キャンペーンの歯車がしだいに噛み合い始めた。投資家の鼻先に、唾が湧くようなごちそうをちらつかせ、年率三〇パーセント台のリターン（パートナーの手数料を引いたあと）も夢ではないと宣言する。さらに、リスクも伴うと明言しながらも、分散投資に努めることを力説した。投資先を世界中に広げるので、卵は多くのかごに分けられ、いっぺんに割れる心配はないという考え方だ。つまり、どこかひとつの市場が崩壊してもファンド全体が崩れることはない。

パートナーたちは、これはと狙いをつけた投資家を根気よく追いかけた。グレニッチの海沿いに延びるスティームボート・ロードに面した閑静な本社に、よく有望筋を招待した。パートナーと七、八回面談を重ねた投資家もいた。パートナーはカーキ色のパンツにゴルフシャツといったくだけた服装で、最高の自信に満ち満ちている。事実、彼らはソロモンで巨額の収益をあげていたわけで、投資家たちのほうも、もう一度同じことができるだろうという考えに傾いていった。輝かしい知性を目の前にして――メリウェザー率いる面々が実際にどう運用するのかについては、ほとんどちんぷんかんぷんのまま――盲信に陥りかけていることに気づかなかった。「綺羅星のごとき、資金運用のプロ集団でした」スイスのバンカー（のちに投資家のひとりとなる）レイモン・ベアーは言う。一九九三年終わり頃には、投資契約がまとまって舞い込むようになったが、ファンドはまだ運用を開始できず、予定は大幅に遅れていた。そこへ、ヒリブランドがようやくソロモンを抜けてチームに加わり、パートナーの士気は一気に高まる。マートンとショールズはマーケティングに華を添えたが、キャッシュ・レジスターを音高く鳴らすことができるのは、やはりヒリブランドだ。

ＪＭはふたりのゴルフ仲間にも、パートナーの地位を提供した。ソロモン幹部のリチャード・Ｆ・レーヒーと、親友のひとりで債券トレーディング会社を興していたジェームズ・Ｊ・マッケンティだ。どちらも、ロングタームの浮世離れしたトレーダーとは趣の異なるタイプだった。レーヒーは愛想のいい気さくなセールスマンで、ウォール街のバンカーたち――頭の固いトレーダー連中が得意とする相手ではない――との交渉役にうってつけと思えた。だが、マッケンティの役割は謎だった。会社を売却したあと、羽振りよく暮らしていて、ハンプトンズの自宅からヘリコプターで通勤したり、カリブ海のグレナディン諸島までジェット機を飛ばしたり、おかげで〝ザ・シーク〟のあだ名を進呈されている（訳注　美男スター、バレンチノ主演の映画『ザ・シーク』に由来する。女性から見て魅力的な男性）。知性が売り物のアービトラージャーとは正反対の、勘で勝負する伝統的タイプのトレーダーだった。だが、メリウェザーは周りに友人がいる環境を好んだ。そういう仲間と軽口を叩き合っているときには、くつろいで、社交的にすらなった。偶然ではなく、レーヒーもマッケンティも、メリウェザーと同じアイルランド系米国人だ。このグループといっしょにいると、我が家に帰った気分だった。ふたりとも、ＪＭの心情的にいちばん大事な財産――アイルランド南西部海岸沿いの辺境の地に広がる、見事に手入れの行き届いたゴルフコース、ウォータービル――の共有パートナーでもあった。

一九九四年初めにＪＭが射止めた名前は、格別の衝撃を呼んだ。デビッド・Ｗ・マリンズ米国連邦準備制度理事会（ＦＲＢ）副議長、つまりアラン・グリーンスパン議長に次ぐＦＲＢ権力ピラミッドのナンバー・ツーである。マリンズは、偶然ではなく、かつてＭＩＴでマートンに師事し、その後教鞭を執ったハーバードで、ローゼンフェルドと親交を結んでいた。中央銀行の幹部が加わったことで、ロングタームには、世界の銀行にアプローチするための、よそにまねのできない経路が開ける。しかも、マリンズはモーザー事件に関するFRB側のキーマンだった。裏の意味を汲み取れば、これでメリウェザーは、ワシントンから太鼓判を押されたことになる。

メリウェザーと似て、十代から株を売り買いしていたマリンズは、アーカンソー大学の学長の息子で、ハーバードではとびきりの人気講師だった。皮肉なことに、金融危機の専門家として、政府でのキャリアの第一歩を踏み出す。ロングタームでは、市場がふたたび混乱したときに危機収拾の権威として振るまうことを期待されていた。一九八七年の暴落のあと、政府の指令を受けた調査レポート作成に加わり、原因はかなりの部分、新興デリバティブ市場にあるとして、売りが売りを呼び、損失が加速していく構造に焦点をあてた。その後、財務省に移り、破綻したS&L（貯蓄貸付組合）救済法の法案づくりに参加する。当局の当事者として、市場は――完璧な価格設定マシンどころか――周期的に、危機を伴い、脱線することを身をもって知っていた。「われわれの金融システムは変化が速く、きわめて創造的です。ちょくちょくニアミスを繰り返す仕組みになっています」ロングタームに転身する一年ほど前の発言だ。その先行きについて、本人すら夢にも思わぬ慧眼ぶりを発揮して、民間金融機関が〝流動性問題〟によって危うくなった場合、それを救済するのはFRBの使命のひとつ、とも述べている（注16）。

口の端を歪めた顔、穏やかな語り口、インテリで、いかにもバンカー然と身だしなみを整えたマリンズは、グリーンスパンの後継者ともいわれた。財務省で上司だったニコラス・ブレイディは、マリンズがロングタームに移ったと聞いて、彼が〝あの連中〟といっしょに何をするつもりかといぶかった。しかし投資家は、温厚なマリンズが加わったのを見て、安堵に胸をなでおろす。マリンズなら、自分たちとまずまず似通った市場観をとるだろうと思われた。実際、中央銀行の大物を取り込んだことで、ロングタームには民間のファンドにはふつう考えられない路が開かれ、世界中の政府系機関の莫大な資金源にアクセスできるようになった。まもなく、香港土地開発局、シンガポール政府投資公社、台湾銀行、バンコク銀行、クウェート国営年金基金から、相次いで契約を勝ちとる。イタリア中央銀行の外為局にささやきかけて、一億ドルを投資させるというウルトラCさえ披露した。こうした機関はふつう、ヘッジファンドには絶対に投資しない。イタリア当局の投資責任者ピエラントニオ・シアンピカリは、ロングタームをヘッジファンドではなく、〝評判の確かな〟エリート投資組織と見ていた(注17)。

同じように民間の投資家も、畏敬の目でファンドを仰ぎ見る。金融界最高の知性に続いて、中央銀行の現役バンカーが加わった。しかもそれが、グリーンスパンを出し抜こうと果てしなく繰り広げられるウォール街の攻防で一歩先を行きそうな人物だ。顧客リストには錚々たる顔ぶれが並んだ。日本では、住友銀行が一億ドルの契約書にサインした。欧州ではドイツの巨人、ドイツ銀行と、リヒテンシュタイン・グローバル・トラスト。スイスのプライベート・バンク、ジュリアス・ベアーは、億万長者の顧客にファンドを売り込み、ひと口三千万ドルから一億ドルで投資を募った。国際的なバンカー、エドモンド・サフラが経営する非公開組織、リパブリック・ニューヨークは、ロングタームの肩書に目がくらみ、事業機会につながる可能性に釣り込まれて、六千五百万ドルを投じる(注18)。ロングタームはさらにブラジル最大の投資銀行バンコ・ガランティアを籠絡した。

米国内では、今をときめく著名人や運用機関から幅広く資金を集めた。ハリウッドのエージェント、マイケル・オビッツが投資し、スニーカー大手ナイキのCEO、フィル・ナイトも、高級コンサルティング会社、マッキンゼーのパートナーも、ニューヨークの石油メジャーCEO、ロバート・ベルファーも投資した。ベア・スターンズCEOのジェームズ・ケインは、ロングタームはぼろ儲けすると見て、手数料は問わないことにした。ケインもそうだが、投資家たちは、ＪＭをはじめ当のパートナーたちが個人資産を合計一億四千六百万ドルもつぎ込もうとしていることを頼もしく思った（ローゼンフェルドほか数人は子どもの貯金まで投資している）。教授の名声が知れ渡っている学界に売り込むのは、造作もなかった。セント・ジョーンズ大学、イェシバ大学がそれぞれ一千万ドルを投資し、ピッツバーグ大学は五百万ドルを出す。シェーカーハイツでは、パラゴン・アドバイザーズが富裕顧客にファンドを紹介した。パラゴン社長のテレンス・サリバンは、ＭＢＡ取得準備中に、マートン、ショールズの著作を読んだことがあり、ローリスクな投資スタイルになると思ったという（注19）。

企業では、投資のヒントを引き出すきっかけになるかと、ペインウェバーが一億ドルを投資し、さらにドナルド・マローン会長が個人資産一千万ドルを投資した。そのほかブラック＆デッカーの年金基金、コンチネンタル・インシュアランス・オブ・ニューヨーク（のちにローズに買収される）、プルデンシャル生命も投資した。

一九九四年二月末、ロングタームは運用を開始する。メリウェザー、ローゼンフェルド、ホーキンス、レーヒーの四人で、上等のブルゴーニュ・ワインを何年分も買い込んできて祝った。十一人のパートナーに加えて、トレーダーと事務員が三十人ばかり。後ろには、一千万ドルを投じて調達した、トレーダーやエンジニアご用達の高性能マシン、サン・マイクロシステムズのＳＰＡＲＣワークステーションが控えている。ロングタームの資金調達部隊は、しめて十二億五千万ドルをかき集めた――ＪＭの目標には遠く及ばなかったが、ファンドの立ち上げ金額としては史上最高だった（注20）。

第3章 連戦連勝

「彼ら（ロングターム）の資金調達力は事実上、世界一である」（インスティテューショナル・インベスター誌）

神々はロングタームに微笑んだ。市場の絶頂期に資金集めを終え、運用にとりかかった頃、ウォール街に薄雲が広がり始める。投資家が願うのは安定航路だが、逆説が成り立って、投資機会が最大に膨らむのは、市場が荒れるときである。なぎ相場でのトレーディング稼業は退屈だ。しかし、価格が旋回し始めると、鏡のようだった川面に小さな渦が巻き、対流がほとばしり始める。こちらの証券は流れに引きずられ、あちらの証券は逆流に押し戻され、さっきまで仲良く並走していたのが、左右に引き離されて、予測できるはずのスプレッドが、説明できない水準に跳ね上がる。投資家は急に、難破船に乗った気分に襲われる。資力に乏しい人や自信のない人はパニックに陥り、そうでなくてもとにかく売りに走る。我も我もと売り始めれば、危険な引き潮となって、どうかすると、市場全体がねじれる。カネも分別も握って放さなかった少数の人々に、投資機会が手招きするのは、こんなときだ。

一九九四年、メリウェザーが資金調達の仕上げの段階に入った頃、グリーンスパンは国内経済の過熱傾向を懸念し始めていた。机の上をかたづけて、ロングタームに飛び移ろうとしていたマリンズは、議長に金融引き締めを促す（注1）。二月、ちょうど金利が底にあった頃――投資家が我が世の春に浸りきっていた頃――グリーンスパンはFF金利を引き上げて、ウォール街を仰天させた。五年ぶりの引き締めだ。しかし、この神官じみたFRB議長の狙いが市場冷却にあったとすれば、利上げは逆効果だった。債券価格は急落する（言うまでもなく、債券価格は金利と逆方向に振れる）。ただ引き上げ幅が〇・二五パーセントと小幅だったことを考えると、債券の下げ方は〝適正〟水準を超えていた。誰かが、血相を変えて売っているのだ。

五月、ロングタームがデビューを飾って二カ月も経たない頃、三十年国債の価格は前回のピークからじつに一六パーセント――比較的値動きの少ない債券市場ではかなりの変動幅――下落し、利回りは六・二パーセントから七・六パーセントに上昇していた。欧州債券市場も軒並み崩れた。投資家は全面的に、多くは首まで借金に漬かっているヘッジファンドを含めて、債券市場から逃げ出した。借金漬けのひとり、レバレッジで稼ぐヘッジファンド・マネジャー、マイケル・スタインハートが、凍りついた目で暴落を眺める。欧州債に賭けていたポートフォリオから、金利が百分の一パーセント動くたびに、七百万ドルずつ消えていった。大勝負の好きなスタインハートは、わずか四日間で八億ドルを失った。これが飛び火して為替相場を揺さぶり、足をすくわれたジョージ・ソロスは、二日間で六億五千万ドルを失う（注2）。

メリウェザーにとって、この混乱は願ってもない朗報だった。売り一色の日々のある朝、部下のトレーダーのデスクに歩み寄り、卓上のスクリーンを眺めながら、感に堪えない声でつぶやく。「タオルを投げた連中がぞくぞく押し寄せてくる」ＪＭも承知の通り、パニックに陥った投資家は、出口の選り好みなどしない。売りたい一心で、スプレッドを押し広げ、待ち構えていたメリウェザーの目の前に、注文通りのギャップが口を開ける。「債券市場のボラティリティが異例な水準に上昇すると……ふつうはスプレッドも拡大します」彼にしては、めずらしく開けっぴろげな投資家向けレターの中で、うれしげに語っている。「このスプレッド拡大で、LTCPのコンバージェンス（収斂）取引、レラティブ・バリュー（相対価値）取引の収益機会がさらに広がりました」（注3）。ロングタームは二カ月間とんとんが続いたあと、五月になって七パーセントの利益を出し、大儲けを見込んでアクセルを踏み始めていた。多くのヘッジファンドが、レバレッジのかけすぎでパニックに陥っていたが、ロングタームがそういう立場に置かれる日が来るなどとは、メリウェザーは思いもしなかっただろう。だが、一九九四年、ロングターム立ち上げから数カ月後の債券市場の急落は、ロングタームにとって深い意味を含んでいる。

市場観測筋は、国際債券市場で観察されるようになった新たな連動性に注目し始めていた。ウォールストリート・ジャーナル紙によると、「一見、無関係な市場の混乱が、米国債市場に波及効果をもたらしている」（注4）。欧州債の急落、バンカース・トラストのトレーディング損失、モーゲージ専門のヘッジファンド、アスキン・キャピタル・マネジネントの破綻、メキシコの次期大統領有力候補暗殺といった出来事が、それぞれ何の関連もないはずなのに、グリーンスパンのささやかな調整をきっかけに始まった米国債の下落を加速させていった。

市場間の〝相関性〟が突然、高まっていた――ロングタームにとってこれは、決定的な意味を持つ。相関性が高まるとは、つまり、ある市場のトレンドが隣の市場に波及しやすくなることをいう。そうなると、局地的な落ち込みをきっかけに全体が大崩れしかねない。特にデリバティブを使えば、これは市場に合わせて自在にオーダーメードできるので、ニューヨークに居ながら東京市場で相場を張ることも、アムステルダムに居ながらブラジル市場に賭けることも、投機筋にとっては朝飯前だった――ある市場の問題が隣の市場へと伝染する確率も高くなる。端末のスクリーンにへばりついているトレーダーにとって、市場間の区別――例えば米国モーゲージ市場とフランス政府債市場の区別――は、存在しないも同然になった。今や何もかも、リスクという連続体に刻まれた点に過ぎなくなり、それぞれがデリバティブという糸で縫い合わされている。クレディ・スイス・ファースト・ボストンのエコノミスト、ニール・ソスは、借入返済に追われているトレーダーを指して、ウォールストリート・ジャーナル紙にこう語った。「売るべきものを売るのではなく、売れるものなら何でも売っているのです」投資家は一件でもレバレッジをかければ、ポートフォリオの残り全部を売らざるを得なくなるリスクを負うことになる。これは肝に銘じておくべき真理だ。証券間に関連はなくても、同じ投資家が保有しているというだけで、逆境時には連動すると考えていい。しかも種々雑多な投資家が同じ銘柄を保有している今日、境界は姿を消しつつある。分散を通じて安全を確保するという考え方――ロングタームの安全性の基盤――そのものが、見直しを必要とされていた。

スタインハートは、損失を被ったのは〝流動性〟が一瞬にしてなくなったせいだと語った。同じせりふを数年後、ロングタームが口にすることになる（注5）。しかし、〝流動性〟とはいわば、身代わりの藁人形だ。相場が急落するたび、投資家は目を丸くして、売り手ばかりで買い手が消えてしまったという。だが、ケインズの言う通り、コミュニティ全体として見れば〝流動性〟など存在し得ない（注6）。そもそもの間違いは、市場には流動性を維持する義務があり、売り手の数だけいつも買い手がいるはずだという考え方にある。一九九四年の暴落の真犯人は、レバレッジだ。借入さえなければ、破産することはないし、売りを余儀なくされることもないだろう。いずれにしても、〝流動性〟は関係ない。ところが、レバレッジをきかせていると、状況しだいで売らざるを得なくなる。売らなければ、損失が一気に膨らんで、破綻するばかりだ。レバレッジには、こうした情け容赦ない負の増幅作用が必ずつきまとう。その危険性は、どれほど力説しても、し過ぎることはない。

ロングタームは二重に幸運だった。スプレッドが拡大したこの時期、自己資本の大部分はまだ投資されていない。そのため、いざ投資機会が生じたときに、総崩れの市場から利益を吸い上げられる態勢にあったごく少数の一員となることができた。そして、トレーダーは有能だった。ロングタームといえども、まったくリスクがないわけではない。いくら有能でも、むやみにレバレッジをかけるわけにはいかない。しかし、彼らはおおむね、知能に優り、状況を見極めるのがうまかった。ロングタームは運用開始とほとんど同時に利益を出し始めた。

ロングタームがこの時期に手がけた取引に、三十年国債のひと組を使ったものがある。国債とは（期間を問わず）言うまでもなく、米国政府が連邦予算を補填するために発行する証券である。一日に約千七百億ドルが売買され、世界で最もリスクの低い投資商品と見られている。ところがこの三十年債では、発行から約半年後に異変が起こる。投資家が買った債券を金庫やら引き出しやらに放り込み、長期保有するのだ。流通市場にはわずかしか残らず、売買がむずかしくなる。その間、政府は次の三十年債を発行し、これが新たに人気を集める。ウォール街では、満期まであと二十九年と半年ほどの古い債券をオフ・ザ・ランといい、世に出たばかりの新しい債券をオン・ザ・ランという。流動性に劣るオフ・ザ・ランは、その分だけ需要が低い。それでややディスカウントされて取引されるようになる（つまりやや割安な価格、やや高い利回りで購入できる）。アービトラージャーはこれを、スプレッドが開くという。

一九九四年、ロングタームはこのスプレッドが異常に広がっていることに気がついた。一九九三年二月発行の三十年国債は利回り七・三六パーセントで取引されている。その六カ月後、八月に発行された三十年国債の利回りはわずか七・二四パーセントしかなく、スプレッドが一二ベーシス・ポイントに広がっていた。ロングタームでは毎週火曜日、パートナーが集まってリスク管理ミーティングを開いている。このミーティングの何回目かに、数名が手を挙げ、一二ポイントのギャップが縮小する方向に賭けようと主張した。教授たちは単に「これは割安で、あれは割高」というだけでは満足せず、なぜスプレッドが存在するのかを知りたがった。理由が分かってこそ、それが持続するか逆に広がるかという肝心の問いの答えが浮かび出てくる。このケースは、ばかげたスプレッドに見えた。結局のところ、米国政府が二十九年六カ月後に満期を迎える国債を償還する確率は、三十年後に満期を迎える国債を償還する確率と、変わりはしない。しかし一部の機関投資家は、小心というか官僚主義的というか、流動性が少しでも劣る証券には手を出そうとしなかった。投資機会の多くは、投資家それぞれの時として根拠のない需要を理由に、市場に歪みが生じることで発生するとロングタームは見ている（注7）。そういう投資家はオン・ザ・ランの債券に喜んでプレミアムを支払い、ロングタームのパートナーは、ソロモンでも散々やった通り、もっと喜んでその回収に励む。ロングタームはこれを〝スナップ取引〟と呼んだ。数カ月もたてば、鍵がかちり《スナップ》と締まるように、ぴったり収斂するのがふつうだからだ。つまりロングタームは、流動性のやや劣る債券をあえて保有する対価として、手数料を回収していたといえる。

「ロングタームの取引の多くは、流動性を提供する性格を持っていました」ローゼンフェルドは言う。「みんなが売りたがるものを、買っていたわけです」ロングタームは、あらゆる市場で流動性の劣る証券ばかりを買い集めているわけだから、それらは互いに共通した特徴のない証券とはいえない、というふうには考えなかったようだ。さいころを一回振って出る目と、二回目に振って出る目とが無関係であるのと、同じ理屈は成り立たない。それどころか、文字通り「みんなが」売りに回る日がくれば、いっせいに崩れやすい構造になる。

❁

一二ベーシス・ポイントといえば、ちっぽけなスプレッドだ。普通に考えれば、騒ぐ値打ちはないだろう。額面千ドルの債券ひと組につき価格にして十五ドル八十セントの違いしかない。このスプレッドがその後、例えば数カ月のうちに、三分の二まで縮小したとしても、ロングタームの稼ぎは十ドル、つまり千ドルの一パーセントに過ぎない。しかし、もし仮に、レバレッジをきかせて、このちっぽけなスプレッドを数倍に拡大できたら？　できたら、じつにこうなる。ロングタームは割安の債券オフ・ザ・ランを十億ドル買った。同時に、割高な債券オン・ザ・ランを十億ドル売る。目玉の飛び出そうな金額だ。パートナーたちは早くも、ロングタームの自己資本の全額を賭けようとしていた。たしかに、大きな損を出す公算は低い。一方を買い、他方を売っているので、両者が収斂する方向に賭けたに過ぎず、そして先にも述べた通り、債券のスプレッドは価格に比べてずっと変動が少ない。われわれの住宅価格はときに急落するが、その場合は、ご近所も同じように急落するはずだ。もちろん、スプレッドが拡大するリスクも、少なくとも短期間、ないわけではない。ふたつの債券間のスプレッドが一二ポイントまで開いたのであれば、一四ポイントまで広がることもあり得るし、極端な状況になれば、二〇ポイントまで広がることも、ないとはいえないだろう。

ロングタームが、トレードマークの精密ぶりを発揮して計算したところによると、ある債券を買い持ち（ロング）して別のを空売り（ショート）する取引は、どちらか一方だけを買う手法と比べて、リスクが二十五分の一になるという（注8）。したがって、このロングとショートのアービトラージ取引では、二十五倍のレバレッジをかけても安全であるという。この手法は収益の可能性を何倍にも高めるが――先述の通り――損失の可能性も同様に高まる。いずれにせよ、ロングタームは借りに借りた。ウォール街の銀行ないし銀行団から借り入れた資金で、割安のオフ・ザ・ランを買い、同時に、オン・ザ・ランを空売りする。

これはロングタームのレパートリーの中では単純極まりない部類に属する投資法だが、実際の取引はもっと複雑だ。まずオフ・ザ・ランの債券を買い、すかさずそれをウォール街の他の銀行に貸し出す。この銀行は、担保として、ロングタームにキャッシュを振り込む。ロングタームはきびすを返し、このキャッシュを担保に債券を借りる。ウォール街では、こうした短期間の有担保貸出を〝レポ・ファイナンス〟という。

この取引の妙は、ロングタームのキャッシュの出入りのバランスが完全にとれている点だ。ロング・ポジション（買い）での支払いと、ショート・ポジション（売り）での受け取りは釣り合っている。差し入れる担保は、受け取る担保と等価だ。言いかえれば、ロングタームは自分のカネを一セントも使うことなく、二十億ドルの取引を成立させたことになる＊。

＊ポジションを維持するには、若干のコストがかかる。単純な取引ではあるが、実際には支払いの流れが四本ある。ロングタームはまず差し入れた担保から利息を回収し、預かった担保に利息（受け取り利息をわずかに上回る）を支払う。つぎに買い持ちする債券で七・三六パーセントのクーポンを受け取り、空売りする債券で七・二四パーセントのクーポンを支払うので、先の差額は一部解消される。取引全体で、ロングタームは月に数ベーシス・ポイントを支払うことになった。

さて、通常、債券を借り入れる場合、例えばメリルリンチから借り入れる場合、担保に若干の上乗せを要求される。おそらく国債なら千ドルにつき総額千十ドルばかりになり、リスクの高い債券ならもっと上乗せされるだろう。債券価値の一パーセントに当たるこの十ドルの当初証拠金を〝ヘアカット〟と呼ぶ。債券価格が上昇したときに備えて、メリルリンチが身を守るための手段である。

ヘアカットはふつう、取引規模を抑える役割を果たす。しかし、ヘアカットを免除されれば、そこにあるのは青天井だ。たとえて言えば、ガソリンを食わない車を運転しているようなもので、気がすむまでいくらでもドライブできる。しかも取引のリターンは、超過マージンをメリルリンチに支払わなくてよければ、大幅に高くなる。

このヘアカットの支払いをつっぱねるか、大幅に割り引かせるのが、ロングタームの当初からの方針だった。発案者は間違いなくメリウェザーだろう。この男は控えめな人柄で人を魅了する半面、トレーディングでも、ゴルフでも、ビリヤードでも、競馬でも、とにかく足を踏み入れるすべての場所で、容赦ない競争心を見せた。銀行との折衝には通常、パートナーの中では比較的温厚でおっとりしたローゼンフェルドとレーヒーが当たっていた。もっとも、これにはヒリブランドも参加している。いずれにしても、パートナーは丁寧に、しかし強情に、カネなら唸るほどあるのだから、当初証拠金を差し入れる必要はないと言い張った。しかも、それを認めない相手とは、取引しないという。メリルリンチは通常のヘアカット請求を取り下げ、取引に合意した。ゴールドマン・サックスがこれにならい、JPモルガン、モルガン・スタンレー、ほぼ例外なく、あとに続く。従わなかったペインウェバーは、ロングタームとほとんど取引しなかった。「彼らと取引したければ、選択の自由はありませんでした」JMの崇拝者でありライバルでもあるゴールドマン・サックスのジョン・コーザインは言う。

ロングタームの取引は、正気の沙汰とは思えないほど複雑で、最終的に数千件に膨らんだが、戦略の基本形はせいぜい十数種類に過ぎない（注9）。そのうち一部は、国債アービトラージなど、有形の証券を売り買いする取引だ。それ以外はデリバティブ取引で、これは有形の商品の売買を伴わない。デリバティブとは、ロングタームが銀行その他のカウンターパーティ（契約当事者）と交わす賭けの約束に過ぎず、各種の市場価格が将来どう動くかで結果が左右される。

試みに、レッドソックスのファンと、ヤンキースのファンとが開幕前に約束を交わし、対戦で点が入るごとに、得点された方がした方に千ドル支払うことで合意したと想像してみる。ロングタームの契約は、これと似ていなくもない。違いは、支払いがスコアではなく、債券、株、その他金融商品の値動きと連動している点だ。こうしたデリバティブ契約の債務はバランスシートに計上されず、正式には〝負債〟とも見なされない。ただし、市場がロングタームに不利な方向に動けば、結果は明らかに同じである。そしてロングタームはデリバティブ取引の当初証拠金を支払うことなく、契約をとりつけることができた。つまり、あらかじめどこにも資金を預けることなく、賭けることができた。

ロングタームはいつもではないが、多くの場合、有形の証券を使ったレポ・ファイナンスでも同じ条件を勝ち取っている。さらに銀行を説き伏せて、他のファンドより長期の融資を認めさせた（注10）。こうすれば通常より粘り強く運用できる。銀行は貸出金を回収したくなっても、すぐには返済請求できない。「誰もが、彼らの言いなりでした」ある大手投資銀行の経営幹部は言う。

メリウェザーのマーケティング戦略が本当に物を言ったのは、ここだろう。銀行もちょっと考えてみれば、自分たちこそロングタームの命運を握っていることに気づいたはずだ。しかし銀行は、ロングタームを資金に飢えた新興ファンドとは見なさず、著名学者と一流トレーダーをずらりそろえた何か別格の会社と見なした。よくは分からないが、マートンが〝ファイナンス仲介機関〟と呼ぶところの何かだ。そして、ロングタームはきわめて高度な無謬に近いテクノロジーで武装していると、わけもなく決めてかかった。ビジネス・ウィーク誌は、ロングタームの博士たちの手で、ウォール街に〝コンピューター新時代〟の幕が上がると書きたてる。「これだけの学界の才能が、これだけの資金を託され、投資を試みた例はこれまでにない」ロングターム設立の年、ある号のカバーストーリーでこう論じた（注11）。新時代の到来とあらば、誰だって乗り遅れたくはない。ロングタームの人気たるや、舞踏会に初めて参加する美しき深窓の令嬢そこのけで、銀行という銀行がいっしょに踊りたがった。

銀行は安易な与信に節度を持たせようとは、まるで努めなかった。なんといっても担保は押さえてあるし、それに、ロングタームはいつも毎営業日の終わりに（キャッシュで）決済していて、勝てば回収し、負ければ支払った。またロングタームには事実、カネが唸っている。破綻リスクは、まずなさそうだった。ただ万が一、ロングタームが予想できないほど急激に損失を被ることがあれば――例えば、資産の大半を、流動性の枯渇した市場で一度に投げ売りせざるを得ない羽目に追い込まれたりすれば――そのときは銀行の担保の価値も急激に下落して、銀行自身、損失を被る危機にさらされることになる。

それに、ゴールドマンCEOのコーザインやメリルリンチ会長のタリーなど、銀行幹部の多くは、メリウェザーその人に好意を持っていて、これが会社ごとロングタームびいきに傾かせる遠因となった。だが、ロングタームの本当のセールスポイントは、世界中の有力トレーダーとの間にコネを持っていると見えた点にある。ロングタームと取引していれば、マーケットのフローを読む貴重な内部情報を入手――債券の世界ではまったく合法的な行為――できるかもしれない。「パーティに人を集めたいとき、どうすればいいと思います？　町中の気の利いた連中はみんな来ると言ってやればいいんです」ゼロ・

パーセントのヘアカットでロングタームに融資したチューリヒのあるバンカーは言う。「同じ伝で、みんなこう言いました。『分かった、そうする。でも他の誰かに払うなら、こっちにも払ってもらう』」じつに頭のいい方法だった。新たな銀行が現れるたびに、こう言えばいい。「そちらにヘアカットを支払えば、他のみなさんにも支払わねばなりません」そして結局、誰にも払わなかった。

銀行は銀行でアービトラージ取引を手がけていたので、メリウェザーが銀行を最大のライバルと見ていたのは、あながち的はずれではない（注12）。ロングタームはソロスのクォンタム・ファンドなど他のヘッジファンドより、むしろゴールドマン・サックスなど銀行の自己勘定トレーディング部門とよく似ていた。ウォール街はその頃、リサーチや顧客サービスから、利ざやの厚い自己勘定トレーディングへと、ゆっくり重心を移している。ロングタームとその融資銀行との間に、きわどいライバル関係が生まれた。

ウォール街の大手投資銀行の出身だけに、ＪＭは、投資銀行が漏れ穴だらけで、取引を盗み見されかねないと警戒していた。実際のところ、投資銀行の戦略はたいてい似たり寄ったりだ。このためロングタームは、用心のため、取引の各段階をひとつずつ別々のブローカーに発注することにした。モルガンにある部分をのぞかれ、メリルリンチに別の部分をのぞかれ、ゴールドマンにまた別の部分をのぞかれたとしても、全体像は誰にも分からない。ロングタームの顧問弁護士ですら、蚊帳の外に置かれた。パートナーたちがよく〝戦略その三〟などと言い合うのを耳にして、弁護士は、核兵器庫でもつくっているのかと思った。

ヒリブランドは特に、銀行に自分の戦略をちらりとでものぞかれまいとし、条件面で歩み寄ることも拒否した。ディーラーに電話して、債券一億ドルの注文を出し、数秒で受話器を置く（注13）。「証拠金の請求についてですが、お支払いするつもりはありません」メリルリンチに、にべもなく言い渡した。メリルリンチの営業マン、ケビン・ダンレビーは、ときには一日に二度も三度も電話し、切れ者ヒリブランドを意識して工夫を凝らした戦略を売り込んだ。だがヒリブランドの執拗なまでの秘密主義に、何度となくむしゃくしゃさせられる。そんな態度に出られては、営業マンとしてはお手上げに近かった。「持ち込んだアイデアがＬＴＣＭの戦略に採用されることは、滅多にありませんでした」ミリタリー風に髪を刈り込んだ、気さくなニューヨーカー、ダンレビーは言う。「すごくめずらしいことです。ウォール街から情報を取り入れようとしないというのは……。ヒリブランドは一切、戦略の話はしませんでした。ただ、何がしたいかを指示するだけ」

ロングタームは銀行との接触を、取引ごとに小口に分けた。それぞれに割り振る役割を決めて、どの銀行からも一定の距離を保つ。細心の注意を払って、一行に依存することを避け、ジャンク債ならゴールドマン・サックス、国債と円スワップならＪＰモルガン、モーゲージならリーマン・ブラザーズという具合に配分した。メリルリンチはデリバティブ取引では最大のカウンターパーティだったが、レポ・ファイナンスではずっと下位にあった。この〝分割統治〟式の戦略には、たしかに、ある種の抜け目なさがある。取引ごとに、分野で最強とされる銀行を相手に選んでいるからだ。しかしそうすることでロングタームは、もっと密接で、長期的な関係を築く機会を失った。例えば、ＪＰモルガンなどはロングタームに興味津々で、もっと踏み込んだ業務提携を結びたくてじりじりしていたのに、ロングタームはどうしても機密の共有を嫌がった。「何を物色しているか分からないのに、どうやってアイデアを提供できます?」ウォール街のある大手行のリスク管理部門責任者は言う。アービトラージャーだけに、パートナーたちは出会いというものを、足し引き勘定できる個別のやりとりと踏んでいる節があった。

彼らは似たもの同士――インテリで、内向的で、超然としていて、冷静な人間――の集まりだった。仲違いさせようとしてもむだで、どうにも始末におえないほど、ぴったり波長が合っている。スイス銀行の債券・為替部門の責任者だったアンドリュー・シシリアーノは、その異様な連携のよさに驚いたことがある。あるとき、ロンドン・オフィスのヘッド、ビクター・ハガニを訪問し、一、二カ月後、今度はグレニッチにJMとエリック・ローゼンフェルドを訪ねた。米国在住のパートナーふたりが、いきなり話の核心に切り込んでくる。シシリアーノは、ハガニと交わしていた会話をそのまま続けているような、妙な感覚にとらわれた。

内部に緊張がなかったわけではない。小さなグループ――JMとヒリブランドとローゼンフェルドとハガニ――が残りを支配していた。ソロモンでそうだった通り、報酬は上層部へと偏り、中核グループが報酬の半分以上を手にした。このグループは決定権も握っている。マイロン・ショールズなど下位パートナーは、もっと大きな取り分と発言力を求めて運動し続けた。しかし中核グループはもう何年も、ソロモン時代以来、家族同様に過ごしてきた間柄で、互いに信頼し合うのが習癖になっている。

もしロングタームをひとりの個人に凝縮することができたら、それはヒリブランドになっただろう。ベテランのトレーダーには冷笑的で自信を表に出さない人間が多い。長年、当てが外れ続けて、命の縮む思いを重ねてきた結果そうなるのだが、このヒリブランドときたら、冷静にして沈着、こちらがおかしくなりそうなほど自信に満ち満ちていた。信じがたいまでに仕事熱心で、アービトラージャーの純血種とでもいおうか、モデルを信じ、みずから弾き出した適正価格に固執し、疑いというものに煩わされることがなかった。ローゼンフェルドなどは、下落が見込まれる資産を売ってヘッジをかける教科書通りの手法を嫌っていたが、ヒリブランドは〝確信〟していた。同僚は彼に一目も二目も置いていて、いきおい、とっさに分析が必要なときには、ヒリブランドを頼る。頼られた方は、意見をはっきり口にする男だったが、その答えは水晶の原石も同然で、初心者には何がなんだかよく分からなかった。「ヒリブランドの頭を通過すると光が屈折する」ソロモンのデリック・モーンは言っている。他のパートナーもそうだが、ヒリブランドはその程度が特に著しく、なんであれ物事を白か黒かに弁別しようとした。信頼できる人柄で、疑いの目で見られるとたちまち腹を立てたが、その限られた興味の外の世界は、何も見えていない。ソロモン時代の同僚はよくこれをからかって言った。自由意思論者ヒリブランドの説によると、家の目の前の道路に空いた穴は、自分で舗装しなければならないそうだ、と。しかし、ヒリブランドはおそらく同僚の誰と比べても、カネに対しては淡泊だった。ヒリブランドはトレーディングの知的挑戦という側面に情熱の対象を見出した。家族は別にして、他にはほとんど関心がない。彼をその殻の中から少しでも引っ張り出せる人間がいるとすれば、それがJMだった。ヒリブランドがボスを見る目は親を見る子のそれに近い。おそらく、自身の父親との深いつながりに由来するものだろう。ローゼンフェルドも同じようにメリウェザーを慕っていた。

JMがなぜこのグループの心をつかんだのか、部外者にはよく分からない。JMのしゃべり方はぽつぽつと単語を羅列するようで、相手と目を合わせるのが苦手らしかった(注14)。私生活については、仲のよい友人にさえ、けっして語ろうとしない。ロングターム結成後、メリウェザー夫妻はマンハッタンを離れ、二百七十万ドルを投じてウェストチェスター郡ノースセーレムに六十八エーカーの邸宅を購入した――ミミのために、一万五千平方フィートの暖房付き室内乗馬場が付いている(注15)。邸宅は約四分の三マイルの私道で道路から隔てられ、その私道を共有する隣人はエンターテイナーのデビッド・レターマン家一軒しかなかった。それでもまだ人目が気になるといわんばかりに、家屋の周りをぐるりと石塀で囲んだ。ファンドだけでなく私生活も管理下に置いて、余計なボラティリティから守ろうとしているかのようだった。

近所の教会に通い、何度かカトリックの聖地を訪ねたこともあるが、信仰についても何も語ろうとしない。みずからを苛烈なまでに制御していた。部下のトレーダーとも打ち解けない。社内のミーティングでは、たいてい黙っていた。パートナー同士が率直に意見を言い合うのを喜んだが、自分はいつも、最後にひと言口をはさむか、まったく口を開かないかのどちらかだった。

ロングタームの本社は、ガラス張りの四階建てオフィス・ビルの一階にあった。目の前を走る通りは、裕福なグレニッチの中心部の商店街に始まり、ロング・アイランド・サウンド地区ではビクトリア朝風の邸宅が沿道に立ち並ぶ。トレーダーとストラテジスト部隊はしだいに人数が増えて、数十名がトレーディング・フロアで働いていた。パートナーも一般社員も肘突き合わせて窮屈そうに机を並べる真ん中に、つるつるした半円形のデスクが据えられ、コンピューターやら市場の動きを示すスクリーンやらがどっしり座っている。前のテナントがこしらえた本格的な食堂があったが、パートナーたちは自分の机で昼食をとった。食べ物にはほとんど関心がなかった。

ＪＭ、マートン、ショールズの三人（このうち、実際に売買に携わるのはＪＭだけ）は専用オフィスを持っていたが、ＪＭはたいていトレーディング・フロアにいた。マホガニー材を使った内装で、壁の一面を占めるはめ殺しの窓から海が望める。照り返しがまぶしく、遠くにぽつりぽつりヨットが浮かんでいるのが見えた。身だしなみにこだわるマリンズは別として、パートナーはいつもデッキシューズにチノパンといったくだけた服装だった。フロアはトレーダーのやりとりでざわめいていたが、いわば抑制の利いたざわめきで、洞穴を思わせるニューヨークのトレーディング・フロアの喧噪とは質が異なる。わずかに昔の日々がしのばれるのは、時折、嘘つきポーカーが数勝負行われるときくらいだった。

パートナーしか参加できない火曜のリスク管理ミーティングのほかに、水曜の朝に一般社員も交えたリサーチ・セミナーがあり、通常は木曜午後にもう一度パートナーが集まって、取引のひとつひとつを吟味した。普段ケンブリッジにいるマートンは、電話で参加する。全員が同じ狭い土地に住んでいるので、社の一体感は高かったが、一般社員だけでなく一部のパートナーでさえ、中核グループの一員にはけっしてなれないことを知っていた。パートナーたちはあまりに内向的で、しかも自分たちの砦を守ることにひどく神経質だった。あるトレーダーは、マスコミに手口を嗅ぎつけられることを恐れてびくびくしていた。そうなればクビだと思っていたからだ。一般社員はグレニッチにいると、シニア・トレーダーでさえ何も情報を与えられないので、ロンドン・オフィスに電話して自社が何をどう売り買いしているのか調べる者までいた。パートナーを自宅に招いても、お返しに招かれることはない――どうやらパートナーと一般社員との連帯意識をよしとしない不文律があるようだった。大学時代はホッケーの選手だったレーヒーだけは、一般社員とも当たり前に職場のばか話に興じたが、あとはほとんど、スタッフと話すときには、よそよそしく堅苦しい態度になる。丁寧だったが、自分たちと、自分たちの仕事しか頭になかった。アナリストや法務部、経理部のスタッフはいわば二流市民で、奥へと追いやられ、ビリヤード台の隣の部屋で仕事をした。

ウォール街の同業者がみなそうだったように、ロングタームの社員も悪くない給料を取っている。上級社員となると年収百万ドルから二百万ドルになった。ボーナスをファンドに投資するよう、そこはかとなく圧力がかかったが、大半は言われるまでもなく、投資したくて――ロングタームで働く特典のひとつと見られていた――うずうずしていた。スタッフはおおむね、報酬の半分以上を投資していた。

国債のオン・ザ・ランとオフ・ザ・ランは、見込み通り、すぐにぴたりと収斂した。ロングタームは手品のごとく――自己資本は一セントも使っていないのに――十五ドルを手にする。ショールズが請け合った通り、どぶから五セント玉をすくいとり、レバレッジをきかせて、何倍にも増やしたわけだ。似たような取引は、多くの同業他社でもやっていた。「でも、われわれはもっと有利に資金を調達できました」ロングタームのある社員は言う。「LTCMの本質は資金調達会社です」

ロングタームは当てにならないドルに賭けるより、確実な五セント玉を掻き集める手法を好んだ。ロングタームなら、ちっぽけなマージンを何倍にも増やせるからだ。いってみれば大型食料品店と同じで、五セント玉を次から次へと吸いこむプロセスを、数千回も繰り返した。もちろん、五セント玉といっても一〇〇パーセント確実なわけではない。有名ファンド・マネジャーのスタインハートが少し前に思い知った通り、レバレッジをかけていると、間違ったときの代償は、果てしなく大きくなる。しかし一九九四年、ロングタームはまったくといっていいほど間違わなかった。実際、手に触れた取引はほとんどひとつ残らず、黄金に変わった。

ロングタームは最も安全な賭けをコンバージェンス（収斂）取引と呼んでいる。あらかじめ決まった日に満期を迎える以上、スプレッドが〝収斂〟するのは確実と思えたからだ。それ以外は、相対価値戦略と呼ばれる取引で、これは収斂する見込みが高いが、確実とはいえない（注16）。多くは、金利デリバティブと債券を使ったアービトラージだった――不運なエクスタインが試み、それをきっかけにJMがソロモンでのし上がっていったのと、ちょうど同じ取引だ。

一九九四年の債券市場の混乱で、住宅用モーゲージ証券の市場に大きな相対価値取引の機会が芽生えた。モーゲージ証券とは、プールした住宅ローン（モーゲージ）債権から発生するキャッシュフローを裏付けとする証券をいう。おもしろみがなさそうだが、これがそうでもない。発行残高は通常一兆ドル前後にのぼる。なぜおもしろいかというと、投資銀行が知恵を絞って、ローンの借り手が支払う返済をふたつに分けて別々のプールをつくっているからだ。ひとつは利息のプールで、もうひとつは元本のプール。少し考えてみると――ロングタームは、じっくり考えた――双方のプールの価値（互いの相対的な価値）は、住宅ローンの借り手が期限を繰り上げて返済する比率がどの程度かによって変わってくる。借り手が住宅ローンを途中で借り換える場合、元のローンは一括返済される。つまり多額の元本がいっぺんに支払われる。したがって、利息プールへの支払いはそこで途絶える。一方、どこまでも最初の契約どおり、月ごとに利払いの小切手を切り続ければ、最長三十年間、利払いが継続することになる。したがって利払いのみの証券（Interest Only=ＩＯ債）は、借り換える人が増えると値を下げ、借り換える人が減ると、値を上げる。元本のみの証券（Principal Only=ＰＯ債）ではこれが逆になる。借り換え率は急激に上下するので、ＩＯ債やＰＯ債への投資は、莫大な利益を生むこともあれば、莫大な損失をもたらすこともある。

一九九三年、ロングタームが資金を募っていた頃、米国では借り換えブームが起きていた。ベトナム戦争以降初めて、住宅ローン金利が七パーセントを割り込み、それまで借り換えなど思いもしなかったベビーブーマー世代が、月に数百ドルも利払いを節約できると聞いて、いっせいに熱に浮かされた。

ローン金利をどこまで下げられたかが、自慢の種になる。一九九三年の一年間だけで、米国人のほぼ五人にふたりが借り換えている――一年間に二度借り換える者までいた。当然ながら、IO価格は急落する。実際、落ちすぎた。国中が明日も借り換えを続けると確信する理由があれば別だが、明らかに低すぎだった。メリウェザー、ヒリブランド、ローゼンフェルド、ハガニ、ホーキンスなどは、個人的にIO債を買い漁った。

一九九四年、ロングタームが運用を始めた頃、次の借り替えラッシュを恐れる警戒感から、IO価格は引き続き低水準に止まっていた。ビル・クラスカーはこの頃すでに繰り上げ返済率を予想するモデルを設計している。縮れ毛で、付き合い上手で、素朴な人柄が魅力のモーゲージ・トレーダー、ホーキンスが、モデルと過去の繰り上げ返済率の記録とを付き合わせて調べていた。このときのIO価格は、通常の水準を大きく逸脱しているように見えた。「モデルがどこかおかしいのか、これが絶好の投資機会というものか?」几帳面なクラスカーが念を入れてモデルを調整してみても、人間ならば金切り声に近い調子で叫んでいる。「買え!」そこでロングタームは――例のごとく途方もないレバレッジをかけて――IOを買い始め、それこそトラック何杯分も買いまくった。莫大な掛け金、推定二十億ドル分を購入する。

さて、金利が上昇すると、人々は借り換えなど考えてもみなくなる。だが金利が下落すると、モーゲージ・ブローカーへと殺到する。つまりIOは、金利の変動にあわせて上下動する――したがって、IOに賭けるのは、金利の方向性に賭けるのも同然である。しかし金利の方向性に賭けるのは、いわゆる投機そのものであり、ときに例外もあったとはいえ、パートナーはこれを用心して避けていた。金利はいくつもの要因に影響されて変動するから、本質的に予想できるものではない。こうした幅広い不確定要因に影響されない、きわめて限定的な相対価値の歪みを見つける能力こそ、パートナーの強みだった。

ＩＯ債の場合、現行の金利水準を見る限り、市場の織り込んでいる繰り上げ返済率は高すぎだとパートナーたちはにらんだ。そして、抜け目なく国債を買ってヘッジをかける。国債価格は金利と逆方向に振れるからだ。こうすれば、将来の金利動向に左右される要因を取引から取り除くことができる。どの部分でリスク評価が歪んでいるかを的確に見極め、あとの部分を適切にヘッジする能力で、パートナーたちは群を抜いていた。ハイファ産オレンジがリンゴのフジに対して割安になっていれば、いくつかの取引を仕組んで、両者間のズレだけをアービトラージする。オレンジならなんでも買い、リンゴならなんでも売るわけではない。

一九九四年春、金利は急騰し、ロングタームのＩＯも急上昇した。ただし国債は当然、下落する。取引の右脚が前に出て、左脚が後ろに引いた格好だ。一九九五年になると金利が下落に転じ、ロングタームの国債は値を戻した。しかし今回、借り換えブームは起こらず、ロングタームのＩＯは上昇分の大部分を維持していた。おそらく一九九三年に借り換えた人々は、もう一度借り換えたいとは思わなかったのだろう。ロングタームはこれで数億ドルを手にする。弾けるようなスタート・ダッシュだった。

はた目にはそう見えないが、こうした〝五セント玉〟を見つけるのは、並大抵の業ではない。ロングタームはふたつの取引――ときには三つ以上になることも少なくない――をひと組として、おおむね安全な〝バランス〟を保ちながら、ひとつかふたつ、きわめて限定的な部分でずれている組み合わせを探した。そこに収益機会が潜んでいる。別な言い方をすると、どの戦略でも、基本的にひとつないしふたつのリスク要因を引き受けるが、それ以上は引き受けない。一般的な例としてイールド・カーブ取引をあげると、ある国の金利が、ある期間に限って、これといった理由もなく通常の水準から乖離しているとする。例えば中期の金利が短期を大幅に上回り、長期に肩を並べそうな水準にあるとする。ロングタームはここで、一連のアービトラージ取引を仕組んで、この中期の出っ張りが消える方向に賭ける。

こういう複雑な取引を物色する絶好の場が、国際債券市場だった。欧州各国の市場は、第三世界と同じく、米国市場ほど効率的ではないので、コンピューター武装したアービトラージャーたち（つまり教授たち）が取りこぼしを拾う余地がたっぷりある。ロングタームにとって、人手に荒らされていないこうした市場は投資機会がごろごろ転がる格好の猟場だった。一九九四年、米国債券市場の混乱が、小波をたてて大西洋を渡り、ドイツ、フランス、英国各国の国債とそれぞれの先物とのスプレッドが、説明できない水準まで拡大した。ロングタームはさっそく飛び込み、利益をあげた（注17）。さらに中南米でもスプレッドが拡大しているのを見て、触手をのばす（注18）。ポジションは小さかったが、ロングタームはあらゆる角度から目を光らせていた――五セント玉は、道に落ちているわけではないのだ。続いてエリック・ローゼンフェルドが、日本で〝硬貨〟を何枚か見つけてきた。日本株ワラントと東証株価指数オプションとのアービトラージだ――ロングタームが株式に版図を広げた最初の一例となった。

一九九〇年代半ば頃、欧州は国際債券トレーダーの遊園地となっていた。彼らは通貨統合の見通しを盛んに論じ合い、債券市場は、憶測を背景に、しだいに不安定に傾いていく――フランス、ドイツ、イタリアをはじめ、歴史を刻んだ民族国家が本当に通貨を統合し、フランやマルクやリラを捨てて、ぴかぴかのユーロを採用するのかどうか、まだまだ疑わしいと見られていた。トレーダーが十人いれば、十通りの見解があった――ちょうどロングタームが活躍するにふさわしい、不穏な空模様だ。投資銀行の多くは、イタリアやスペインなど財務力が劣る国の国債は、ドイツ債に対して上昇すると見て、その方向に賭けた。統合が実現すれば、欧州全域の金利が否応なく収斂するという理論だ。ロングタームも同じ方向である程度ポジションをとったが、パートナーは例によって、一般的な経済理論を根拠に大きなリスクをとるのを避けようとした。ロングタームの強みは、細部にある。地政学的トレンドの予想となると、これといった強みは何も持ち合わせていない。しかも、パートナーの大半は米国人で、ユーロ懐疑派だった。欧州経済は規制がきびしく、永遠に米国の後塵を拝していて、どうしようもなく硬直的に見えた。スイス人のパートナー、ハンス・ハシュミッドは金利収斂の理論を推したが、米国人パートナーは抵抗し、柔軟な発想で知られるロンドン・オフィスのヘッド、ビクター・ハガニも反対した。

ハガニは、ひとつの国に枠を限定した戦略に特化するのが好きだった。その場合、比較的リスク要因の少ない国を選ぶ。ある時に手がけたギルト債（英国の国債にあたる）の二銘柄を使ったアービトラージもそれで、一方は、不利な税制のおかげで割安になっていた。その後、英国政府が税制を見直し、ロングタームは二億ドルを稼ぐ（注19）。

ハガニはひとつの国のイールド・カーブの歪みをよく利用した。つまり、ドイツ債の十年物を買い、五年物を売るといった手法で、これは微妙な取引なので、数学を自在に操る能力と、現地経済のトレンドを読みとる能力が要求される。ただし少なくとも、ドイツのトレンドと、例えばスペインのトレンドとを比較する必要はなかった。

ロングタームに関する新聞記事はたいてい、ハガニを見落としている。この男は表に出ることを極端にいやがった。マスコミはメリウェザーのリーダーシップを喧伝し、マートンとショールズの〝モデル〟について書きたてた。しかし実際には、ハガニこそ鍵を握る存在だ。ＪＭが全社を統括し、ローゼンフェルドが実務を切り回し、そしてハガニと少し歳上のヒリブランドが、トレーディングを牛耳っていた。ふたりは同じくらい頭脳明晰で、同じくらい数学に精通し、部外者には理解不能な符牒で語り合った。

ふたりはたいてい組んで仕事をしたが、ハガニの方がずっと大胆だった。生まれついてのトレーダーで、市場に対する直感的な嗅覚を持ち、敏活で衝動的な面がある。モデルがある証券の価格の歪みを指し示し、その歪みの発生理由について社内の意見が一致した場合、ヒリブランドはたいてい定石通り、歪みが是正される方に賭けた。ところがハガニは、みずからの勘を頼りに、歪みがいったんさらに大きくなる方向に賭けることがある。ロングターム設立当時、ようやく三十一歳になるかならないかで（ヒリブランドが三十四歳、ローゼンフェルドが四十歳、メリウェザーが四十六歳）、浅黒く、あごひげを蓄え、いつもいつも、柵越えを狙って大振りした。快活で、話し上手だったが、ヒリブランドほどまっすぐな性格ではなく、ハガニを相手にしていると、本気で挑みかかっているのか、ふざけているのか、量りかねた。若さに任せた侠気があり、自分を信じきっている。おそらく、特権階級に生まれ育ったためだろう。

輸出入業を営む裕福なイラン人の父親と、米国人の母親との間に生まれ、政治的なせめぎ合いを肌で感じながら成長した。周到に準備した商談が政情不安で覆されることもたびたびあった。十代の頃、大好きだった父親とイランで二年間を過ごす。次いで革命が勃発、出国を余儀なくされた。ソロモン・ブラザーズでは、ロンドンと東京に長く勤め、現地トレーダーにアービトラージ・グループの市場モデルを採用させたり、困惑顔のスタッフに強引に勧めて、取引額を引き上げさせたりした。ロングタームに参加してロンドンに戻ったとき、欧州大陸は通貨統合の話題で沸きたっていた。

ハガニは〝シティ〟を敬遠した。ウォール街を一段地味にしたロンドン金融街を避けて、活気にあふれるファッションの街メイフェアにオフィスを借りた。オフィスの切り回しもくだけた調子で、スタッフに対等に意見を求め、気の利いた軽口の応酬に誘い込んだ。部下のトレーダーやアナリストは長時間働いたが、会社の収益の伸びにつられて士気は高く、自転車をこいでオフィスにやってくるボスの姿に謙虚な気持ちをかき立てられた。商いが一服すると、トレーダー連中はトレーディング・フロアを抜け出してビリヤード台のある隣の部屋に逃げ込む。ここでハガニは、やって来る部下を捕まえては勝負を挑んだ（JMもロンドン・オフィスを訪れると、決まってキューをとり、来る者を捕まえては勝負した）。パートナーの中では内向的な方ではなく、よくトレーダーを自宅の夕食に招いた。ロングタームが初の大成功を収めた五月、秘書も含めたロンドン・オフィスの全スタッフを集めて、巨額の利益を得るまでの経緯を説明した。もっと堅苦しく秘密主義で、きびしいカースト制度が浸透しているグレニッチの本社で同じことをしたら、異端の徒と見なされただろう。

ハガニの最大の市場はイタリアだった――大胆な選択だ。イタリアは財政がめちゃめちゃで、政治もめちゃめちゃだった。国債のデフォルト懸念に加えて、共産党がいまだに根強い勢力を保っていることもあり、イタリア国債の利回りはドイツ国債を八パーセントも上回っていた――分厚いスプレッドである。イタリア債券市場は発展途上にあり、政府は、投資家を惹きつける目的もあって、大量の国債を発行していた。債券トレーダーの目には、肥沃な畑に映る。イタリアが持ち直せば、これに賭けていた投資家がぼろ儲けできるのは明らかだった。だが、持ち直さなかったら、どうなるだろう？

イタリア市場を一段と複雑にしているのは、税制が妙に歪んでいるうえに、国債が二種類ある点だった。ひとつは変動利付き債で、もうひとつは固定利付き債。妙な現象だが、イタリア政府は市場（疑り深い債券市場）に圧力をかけられた結果、国債の利回りが、広く流通している金利デリバティブ〝スワップ〟のレートを上回っていた。スワップ・レートはふつう民間の銀行間金利に近い水準となる。つまり、債券市場はイタリア政府を民間銀行より低く格付けしていた。

ハガニはこれを見て、市場は政府のデフォルト・リスクを――他のリスクに対する価格評価に比べて〝相対的〟に――過大にとらえていると判断した。大胆不敵なハガニらしく、これを価格の歪みと見て、特大のアービトラージ取引を提案する。計算に基づくギャンブルである。もしイタリア政府が現実にデフォルトに陥れば、カウンターパーティは契約を放棄し、ロングタームは大火傷を被る。米国のパートナーは、イタリアが峠を越えられるかどうか、まだ疑いの目で見ていて、かなりの懸念を抱いた。リスク回避派のビル・クラスカーなどは特に危ぶんで、一同口角泡を飛ばし、イタリアについて何時間も議論を戦わせた。

単純にいってしまえば、このアービトラージ取引は、市場がローマをまったく見くびっているところに照準を合わせたものだ。だがロングタームに関する限り、何にせよ単純にはすまない。詳しくいうと、結局押しきったハガニは、固定利付きイタリア国債を買い、同時にリラ・スワップの固定金利でショート・ポジションをとった。さらに変動利付きイタリア国債を買う。これはロングタームならではの芸当で、流通量の乏しいこの債券を手に入れられる機関はそう多くなかった。ここでもショート・ポジションでバランスをとる。ロングタームは最初、ポジション全体をヘッジするため、かなり高額なイタリア債デフォルト保険に加入した（保険会社が破綻した場合に備えて、別にもう一件加入した（注20））。ところがイタリア債のポジションが大きくなるにつれて、それ以上保険をかける余裕がなくなり、あとは運を天に任せる。ある関係者によると、イタリア政府がもし破綻したら、ファンドの資本の半分が吹っ飛んだという。

事実上、規制の枠外にあるこのヘッジファンドは、イタリア債でとったリスクを投資家に公開していない。それどころか、運用資産をどこへどう投資しているのか、おおまかな概念のほかは、まったく知らせていない。ＪＭの投資家向けレターには、変動性に関する統計数値ならぞろぞろ出てくるが、ロングタームが実際に何をしているかについては、ひと言もなかった。内気さの裏返しでそっけなく冷ややかな調子をとっているので、しるしばかりの開示さえ、恩着せがましく感じられた。「今後とも、投資家の皆様に継続的に報告を続ける所存です」ＪＭはぎこちなく宣言した。かろうじて公開した、かびの生えたわずかな情報についても、口外しないよう念を押している。どうやらロングタームの天才たちは、強い日光には耐えられない繊細可憐な森の植物のようだった。パートナーたちは憑《つ》かれたように、マスコミを遠ざけた。顔写真が出回らないよう、かつてビジネス・ウィーク誌に載った写真の版権を買いとったほどだ。

❁

どれほどリスクに注意しても、ロングタームの運営には危うい落とし穴があった。これが銀行であれば、独立したリスク管理マネジャーがいてトレーダーに目を光らせているのだが、ロングタームのパートナーを監視するのはパートナー自身だけだった。おかげで巨大組織にありがちな形式主義に陥らずにすんだ面もあったが、パートナーを叱りつける人物がひとりもいない。

トレーダーは取引を実行するにあたって、リスク管理委員会の承認を得るのが決まりだった。ところが、ヒリブランドとハガニのふたりは、欲しいものを得るまであくまで戦い、結局手に入れてしまう。他のメンバーはいつも遅かれ早かれ、ただ単に根負けしただけだったにしても、ふたりの言い分を受け入れた。ＪＭに致命的な欠点があったとすれば、みずからは議論に割り込もうとしなかったことだろう。そしてＪＭのほかに、子守り役が務まる人物はいない。ソロモン時代のグッドフレンドの役どころを担う者がどこにもいなかった。トレーダーは自分自身の番犬役を果たさなくてはならない。

パートナーたちはたしかに、あらゆる手を尽くして、みずからの取引について調査した。イタリア債取引が格好の例だろう。ハガニはイタリアに関する知識を補強するため、情報源のネットワークを組織した。手始めにイタリア財務省出身のコロンビア大学教授アルベルト・ジョバニーニ——最初は顧問で、のちに常勤——を雇い入れる。ＭＩＴ卒でもある彼は、ロンドン・ローマ間を往復し、ローマでは家族の顔を見る合間に、イタリア政府官僚から噂話を仕入れた。それでもハガニは満足せず、ジェラール・ジェノッティを雇う。これもＭＩＴ卒の、ベルギーの駐イタリア大使の息子で、流暢なイタリア語を操った。「ハガニはイタリアから目を離しませんでした」スタッフのひとりは言う。そして言うまでもなく、ロングタームとイタリア中央銀行との関係がある。イタリア中銀はファンドに一億ドルを投資したうえに、一億五千万ドル以上を融資していた。

とはいえ、ロングタームの投資アプローチはきわめて数学的なものだったので、こうした情報で結果が左右されたかどうかは疑問だ。まずモデルが、過去のパターンや将来に予想されるリスクに比べて、イタリア債が「割安！」だと告げる。パートナーたちは、ほかの条件がすべて同じなら、未来は過去を繰り返すという前提を信じている。したがって、投資に踏み切る。しかも、ロングタームのモデルは秘密でもなんでもない。「ジャーナル・オブ・ファイナンス誌を読めば、誰がどこでモデルを使ったかが分かります」ソロモン・ブラザーズ・ロンドン・オフィスのあるトレーダーは、この時のイタリア債取引について語る。「大学で数学の初歩をかじった人間なら、誰だってできることです」事実、他社のトレーダーも、何年も前から似たような取引を手がけていた。ロングタームが運用を始めた頃、イタリア債のスプレッドは縮小に転じていて、ライバル会社は〝さよなら《アリベデルシ》〟を告げ始めていた。ハガニはソロモン時代にはじめて十億ドル規模の収益をあげたのがイタリア債取引で、その記憶がどうしても頭をもたげてくる。ロングタームには他社にない秘密兵器があるという広く流布している説は、でっちあげだった。ウォール街のライバル会社も、MIT卒業生をスカウトし始めていたし、主要銀行の大半は、似たようなモデルを採用し、しかも、同じモデルを使って、債券市場の各種スプレッドで同じ組み合わせをつくってモニターしていた。

ロングタームの強みは、そのモデルにあるのではなく、何よりもまず、モデルを〝読む〟経験の豊かさにあった。パートナーたちはそういう取引をもう何年も手がけている。それに、ロングタームは好条件で資金を調達できた。設立後の一年間、ローゼンフェルドは銀行三十社を相手にレポ・ファイナンス契約を、二十社を相手にデリバティブ取引契約を――すべてごく有利な条件で――とりつけている（注21）。資金調達がすこぶる順調で、パートナーたちがすこぶる自信たっぷりなロングタームは、通常より大きな規模で取引でき、他社が立ち去ったあとも、残った五セント玉を吸い込み続けた。「われわれは他社より小さなずれに焦点を当てていました」あるトレーダーは言う。「ヘッジもレバレッジも、よそより大きくかけられると思っていたのです」

借入に対するロングタームの傲慢とも見える方針に、大いに疑問を抱いていた市場関係者が少なくともひとりいた。マサチューセッツ州ケンブリッジに本拠を構える小規模ヘッジファンドの集合体、バウポスト・グループのゼネラル・パートナー、セス・クラーマンは、自社の投資家向けレターで、元ソロモンの債券トレーダーが興した新ファンド――ロングタームであることは明白だ――から出資を打診され、断った旨を報告している。クラーマンはウォール街全体が向こう見ずな風潮に傾きつつあると見て、気を揉んでいた。金融版〝ベッグ・オー・マティックス〟（訳注 野菜刻み器の商品名）に夢中になった投資銀行は、金融資産を切ったり刻んだりしたあげくに、IO債、PO債なる強力かつ珍奇な証券をでっちあげ、それを投資家がわき目も振らずさらいとっていく。しかも、またしてもレバレッジへの欲求が高まっていた。二桁台の債券利回りが過去のものとなり、投資家たち――特に〝そこらじゅうで増殖し始めた〟新興ヘッジファンド――は、リターンを膨らませるため、借入に精を出す。市場には常に流動性があると、なぜそう確信していられるのか？　クラーマンはいぶかった。統計上〝異常値〟とされる出来事が実際に起こる可能性に、目をつぶろうとしているのではないか。市場の歴史を振り返ると、突発的な混乱や、ときに訪れる暴落が、投資家の周到に仕組んだプランを繰り返し覆している。クラーマンは一般論として、こう警鐘を鳴らした。「これまで成功した投資家は、百年に一度の大洪水を避けるべくポジションを取ってきました。こうした考え方は、しだいに廃れつつあります」元ソロモンのトレーダーが興したファンド――つまりロングターム――については、推定したレバレッジの大きさから考えて、深刻な見込み違いがひとつでも起これば、自己資本に〝大穴〟があくだろうと述べている。「大きな見込み違いがふたつ同時に起これば、言うまでもなく、壊滅的な打撃を被るでしょう」（注22）。

第4章　投資家の皆様へ

「厳密な意味でいって、どんなリスクもなかった——もし世界が過去を繰り返すなら」（ノーベル賞経済学者、マートン・ミラー）

ロングタームは、運用を開始した一九九四年、二八パーセントの利益をあげた。パートナーが手数料を徴収したあとでも、投資家の口座残高は二〇パーセント膨らむ。平均的な債券投資家のリターンがマイナスだった年に、この成績は驚き以外の何物でもない。メリウェザーは十月、通年でちょっとした成績になることがはっきりした時点で、投資家にこのペースが続くと期待しないよう釘を刺している。そのうち損失に終わる年がきっとやってくる。ことさらに力を込めて言った。「向こう一年間に、多額の損失が発生しても少しもおかしくありません」優秀なマネー・マネジャーはみんな、こういうレターを書くものだ。商売をよく呑み込んでいるなら、不振の年もあることを知っている。そのうえに正直であるなら、投資家にも理解を求めるか、少なくとも、期待を抑えようとするはずだ。

だが、JMのレターは、それを大幅に踏み越えていた。ロングタームが抱えるふたりのスター学者、マートンとショールズが執筆した資料を添付して、損失の可能性を認めるどころか、損失が発生する予想〝オッズ〟を、数学的に厳密に算出してみせた。ポーカーの入門書に、あと一枚でストレートの手を引く確率は八・五一パーセント、とあるように、教授たちはロングタームが年間五パーセント以上の損失を被る確率を一二パーセント（つまり百年につき十二回）と弾き出す。続いて、一〇パーセント以上の損失を被る確率はいくら、一五パーセント以上ではいくら、二〇パーセント以上ではいくら、とそれぞれ厳密なオッズを提示した(注1)。

言うまでもなく、こうした確率はロングターム側が想定条件を変えることで操作できる。そこでレターには、数値の並んだ列が、一列だけでなく何列も並ぶ次第となった。競馬新聞の紙面を思い出させる。ここで大事なのは、ロングタームがオッズを〝厳密〟に予想してみせた点だ。教授たちはまるで、何か秘密の情報をつかんでいるか、一風変わった目で世界を見ているようだった。投資家はふつう、こんな予想をあえて試みようとはしない。当たり前に考えて、人はたいてい、買った株が値下がりするかもしれないことを承知している。しかし、値下がりの確率を詳らかにせよといわれれば、目をぱちくりさせるだろう。実際、ロングタームのレターは、世界に対する別の〝考え方〟を露呈している。試しに想像してみよう。自分の子どもが通う学校の生徒に、命にかかわる伝染病の兆候が現れたとする。親は学校から何か注意があり、おそらくは予防策についてアドバイスがあると期待するだろう。ところが、校長から届いた手紙に、お子さんが感染する確率は一九パーセント、一週間以上学校を休む確率は一二パーセント、死亡する確率は二パーセント、と書いてあったら、何か変だと感じるだろうし、その前に、余計なお世話だと思うだろう。そんなことより、校医の対応について、特に、どんな薬を処方しているかについて、知りたいと思うのがふつうだ。

たしかにロングタームのレターは、ファンドの理念的な〝処方箋〟にかなりの行数を割いている。しかし、具体的な取引や戦略についてはひと言もない。その必要がないのだ。どの取引についても、ロングタームが主にふたつの点に注意していることを説明すれば足りる。ふたつの点とは、平均リターンの期待値と、通常の年に実際のリターンが平均からどの程度乖離してきたか、である。例えば、二個のさいころを振る場合、目の合計の平均は七で、この平均から乖離する最大値は五である（合計が十二を超えることはないし、二を下回ることもない）。さらに、確率からいって、三回のうち二回は、七か、七に二を足し引きした範囲内に収まる。

したがって、賢明な投資家が、二個のさいころの目の合計が五から九の間のどれかになる方に、一対一で賭けないかといわれたら、乗るだろう。もちろん、いつも五と九の間になるわけではないので、あまり大金は賭けない。しかし、同じ条件で、さいころを振る回数を百万回として、最後まで振り終えてから勝負を決めるとなると、どうだろう？　それなら、家を賭けてもよさそうだ。一回目は一のぞろ目かもしれない。二回目もそうかもしれないし、ひょっとしたら、三回続けて一のぞろ目かもしれない。しかし百万回振って、この賭けに負ける確率は、限りなくゼロに近い。試しにやってみれば、お分かりだろう。

しかし投資の世界でオッズを計算するのは、これよりはるかにむずかしく、実際、世の中の諸相のうち、そう厳密に予想できる側面などほとんどない（よく当たる占い師などめったにいない）。ＩＢＭ株を例えば八十ドルで買ったなら、九十ドルで買った時より利益を得られる確率は高くなる。子どもの同級生に患者がふたりいれば、ひとりしかいないときより感染の確率が高いのと同じだ。しかし、その確率がどれくらい高くなるかと聞かれると、首をかしげてしまう。市場で損失を被る確率にしても、病気に感染する確率にしても、われわれはそれを数値で測るだけのデータを持ち合わせていない。

ここで大事なのは、IBM株（ないし伝染病）とひと組のさいころとの間には、決定的な違いがあることだ。さいころの場合も、リスクは確かにある——一のぞろ目が出る恐れは常にある。しかし、〝不確実性〟はない。合計が七になるにしても、七以外の別の数になるにしても、確率はそれぞれ確実に分かっているからだ。だが投資はわれわれの目の前に、リスクと不確実性の両方をつきつける。一方にIBM株が値下がりするリスクがあって、もう一方に、どの程度の確率でそうなるかに関する不確実性がある。政治、経済、経営、競争など、いくつもの変動要因がさまざまな影響を及ぼし合って結果を左右するので、この不確実性を前にして、われわれにはほとんど手の打ちようがない。

こうした観点から見ると、ロングタームのレターには劇的な飛躍がある。リスクの存在を誠実に認めながら、損失の可能性を数値によるオッズで示すことで、不確実性を排斥しているからだ。JMとそのトレーダーにとって資産運用とは、一連の判断を求められる〝アート〟ではなく、厳密に数量化できる〝サイエンス〟だった。レターはこう述べている。「おおまかにいって、長期投資の場合、五パーセント以上の損失を被る月はだいたい五カ月に一回、一〇パーセント以上の損失を被る月はだいたい十カ月に一回現れると考えられます」ポートフォリオの二〇パーセント以上を失う年は、五十年に一回の確率に過ぎないという。メリウェザー＝マートン＝ショールズ教皇による回勅は、それ以上の損失を被る確率についてはで語っていない。

この魔法めいた予言の秘密は、呆気にとられるまでに単純だった。さいころ投げの鍵を握るのが、七を中心とする分散の平均であるのと同じように、ロングタームの鍵を握るのは、債券価格の平均的な分散度、いわゆるボラティリティ（変動性）だ。ロングタームのトレーダーは、高性能コンピューターSPARCに債券価格のサンプルを数万個流し込み、ヒストリカル・ボラティリティ（過去のデータに基づくボラティリティ）を弾き出した。つまり、過去の債券価格が期待値からどの程度はずれてきたかを算出した。そうして求めたひとつの数値（何種類もの債券を対象に、日次、月次、年次データを数千件集めて算出する）をもとに、〝将来〟のリスクを評価する。ロングタームの広報担当ピーター・ローゼンタールはよく回る舌で説明した。「リスクはボラティリティに連動します。そういうものは数量化が可能なのです」メリウェザー、マートン、ショールズ、いやロングターム全体が、確固として持っている信条だ。

ロングタームのポートフォリオは、ふたつひと組の数字を山ほど盛った山高帽子にたとえることができる。それぞれ、一方の数字が取引の期待ボラティリティ、もう一方の数字が期待リターンを表す。「連中は明けても暮れても、帽子に放りこんだ数字のことで頭がいっぱいでした」ソロモン時代に同じグループにいたロバート・スタビスは言う。そして数字のひと組ひと組――IO債ペアとかイタリア債ペアとか――をにらみながら、同時にペア同士の相関性にも目を向けていた。モーゲージとイタリア債のリターンが連動する傾向はないか？　こっちが上昇すればあっちが下落するような関係はないか？スタビスによると、組み入れ比率を変えるときは、変動がリターンとボラティリティにどう響くかを、個々の組み合わせだけでなくポートフォリオ全体について考えて調整した。「またひっきりなしに構成をいじっていました」

メリウェザーのトレーダーは、リスクの限定に細心の注意を傾けた。これを一定の目標ボラティリティを目指すことで達成できると考えていて、この考え方がファンド運用の基本となった。ポートフォリオの動きが少々鈍すぎると見れば、借入を増やして〝ボル〟（ボラティリティの略）を引き上げる。動きが激しくなり過ぎれば、レバレッジを引き下げて熱を冷ます。リターンの目標水準を設定するかわりに、〝山高帽子〟をうまく操作することで、ほぼ年間を通じて、ポートフォリオの変動幅を市場全体のそれに合わせようとしていた（できると信じていた）。ボラティリティがそれ以上高くなれば、リスクも高くなり過ぎる。それ以下に下がれば、あたら資金の持ち腐れだ。ファンドの売り込みを手伝ったメリルのデイル・メイヤーは言う。「誰であれ、理論で育った連中にとってボラティリティとリターンは同じものです。ボラティリティの上昇はすなわちリターンの上昇を意味します」

こう言われて、なにをいまさらと思われたなら、それはこのアプローチが一九九〇年代にウォール街をほぼ席巻したからにほかならない。銀行のトレーディング部門が厳密な数量化理論を採り入れ、リスク・マネジャーは、聖杯でも隠してあるのかと思わせる熱心さで、ボラティリティを監視した。JPモルガンのある経営幹部は、リスクをどう定義するかと聞かれて、「平均値前後のボラティリティ」と屈託なく答えた。現代のウォール街は慢心のあまり、ウォールストリート・ジャーナル紙に掲載される前日の終わり値さえ見ていれば、生命保険会社が数理表を読むごとく、ギャンブラーがさいころ投げの一定不変のオッズに頼るごとく、将来を確実に予想できると考えた。この慢心の出所をたどると、たいてい、マートンとショールズに行き着く。ウォール街中の投資銀行、トレーディング・フロアに、マートンかショールズかその弟子の下で学んだ若く頭脳明晰な博士が配属されていた。年間数千万ドルを投じて高給取りのリサーチ・アナリスト（つまり割安銘柄を拾ってくる専門家）を雇い入れている同じ会社が、トレーディング・デスクには金融博士を雇い入れ、博士たちはそこで、市場は効率的であり、したがって株価は常に適正であって、銘柄選択などまやかしであるという前提のもとで、資本をリスクにさらしていたわけだ。

ロングタームの投資家の中にも、これをほとんどひよっこ時代から教え込まれている人たちがいる。パラゴン社長のテレンス・サリバンは、ロングタームとの面談を記録に取っており、〝災難〟と呼ばれるごく稀な——百年に一度の洪水のような——出来事でも起こらない限り、ロングタームが大きく間違うことはないと信じていた。サリバンにしても、価格が標準から逸脱したり、相場がロングタームの思惑と逆に傾いたりして、損失が生じる局面がときにあることは承知している。しかし、ロングタームが取引を手がける市場が残らず、いっせいに標準から逸脱する事態は、統計でいうところの異常値であって、一のぞろ目が七回続けて出るとか、雷に二回打たれるとか、その程度の確率しかないと思えた。サリバンがこれを学んだのは、はるか昔、ピッツバーグ大学のビジネス・スクールでのことだ。ビジネス・スクールはどこもそうだったが、マートンとショールズの教えが隅々まで浸透していた。

❁

マートンもショールズも、ロングタームのトレーディングにはアドバイザーとして助言していた程度で、それ以上は関わっていない。一部の投資家が信じていたように、各種取引の設計図となる〝モデル〟を構築したわけでもない。しかし、マートンとショールズはロングタームの理念上の父だった。

ショールズはロングターム草創期にいみじくもこう語った。「われわれはただのファンドではなく、金融工学《ファイナンシャル・テクノロジー》カンパニーです」（注2）。具体的にいうと、ロングタームは数字によるリスク・マネジメントの実験だった。この実験の中核になる概念が、ボラティリティである。これがパートナーたちの頭の中で、レバレッジにとって代わって、リスクを最もよく表す指標となった。実際、ロングタームの取引の多くは、将来のボラティリティ・リスク――ロングタームが重視する唯一のリスク――を、ロングタームの目から見て歪んだ形で織り込んでいるスプレッドを利用する試みだ。こうした戦略は、ブラック=ショールズ式から直接発展したものといえる。

この公式は、自然科学の発見の上に築かれている。統計学者が〝大数の法則〟に気づいたのは、だいぶ以前のことだ。だいたいにおいて、ランダムな事象のサンプルがじゅうぶんにあれば、分布はおなじみのベル型曲線を描く。発生件数は平均前後で最大になり、両端でがくんと減る。これは正規分布、より数学的に厳密にいえば対数正規分布という。バスケットのコーチなら知っている通り、身長の分布が正常であれば、学齢期の男の子が百人いる区域には、平均的な身長の子が六十人から七十人、平均より低い子が数人、平均より高い子が数人いて、そのうち先発のセンターが務まるのは、ひとりいるかいないかである。運のいいコーチなら、ふたり見つかるかもしれない。しかしひとつの区域に、例えば、二十七人見つかることは、絶対にない。もちろん、家同士に血縁関係がないことが前提である。血縁が絡むと、ランダムな選択にならない。ピーター・バーンスタインが著書で述べている通り、自然界のパターンは、無数のランダム・イベントからなる入り乱れた無秩序からのみ生じるのだ（注3）。

ブラックやショールズやマートンの目には、金融市場の価格変動もまたランダムなものに映った＊。なんであれ〝個〟の変化を予想することは誰にもできない。しかし期間をじゅうぶん長くとれば、金融商品の値動きの分布は、コインの裏表やさいころの目や高校生の身長などのランダム・イベントと同じパターンになると彼らは考えた。イタリア債も、オン・ザ・ランの国債も、やはりベル型曲線を描く。そこでは、上がるにしろ下がるにしろ、小動きの日が大多数を占め、急騰や暴落にあたるベル型の両端は、ほんの数日に過ぎない。

＊ブラック＝ショールズの論文はこう明言している。「株式とオプションの市場が理想的な状態にあると仮定する。……株価の動きは、連続時間上でランダム・ウォークに従う」

彼らの考えでは、標準的な値動きの幅――つまり、ボラティリティ――の水準さえ分かれば、株式にせよ債券にせよ、金融資産が一定の期間中に一定のパーセンテージだけ上昇したり下落したりする確率がどの程度かも割り出せるはずだった。ブラック＝ショールズ式の解明に用いられた微分方程式は、もともと物理の方程式で、いくつかの自然界の現象を表すものだが、コーヒーに浮かべたクリームの広がり方もそのひとつだ（注4）。クリームの分子ひとつひとつの動きはランダムだが、全体としてとらえると、分子群は中心から外へと、予測可能な形態で分布する。コーヒー・クリームがいっせいに、片方に広がることは絶対にない。

ブラック＝ショールズ式によると、株価の動きもこれと同じで、予想可能な形で一方向にだけ変動しつづけることはない。そしてオプションとは、ある証券を将来、あらかじめ定めた〝行使価格〟で買う権利であり、このオプション評価を左右するのは、一にも二にもボラティリティ、つまり現物証券の価格変動の確率である＊。これはなんとなく納得できる。証券の値動きが激しくなるほど、その価格が行使価格を超える確率も高くなるからだ。

＊オプション価格を形成するこれ以外の要因は、ブラック＝ショールズ式が開発される以前から解明されていた。オプションの

残存期間、金利水準、現物証券の現在の価格とオプション行使価格との間のスプレッド、などである。

しかしブラック＝ショールズ式は、かなり根本に関わる部分で、ある前提を設けている。ひとつの証券のボラティリティを一定としている点だ。ＩＢＭ株を買うオプションの価格を左右するのはＩＢＭ株のボラティリティである、といくら言ってみたところで、そのボラティリティがどの程度かという点で意見が食い違えば意味がない。したがって教授たちは、証券のボラティリティを、元来備わっている不変の特徴であるかのごとく扱った。あなたの瞳の色は青で、ＩＢＭ株のボラティリティはＸ、という具合だ。われわれはふつう、過去の膨大な日々の値動きの記録を見ても、ごみの山と思うだろう。てんでんばらばらで、再現性があるとは限らないし、忘れてしまうのが一番。しかし、ブラックやショールズやマートンは——そしてロングタームは——過去の値動きには、将来を見通す大事な手がかりが隠されていると考えた。上がるにせよ下がるにせよ、市場のわずかな動きのひとつひとつに、将来のリスクを映す確かな予兆が潜んでいる。背景にあるのは、市場は効率的であり、いつでも合理的に行動するという前提だ。

マートンはこの考え方をもう一歩前に進めた。ボラティリティはどこまでも一定なので、価格は〝連続的時間〟の中で移動する——言いかえれば、一気に変動することはない。マートンの描く市場は、濃いジャワ・コーヒーのごとく滑らかで、価格はじつにクリームさながら淀みなく流れていく。例えばＩＢＭ株の価格が、八十ドルから六十ドルへと一気に下がることはけっしてない。その場合は七十九ドル七十五セント、七十九ドル五十セント、七十九ドル二十五セント、と途中停車しながら落ちていく。

極限まで分割した時間の一瞬ごとに、トレーダーはＩＢＭ株のオプション価格を調整して、現物株の価格に寄り添わせる。したがって株とオプションの両方を保有しているトレーダーは——機敏な売り買いを通じて――ポートフォリオをエデンの園、リスク・フリーの状態に保つことができる。要するにマートンは、リスクのまったくない完全なアービトラージを想定した。この想定は、市場が落ち着いているときには、実態に近いかもしれない。しかしあくまで、落ち着いているときだけだ。一九八七年、いわゆるポートフォリオ・インシュアランスが（ばかばかしい大宣伝とともに）登場し、市場の下落局面での連続的な売りを通じて損失を限定する手法として、機関投資家に売り出された。これはのちに、市場の暴落を加速する一因となった。世にいうブラック・マンデーだ。その日、市場はきわめて〝非連続的〟だった。機敏な売買で損失を限定するはずのポートフォリオ・インシュアランスは、ウォール街を襲ったパニックの勢いについていけず、文字通り破綻した。

❁

マートンの言う完全アービトラージの前提は、ロングタームの（他の機関でも同様）ヘッジ戦略の根本を支える土台だ。パートナーたちは言うまでもなく、ソロモン時代も同じリスク想定を用いて、ときに手ひどい損失に見舞われたとはいえ、目をみはるばかりの収益をあげてきた。これが彼らの揺るぎない自信となっている。彼らの取引はたいていい、たしかに理にかなった、つまりオッズに従ったものだった。ただし、これまで船が転覆しなかったからといって、大波に襲われるオッズを正しく計算していたとは限らない。そういう大波は、ごくたまにしか訪れないだけなのかもしれない。

マートンの説が魅惑的だったのは、それがまるで的外れだったからではなく、かなりの部分まで、あるいはかなり多くの局面において、正しかったからである。英国のエッセイスト、G・K・チェスタートンが言う通り、人生とは〝理論派に仕掛けられた罠〟である。なぜなら、ほとんどの部分は理論でかたがつくが、全部がかたづくわけではなく、たいていの場合は理にかなっているが、ときにかなわない側面を見せるからだ。

人生は、ほんのわずかだけ、実際以上に数学的で規則的と見える。その正確さは明らかだが、不正確さは隠されている。そしてその凶暴さは、機会をうかがって待ち伏せしている（注5）。

マートンはまさにこの罠に身をさらした。彼の言う〝連続時間型ファイナンス〟のレンズを通すと、ファイナンスの世界はすっきりと一個の球にまとまって見える。紙の上でそれは、事実上、ファイナンスのあらゆる問題を解決した。あるいは解決に向けて道筋を示した。ジャンク債をいかに評価するか、預金保険にいくら支払うべきか、なんでもござれだ。マートンの理論は、彼が渇望してやまない優美さと秩序とを内包していた。本人が満足そうに記している。「サイエンスにおいて美しいものが同時に実用的である必要はないが、ここにはその両方がある」（注6）。

一九七〇年代にMITで学んだエリック・ローゼンフェルドは、マートンを〝驚異の数学者〟として仰ぎ見ていた。ローゼンフェルドによると、マートンの未発表論文が一本あれば、触発された弟子たちの博士論文がひと山できたという。言うまでもなく、マートンの全業績の根本にあるのはランダム・ウォークをめぐる前提で、これは物理学と密接に結びついている。控えめなローゼンフェルドによると、彼もよく同じマートン門下の弟子仲間と連れ立って物理学の図書館を訪ねては〝金融にねじ込む〟べき解決法を探していたという。

マートンのもとで学んでいた頃、ローゼンフェルドは金融ソフト開発史の舞台に、ちらりと友情出演している。数学をウォール街に導入する橋渡しとなったソフトだ。ローゼンフェルドと友人のミッチェル・ケーパーのふたりは、早くからアップルⅡの信奉者だった。まだろくにソフトウェアも出ていない頃の話だ。ケーパーはコンピューターをかっこいいと思い、ローゼンフェルドは定量システムを使って投資やフットボール賭博に応用していた。一九七八年、博士論文を書くため大学のコンピューター・センターにこもりきりだったローゼンフェルドは、ケーパーをつかまえて、アップルで走らせるためのプログラムを書けないものかと頼んだ。ケーパーは求めに応じ、そして、何か大きなものにぶちあたったことに気づいた。ふたりはマイクロ・ファイナンス・システムズという小さな会社の共同経営者となる。そこでデスクトップ用の画像・統計プログラム、Ｔｉｎｙ　ＴＲＯＬＬを発売した。大量の作業をこなせる強力なプログラムだった。これが数千個売れ、ケーパーとローゼンフェルドは数十万ドルを手にする。

それまでディスク・ジョッキーをやったり超越瞑想の講師をやったりしてしのいでいたケーパーは、次の波が来たと踏んだ。そこで第二のベンチャー設立のプランを練り、いっしょにやろうとローゼンフェルドを誘う。だが、ケーパーは同時に金融熱にもとり憑かれていた。株価の動きが分子の運動をどうまねるかを説く友人の話にすっかり興味をそそられ、自分もＭＩＴに入学してしまう。ところがマートンのファイナンス理論講座を終えた時点で、定量ファイナンスはサイエンスというより信仰――〝モデルの威力に目をくらまされた〟理論家の信奉する教義――であると断じた。世界に秩序を渇望するインテリには強く訴えるが、市場がモデルの枠を突き抜けてしまったら、壊滅的に見当違いの方向に迷い込みかねない。ケーパーはその後、ロータス・デベロップメントを設立し、ソフト時代を象徴する人物となった。ローゼンフェルドは、ハーバードに職を得たあと、Ｔｉｎｙ　ＴＲＯＬＬのロイヤリティを他のベンチャー二社に注ぎ込み――ひとつは貸し切りヨット運航会社で、処女航海であえなく沈みかけた――大金を失った（注７）。

ケーパーのほかにも、マートンのモデルは現実世界に当てはめるには理論的すぎるのではないかと、首をかしげた人間はいる。MITでマートンの庇護者だったポール・サミュエルソンは、ロングターム設立されたとき、この疑問を抱いた。金融エコノミストとして初めてノーベル賞を受賞したサミュエルソンの目に、〝連続的時間〟は、単なる概念上の状態に過ぎないものと映った。実際の時の流れの中で、トレーダーがイベントを分析して反応するまでの間は、数秒のこともあるし、数分のこともあるし、数時間かかることすらある。トレーダーがイベントに圧倒されたときには、市場にギャップが生じる。熱分子はあらぬ方向に弾んだりしないが、IBM株はずいぶん跳ね回ってきたはずだ。「ロングタームの顛末を考えるうえで、この点はきわめて重要です」サミュエルソンは言う。「ブラック=ショールズ式の核心は、サンプリングの結果ではなく、どんな母集団からサンプリングするかにあります。対数正規プロセスの前提が成り立つことが条件です。この点を（ロングターム設立）当時、疑問に思いました」(注8)。

カード・ゲームの美しさは、母集団がすべて分かっている点にある。ひと組のカードは五十二枚で、五十二枚がすべてだ。これが生命保険となると、やや事情が異なり、新規加入者が途切れなく母集団に加わるので、保険数理人はサンプリングに頼ることになる。完璧ではないが、かなり役に立つ。サンプル件数がきわめて大きく、死亡率の変動はきわめて緩やかだからだ。ところが市場では、サンプルが完璧だとは誰にも言いきれない。一九二〇年代には、市場全体が同じ方向を目指し、大恐慌後は、いっせいに逆を向いた。市場のトレンドは一九七〇年代のインフレ局面にふたたび逆転し、そして活況に沸く一九九〇年代、またまた一変した。こうした節目節目のどの時期をもって〝正常〟とするのか？　さらに次の節目がやってきて、また趨勢が一変しないと、誰が言いきれるのか？　企業単位で見ても、例えばＩＢＭは、日々移り変わるダイナミックな世界に生きており、経営陣は新たな可能性、新たな問題、新たな製品に果てしなく向き合っている。どの要因ひとつとっても、リスクを数量的に評価するのはおそらく不可能だ。このビッグ・ブルーで管理職の人間が仮に、過去のデータに基づいて将来のリスクを正確に予見できるなどと言いだしたら、まずクビだろう。

ショールズの卒論を指導したユージン・ファーマも、かつての教え子が何を考えているのか、理解しかねていた。ショールズのオプション価格計算式は、モデルとして見れば、世にある賞賛をすべて捧げていいほどのものに思える。ただ、そのモデルを使って他人様のカネを運用するとなると話は別だ。一九六〇年代初め、ファーマはダウ・ジョーンズ工業株三十種平均の値動きをテーマに卒論に取り組み、驚くべきパターンを発見した。どの銘柄でも、正規分布と比べて、極端な値動きを示す日が大幅に多くなっている。ファーマが調べた株式市場は、いわば、たいていの人が平均的な身長で、ただし二十人にひとりの割合で巨人か小人がいる世界だった。ランダム・イベントの分布では説明できない極端な数値、〝異常値〟が多すぎた。ファーマはこう述べている。

価格変動の母集団が、各銘柄の平均で、確実に正規分布になると仮定すると……中央値から標準偏差の五倍以上離れた数値が現れるのは、確率からいえば七千年に一度となる。ところが実際には、こうした数値は三年から四年に一度の割合で現れているようだ（注９）。

グラフで表すと、ファーマの株式市場は両端が膨れたベル型を描く。極端な数値〔〝テール（＝尻尾）〟と呼ばれる〕の発生件数が多すぎるのだ。ファーマの論文には、将来のロングターム・キャピタルの運営方針に符合する記述がそこかしこに見受けられる。彼がこれについてショールズと話し合ったことは間違いない。現実の市場では、モデルが前提とする理想的な市場と違って、〝非連続的〟な価格

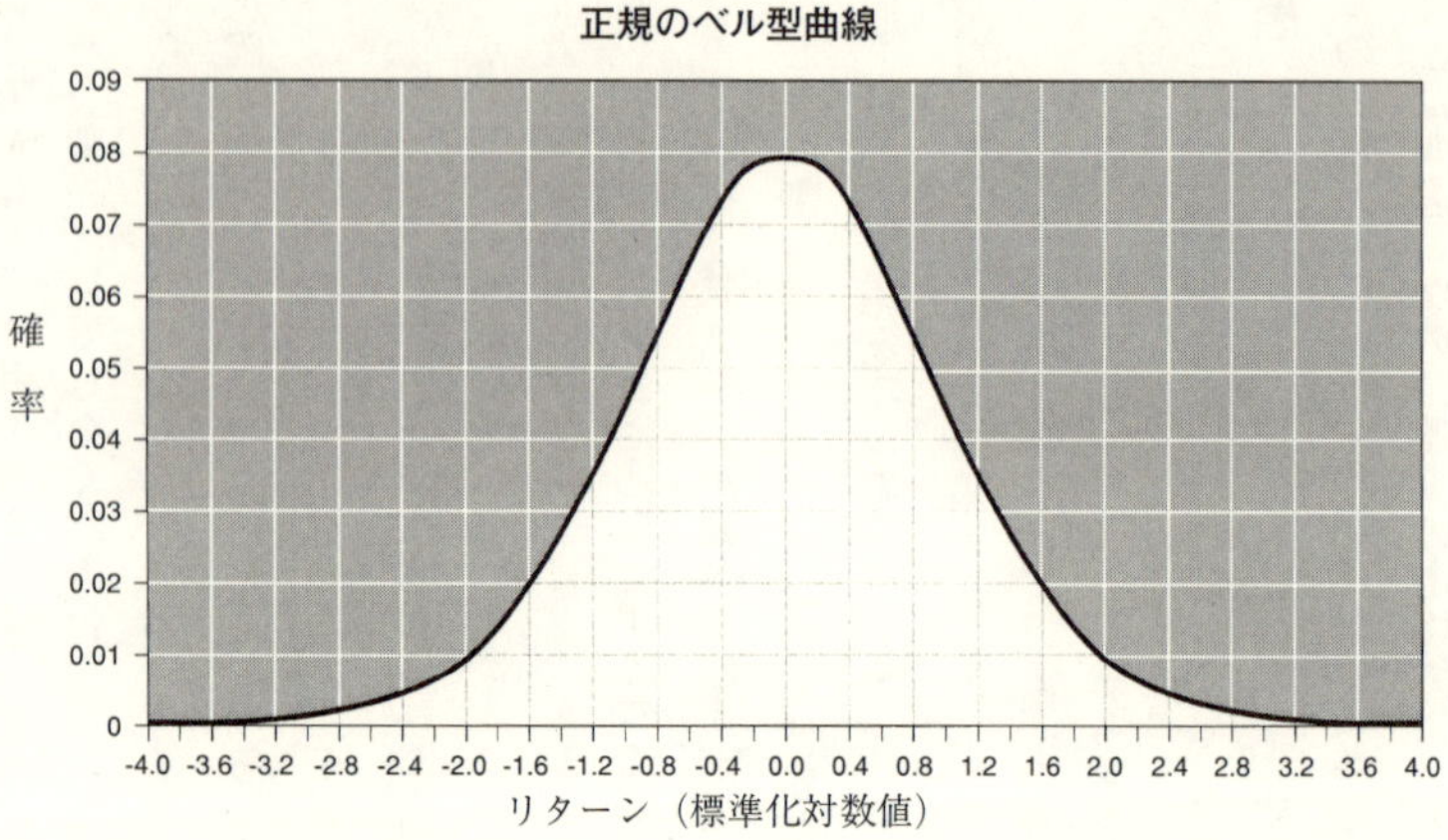
正規のベル型曲線
0.09
0.08
0.07
0.06
0.05
0.04
0.03
0.02
0.01
0
確率
-4.0 -3.6 -3.2 -2.8 -2.4 -2.0 -1.6 -1.2 -0.8 -0.4 0.0 0.4 0.8 1.2 1.6 2.0 2.4 2.8 3.2 3.6 4.0
リターン（標準化対数値）

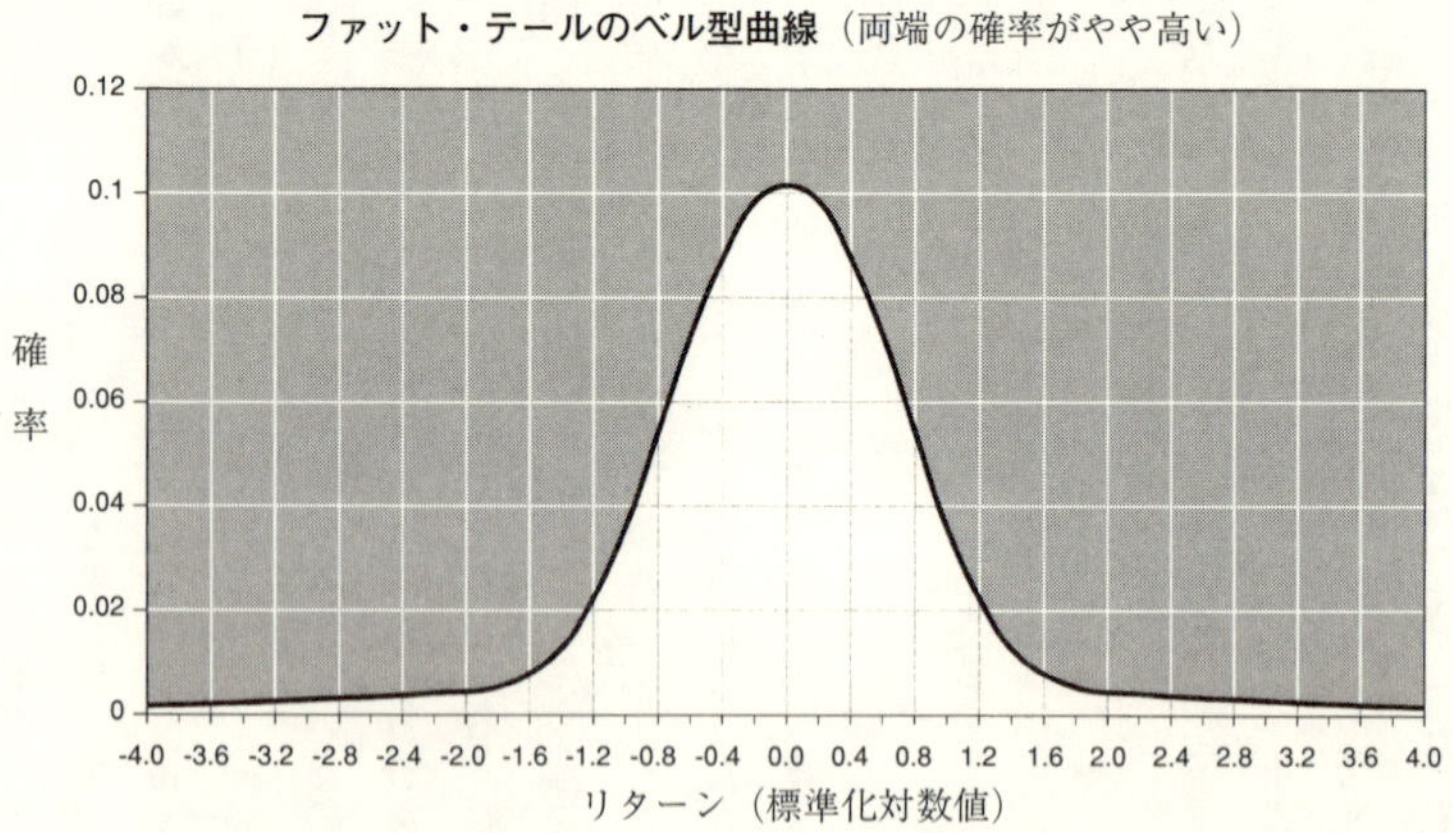
ファット・テールのベル型曲線（両端の確率がやや高い）
0.12
0.1
0.08
0.06
0.04
0.02
0
確率
-4.0 -3.6 -3.2 -2.8 -2.4 -2.0 -1.6 -1.2 -0.8 -0.4 0.0 0.4 0.8 1.2 1.6 2.0 2.4 2.8 3.2 3.6 4.0
リターン（標準化対数値）

変動（いわゆる急騰や急落）が起こり、多額の損失が発生する確率が高いことに、ファーマは警鐘を鳴らした。実際、「こうした市場は本質的に、よりハイリスクになる」とも言っている（注10）。ロングタームが設立される頃までには、幾多の論文で、事実上、金融資産はすべてファーマが調査した株式と同じ値動きを見せることが立証されていた（注11）。例えばモーゲージ証券は、ふつうはモデルの予想通りに動くが、ある日――なんの前触れもなく――チャートを突き抜ける。ファーマの言う通り、〝世の中のテールはいつも膨れている〟のである（注12）。JMのレターから数カ月後、メキシコ・ペソの暴落で投資家がパニックに陥り、テキサスからアルゼンチンの南端ティエラ・デル・フエゴに至るまで、連鎖反応が走った。アルゼンチン市場とベネズエラ市場は、独立したふたつのさいころではない。同時に暴落する。信認がようやく回復したのは、元ゴールドマン・サックスのアービトラージャーで当時の財務長官ロバート・ルービンが救済策を組織してからだ。

市場の動きを大雑把にでもたどってみれば、株価（あるいは債券価格）はよく、特に理由もなく乱高下するものだと直感できるだろう。株価はじつによく跳ね回る。特に分かりやすい例が、ブラック・マンデーだ。この日、これといったニュースが伝えられたわけでもないのに、市場は二三パーセント下落した。エコノミストがのちに試みた計算によると、市場の過去のボラティリティに基づけば、宇宙の誕生以来毎日市場が開いていたとしても、ここまで大幅に下げる日は一回も発生しない確率の方が高いという。実際、宇宙がその歴史を十億回繰り返したとしても、ここまでの暴落は理論上〝きわめて起こりにくい〟そうだ（注13）。そうはいっても、それは現に起こった。過去のボラティリティは明らかに、先々待ち受けるショックの存在を投資家に知らせるものではなく――それがどの日を選んで起こるか、事前に警鐘を鳴らすものでもない。

金融市場がコイン投げと比べて――ロングタームのパートナーたちがのちに災難の元凶とした〝百年に一度の嵐〟と比べても――極端に走りやすいのはなぜか、理由がある。ランダム・イベントの基本的な条件は、ひとつひとつの結果が、前回の結果から独立していることだ。コインは三回続けて裏が出ても、それを覚えていない。四回目のオッズも、やはり五〇パーセントである。

ところが、市場には記憶がある。トレンドはときに、トレーダーがその持続を望んで（あるいは恐れて）いるからこそ、持続する。投資家はよく、他の大勢もきっとそうするからという思い込みだけを理由に、諾々とトレンドにつき従う。こうした勢い任せの売買は、証券の理論的な評価とはなんの関係もない。つまり、効率的市場を形成するはずの合理的な投資家のプロファイルとは相容れない。だが、それが人間というものだ。市場では、三回続けて〝裏〟が出れば、四回目は完全にランダムとはいえない。損失が出て売らざるを得ないトレーダーもいれば、後ろを振り返り、泡を食って、我先に売りに走る投資家もいるだろう――ロングターム船出の春に国債市場で起こった現象と同じだ。どこであれ人間の精神が作用するところでは、ファーマの目に留まったささやかな混乱から、ブラック・マンデー級の混乱まで、取り付け騒ぎは常に起こり得る＊（注14）。

＊興味深いことに、ファーマはその後の研究を効率的市場仮説の立証に捧げる。ブラック・マンデーについては、根底にある企業価値の変化（一日の？）に合わせた合理的な調整と論じた。一方、前財務長官のローレンス・サマーズは暴落後、ウォールストリート・ジャーナル紙に語った。「効率的市場仮説は経済理論史上、特に際立った間違いだ」

マートンの描く市場には、この人間の精神がすっぽり抜け落ちている。モデルが表すのは理想的な状態と認めてはいるが、マートンの著作を見ると、完全な価格だの合理的投資家だのという概念であふれている。その文章がまた味も素っ気もなく、まるで世の中から感情を揮発させ、理路整然たる抽象概念だけ抽出しようとしているかのようだ。研究テーマに捧げる情熱は学生たちを感激させたが、個人として向き合ったとき、縮れ毛で丸顔のこの教授は、堅苦しく、打ち解けなかった。愛車のフェラーリを別にすると、彼にとって天国とは深遠な学問的討論の中にある。対話に惜しみなく時間を割き、特に学生とは長い時間を過ごしたが、対等なやりとりを好むわけではなかった。「ビリー・グレアム（訳注　南バプティスト教会の牧師で有名な大衆伝道者。ビリー・グレアム福音伝道協会を組織）の説教を聴いているみたいでした」ある教え子は当時を振り返って言う。

福音を説くマートンは、投資家はときに計算ロボットとは別物にもなり得るとの考え方については、可能性すら鼻であしらい、投資家が感情に流されて暴走した事例については、頭から無視した。このため〝一九八〇年代のポートフォリオ・インシュアランス〟に自説が果たした貢献を、功績のひとつに数えている。生身の人間が試みたポートフォリオ・インシュアランスはみじめな失敗に終わったという事実が、目に入らないかのようだ（注15）。マートンは〝投機的〟という言葉すら、引用符でくくって使った。まるで本物の投資家にその言葉が当てはめられるところなど想像するだに不愉快で、扱うときにはピンセットでつまむべし、といわんばかりだ。マートンは実際、〝ケインズによる、よく知られたきらびやかな一節〟に言及するとき、英国の経済学者にして文章家でもあるこの人物が、文章の中にちょっと鮮やかな、人間味のある形容詞をひとつふたつ滑りこませたという咎《とが》で、こてんぱんにやっつけた。完全に信じきるという病の持ち主で、およそ妥協ということができない。米国のエコノミスト、ロバート・J・シラーが、完全な市場のモデルを当てはめるには、実際の市場は不安定すぎるのではないかと勇を鼓して提言したとき、マートンは、わずかでも疑いを差しはさめば、思想体系全体が崩壊の危険にさらされるといわんばかりの態度をとった。「こうした論の重要性について言及する必要はないといっていいでしょう。効率的市場を否定するシラーの見方が支持されれば、現代金融理論を支える根幹の正当性に深刻な疑いが投げかけられることになります」（注16）。

ロングタームのトレーダーとて、言うまでもなく、モデルが完全でないことは承知している。「その通りにならないことは分かっています」ソロモンのアービトラージ・グループの同僚だったロバート・スタビスは言う。「でも、これが今のところ最良のモデルなのです。直感で勝負する古いタイプのトレーダーもいますけど、モデルを使って数字を弾き出してみると、結局は直感よりモデルの方がずっと頼りになると思うようになります」

ロングタームのトレーダーは、ロボットではなかった。彼らは議論し、ときには口角泡を飛ばして、毎週何時間もかけて、モデルが何を示しているのか、モデルの指示に従うべきかどうか、話し合った。〝膨れた尻尾《ファット・テール》〟を巡る批判——不測の災難に備えるべきだという説——があることも承知のうえで、そのためにモデルを調整しようとしていた。しかし、不測の事態をプログラムできるものだろうか？ ロングタームの取引の大半はローリスクだったが、ノーリスクではない。それにリスクの程度は、正確に定量評価できるものではない。数学の始末の悪さは、本質的に不確実なイベントを、確実さで飾ろうとする点にある。「ここにモニカ・ルインスキーがいるとする。今、ピザを手にクリントンの執務室に入っていった。ふたりがどうなるか、誰にも分かりはしない」ロングタームへの投資を断ったコンセコのマックス・バブリッツは言う。「ところが数学を当てはめてみると、モニカがおしゃぶりする確率は三八パーセントと出てくる。これはすごいと思うが、要するに、あてずっぽうだ」

一九九〇年代半ば、ウォール街でもグレニッチでも、この区別がどうしようもなく曖昧になっていた。銀行は、メリルもモルガンもバンカースも、コンピューターを使ってどこまでも細かく、一日、一カ月、一年の間に予想されるトレーディング損失の最大値を推定した。ＦＲＢまでがこの種のプログラムを推奨する。一般に〝バリュー・アット・リスク〟と呼ばれる手法だ。一見高級な外張りを剝がせば、要するに、〝市場が過去と同じように推移するなら、どのくらい損が出るか？〟を問うプログラムである。しかし市場が予想外の動きを見せたら、どうなるのか？　マーク・トウェインは言う。「歴史は韻を踏むのであって、繰り返すのではない」(注17)。

こういうプログラムが都合よく機能するのは、不都合が起こるまでで、それは一九九五年、メキシコで起こった。バリュー・アット・リスクは、まさに予想外の混乱のさなか――最も必要とされているときに――には役に立たなかった。いうなれば、但し書きに嵐の日を除くと書いてある保険のようなものだ。通常の日の損失を予想できても、ペソ暴落の日の損失は予想できなかった。イェール大学で教鞭をとる為替トレーダー、デビッド・デ・ローサは、バリュー・アット・リスクを〝難破しかけた船から見る灯台〟と呼ぶ。この手法で先端をいくJPモルガン（リスク・メトリクス社のブランドで開発した）は、率直にその欠陥を認めている。メリウェザーの投資家向けレターと同じ月、一九九四年十月付のレポートで、市場がコイン投げと同じようにランダムで独立しているとは思えないと認め、ボラティリティは「それ自体きわめてボラティリティが高い」と述べた。にもかかわらず、JPモルガンも、ウォール街の追随者たちも、バリュー・アット・リスクを使い続けた。JPモルガンは、ほかに〝納得できる代替品〟が見つからないからと――それが欠陥の埋め合わせになるかのように――説明している(注18)。

バリュー・アット・リスク信奉者のうち、ロングタームはその典型だった(注19)。教授ふたりが執筆した添付資料はまるで、マートンの講義ノートかと思える内容だ。株式市場のリターンは独立した（ランダムな）分布になると、自信たっぷり投資家に告げている。またロングタームでは、期間ごとにリターンの逆相関を予想していると強調した。つまり、ある月が成績不振なら、翌月は好調、その次はまた不振、といった具合に続いていき、そのために損失が長期的に続く可能性がさらに低くなっているという。「ある四半期がローリターンなら、次の四半期はハイリターンになる確率が高いと考えられます」長期的には、理にかなっている。長期的に見れば、市場は確かにみずからの間違いを正すからだ。そうでなければ、価格の歪んだ証券を買う意味がない。しかし、是正されるはずの価格が、一時的に適正水準からもっと離れていったら――大幅に離れていったら――どうなるだろう？　一九七〇年代にエクスタインが経験したように……。レターはこの可能性には触れていない。

パートナーたちの理念の中核にあるのは、市場はしだいに、より効率的に、より流動的に、より〝連続的〟に――マートンが思い描いた状態により近く――なっていくという教えだった(注20)。価格の歪みを狙う投資家が増えるにつれ、市場の情報伝播が速くなるにつれ、理論的に考えて、価格の歪みが是正されるまでの時間は短くなる。たいていの場合、実際その通りだっただろう。市場が効率的になるほど、ボラティリティが低くなり（ブラック・マンデーは起こらない）、日を追うごとに、リスクが低くなる。したがってスプレッドは縮小する。これがスプレッド縮小に賭けるパートナーたちの自信を支えていた。事実、あふれる自信に支えられ、レバレッジを大幅に積み増した。

❁

グローバル市場の投資家がメキシコ危機で大火傷を負っているのを尻目に、ロングタームはかすり傷ひとつ負わず、快進撃を続けた。一九九五年には、初期の取引が実を結んで、業績を押し上げる。イタリアはもはや大陸のお荷物ではなく、ドイツより創造的でフランスほど伝統にとらわれない、欧州のデザインの都として熱烈に支持され始めた。他社のトレーダーもイタリアの潜在成長力に飛びつき、イタリア債券市場は勢いづいて、ロングタームの収益は膨らんだ(注21)。

特にイタリア債とIOモーゲージの貢献で、ロングタームは一九九五年、手数料徴収前で五九パーセント、徴収後で四三パーセントという驚異的な収益を達成した。このうち欧州市場が占める比率は半分をやや上回っている。ロングタームは創立後二年間で十六億ドルという巨額の利益をあげており、そのうちイタリアの貢献は六億ドルと推定される。全体的に見てこれは、過去のどのファンドよりもすばやく、鮮やかなスタートだ。当初から参加している投資家は、出資金一ドルが一ドル七十一セントに育っている。パートナーがその分厚い手数料を差し引いたあとでもこれだった。JMを失って苦戦するソロモン・ブラザーズの姿は、JMの士気に影響していなかった。ソロモンは一九九四年に手痛い損失を被り、身売りの噂がしきりにささやかれていた。

JMをさいなんでいた悩みはただひとつ、ロングタームの成績の変動性がじゅうぶんでないことだった。投資家には、アコーディオンを想定するように言ってある。損失という凹みが蛇腹にたくし込まれているはずだったのに、二年間というもの、ロングタームが一パーセント以上の損失を出した月は一回しかなかった。「アコーディオンはどこに行ったんだ?」ある投資家から質問される。ノーベル賞を受賞した経済学者で、ロングタームのある投資家の顧問を務めていたウィリアム・F・シャープの目に、このリターンの安定度は現実離れして見えた。「はっきり尋ねました。『リスクはどれぐらいある?』」当時を振り返ってシャープは言う。「マイロン（ショールズ）が答えます。『リスク水準（ボラティリティ）をS&P五百種程度にするのが目標です。そこまで大きくならないので困っています』」

こうした輝かしいスタートを切ったロングタームは、今度もメリルリンチと組んで、難なく追加資金十億ドルを調達した。メリウェザーもさすがに、得意げに近い調子の言葉を洩らすようになる。投資家に宛てたレターで、パートナーが十六人に、社員が全部で九十六人に増えたと報告した。約半数をトレーダーとストラテジストが占めるという（注22）。エリート揃いである点をことさら強調して――二カ国語に堪能なスタッフだの、大勢の博士号取得者だの、高度な金融工学だのについて語った。世に出て以来ずっと、オッズの解析に明け暮れてきた。ロングタームこそ、その仕事の集大成――絶妙に編成したリスク・テイキングの一大交響曲でなければならなかった。

新たに募集した資金を加えると、ロングタームの自己資本は、二年足らずの間にほぼ三倍に増加して総額三十六億ドルとなった。資産総額も増えて、千二十億ドルという突出した規模に達する。つまり一九九五年末現在のレバレッジは二十八倍となった。ロングタームのリターンは、言うまでもなく、総資産――自己資本と借入の合計――をベースにすると、先に挙げた目もくらむばかりのリターンより、ずっとずっと低くなる。総資産ベースでは、リターンは二・四五パーセント前後だ（注23）。このささやかな数値こそ、借金を含めたロングタームの資産運用による収益にほかならない。しかもこれはデリバティブを反映していないので、実際はもっと低くなる。デリバティブ取引は、先にも述べた通り、バランスシートに計上されない。だが、デリバティブがロングタームのエクスポージャーを拡大していたことはまず間違いない（現物を買っても、価格変動に賭けただけでも、結果的に損益が発生することに変わりはない）。そして、こうしたオフ・バランスの取引は、ロングタームのリスクを確実に高めていた。

デリバティブ取引を考慮に含めると、ロングタームのリターンはおそらく一パーセント以下だろう（注24）。ここで数値の正確さに意味はない。重要なのは、五九パーセントというまぶしいリターンのほとんどを、レバレッジの威力に頼っていた点だ。この観点から見たとき、シャープの発した問い――「リスクはどれぐらいある？」――に答えるのは容易ではなかったろう。キャッシュを運用する投資家は、元手をリスクにさらすわけだが、ロングタームの場合、こうした前払いの契約は結んでいない。なかでもデリバティブ取引は、元手がゼロでも契約できる。ただ毎日、銀行を相手に決済し、取引の結果に従って、キャッシュを支払ったり受け取ったりするばかりだ。ロングタームは運転資本の代わりに、取引ごとに仮定的に引当率を設定して、自己資本を割り当てていた。いわゆるリスク資本と呼ばれるもので、ロングタームがまさかの時に備えて、金庫にしまっておく必要を認めた引当金である。ローゼンフェルドは次のように語る。

「われわれはヘアカットを要求されていませんでしたが、リスク管理のプロセスとして、仮の運転資本を算出していました。取引をすべて吟味したうえで、こう問うてみるのです。『さてこれでいよいよ危なくなったとき、ヘアカットをいくら請求されるだろう？』」

戦略の多様化が進むにつれて、ますます大きなポジションを平気でとるようになっていった。ポートフォリオをもっぱら〝全体として〟とらえるので、金庫に引き当てた〝リスク〟資本を分母とすると、分子に当たる取引の規模がしだいに大きくなる。理論上、レバレッジをきかせたいくつもの取引が同時に破綻する確率は、当然ながら、ごくわずかしかない。保険会社が、全加入者の保険金請求が一度に寄せられる事態を想定していないのと同じである。

実際、ロングタームはみずからを〝金融リスクの保険会社〟ととらえていた。要するに、ロングタームは流動性の劣る、おおむねハイリスクな債券をあえて保有することで、保険料を徴収している。ここでいう保険料とは、オフ・ザ・ラン国債だの、モーゲージＩＯ債だの、イタリア債だのといった債券から稼ぐスプレッドのことだ。しかし言うまでもなく、保険の厄介なところは、保険料が適切かどうか、しばらくたってみないと誰にも分からない点にある。損保会社は、大嵐さえ吹かなければ毎年儲かるようにできている。損保が儲けた年は、いや、数年続けて儲けていても、こう問うてみるのが公平だろう。「保険会社が優秀なのか、それとも単に、ついているのか？」保険料が適切なのか、あるいは、安い保険を大量に、木組みの土台の上に建てた海辺の家々に――最悪の事態の保険金請求を想定することなく――売りつけたのか？　ロングタームの保有する債券のひとつひとつが実質的に〝保険契約〟だとすれば、引き受けた保険契約の件数は――いつの日か直面するかもしれない損失の水準とともに――レバレッジを引き上げるごとに膨らんでいく。パートナーたちがここで胸に問うべきは、五九パーセントのリターンを達成するためにどれだけレバレッジに頼ってきたか、嵐が過ぎ去った朝、どれだけの保険金請求が来るか、だろう。

第5章 融資合戦

「このちっぽけな集団は……ファイナンスにおける最高の理論に最高の手法をあてがおうと試みた」（ロバート・マートン）

ランダム市場につきものの不振の月も、嵐の季節も、いっこうに訪れる気配がない。ロングタームは記録的な収益をあげるだけでなく、気味が悪いほど安定していて、自然の法則に逆らうように見えた。いうなれば、絶対に三振しない長距離バッターだ。パートナーたちは、悠々とホームベースに戻ってきては、次の日もまた次の日も、ヒットにヒットを重ねた。いよいよ自信が深まり、ますます大振りになる。つまり、レバレッジを引き上げる。一九九六年春、ロングタームの資産総額は千四百億ドルという驚異的な数値に膨れ上がっていた。自己資本の三十倍である。米国民の九九パーセントは名前すら知らないファンドが、規模ではミューチュアル・ファンド最大手のフィデリティ・マゼランの二・五倍、第二位のヘッジファンドの四倍に達していた（注1）。メリウェザー、ヒリブランド、ハガニをはじめとする一団が、今やリーマン・ブラザーズ、モルガン・スタンレーを上回る資産を管理し、ソロモンをも射程内に収めた。トレーダーの数は二十数名に過ぎなかったが、規模ではすでに——二年経つか経たないかで――ウォール街の老舗のいくつかを追い越してしまった。専門家とされる人々の手に委ねられたステルス・ミサイル。市井の民にはちょっと想像できない、すさまじい威力を備えている。

ただし銀行にとっては、秘密でもなんでもない。事件後の報道で、ウォール街はなぜか、ロングタームの膨大な資産総額やレバレッジについて何も知らなかったと広く伝えられた。メリルリンチなど、記者発表でこうまで言っている。「（一九九八年）九月二十一日、この日初めて、ポジション全体の大きさとレバレッジの水準を知りました」(注2)。コマンスキー個人も、ロングタームには〝透明性〟が欠落していて、自分は内情を知り得なかったと言い、ウォール街の他のCEOたちも、ロングタームのレバレッジを見て仰天したとのたもうた(注3)。

厳密な意味では、その通りかもしれない。コマンスキーもコーザインも、知らなかったのかもしれない。しかし、部下は知っていた。ロングタームは取引銀行には四半期ベース、投資家には月次ベースで資産総額と債務総額を公開している。同じ数値を商品先物取引委員会（CFTC）にも報告していた。デリバティブ取引総額の報告は年に一度で、それではロングタームほどの急成長企業の実態はつかみきれないだろう。それでも、その数値を見れば（あえて見ようとするほどの人なら）何か大事の予兆に気づいたはずだ。一九九五年の年末の開示によると、ロングタームのデリバティブ取引残高は総額六千五百億ドル――取るに足りない額とはいいがたい(注4)。CFTCの女性委員長、ブルックスリー・ボーンは率直に認めている。「私たちは危機の兆しに気づかず、しかも（情報が）かなり広範に公開されていることを知っていました」(注5)。ロングタームの社外顧問弁護士トーマス・ベルの見方が、まずはいちばん的を射ているだろう。「みんな、報告書は受け取っていました。点を線につなげる作業を怠ったのです」

もっとも、それが事の全景ではない。ロングタームの報告書は曖昧な言葉を選んでいて、ほとんど意味がないといってもいい。〝金利スワップ〟とか〝政府証券〟とか、くくりの広い一般名称ばかりで、資産の内容はさっぱり分からない。デリバティブの開示は特に曖昧模糊としている。ためしに近所の銀行を訪ねて個人ローンを申し込み、担保は〝不動産〟だとして、それがアパラチア山脈に在るのかビバリーヒルズに在るのか、言わずにすまそうとしたらどうなるか、想像してみるといい。

個別の資産──モーゲージ証券とかイタリア債とか──について、銀行はそれぞれ自行のエクスポージャーしか見ていなかった。ゴールドマン・サックスは、ソロモンが同様の取引に関わっていてもそうとは知らず、ＪＰモルガンは、メリルリンチがそっくり同じ融資を提供していても気がつかない。したがって理屈のうえでは、銀行はロングタームの取引規模を知らなかったといえるだろう。しかし事実上、銀行の立場を考えると、じゅうぶん察しがついたはずだ。債券アービトラージの世界は狭い。銀行がもっと詳しい開示を求めて然るべき情報をつかんでいたことは間違いない。相手が満足のいく回答を寄こさないなら、取引を断ることも、もちろんできたはずだ。

ところが銀行は断るどころか、競い合ってヘッジファンド取引を拡大していた。上昇相場も五年目にさしかかり、銀行には流動性があり余っている。ヘッジファンド取引はウォール街にとって、余剰資金を有効利用できるぼろい儲け口だった。銀行はここで〝バランスシート賃貸〟と呼ばれる手法を使っている。文字通り、銀行がその莫大な借入能力を、信用力で劣るヘッジファンドに移管するサービスで、これを百ドルの信用に付きわずか数セントで提供した。ウォール街にとって文句なく最大のヘッジファンド顧客であるロングタームは、噂によると、年間一億ドルから二億ドルの手数料をウォール街に落としている。銀行はシェア争いに励んだ（注6）。「二〇ベーシス・ポイント（一パーセントの百分の二十）

のために、みずからつまずいたわけです」当時リーマン・ブラザーズのトレーディング・マネジャーだったジョン・サッコは言う。引き受けるリスクを考えれば、雀の涙ほどの報酬だ。

五十五行にのぼる銀行が、ロングタームに融資していた（注7）。失敗などあり得ないと言いたげなパートナーたちのオーラに惹かれ、各社競い合って好条件を提示する。「LIBOR（短期銀行間金利）プラス五〇ベーシス・ポイントで貸し出していました。本来ならプラス二〇〇なんですが」バーゼルに本拠を構え、デリバティブに強いスイス銀行の債券部門責任者アンドリュー・シシリアーノは言う。部下のトレーダーから話を聞くたび、ロングタームが相手では日干しになると思っていた。彼らはどこであれ取引相手から、絞り取れるだけ絞り取ろうとする。

ロングタームは手数料が欲しくてしかたない銀行の心理を巧みに利用し、押しを利かせて、最高に有利な条件を引き出した。マージンは極端に薄くなり、銀行の利益は、大口顧客との取引で普通とされる水準に届かない。それでも銀行は、ロングタームがいつか虹の彼方にある黄金の壺に導いてくれるという夢を見続けた。落胆させられながら希望を失わない親のように、手に負えない子どもにご馳走を与えて、ちやほやするのをやめない。なかでもメリルリンチとソロモン・ブラザーズは、少なくとも融資額において、とびきりの甘いパパだった。ソロモンはロングタームを最大の顧客と見て、特にヨーロピアン・スワップで重視していたが、両社の間にある複雑な経緯から、用心深く距離を保っていた（注8）。

これに対してメリルリンチは、ロングタームにいそいそと擦り寄っていき、それがしだいにエスカレートしていった。ロングタームの方も――ロングタームなりに――喜んでお返しをする。JMはさっそく、メリルリンチ会長ダニエル・タリーと仲良くなり、タリー夫妻、メリウェザー夫妻の四人でよく行動をともにした。JMはアイルランドのケリー州に所有するゴルフコース、ウォータービルのパートナーにタリーを迎えることまでした。先祖の故国に深い愛着を抱き、緑色のペンで署名しているタリーだけに、もともと強固だった事業提携がこれで磐石となる。メリルの陣笠たちは会長がロングタームを大事な顧客と見なしたことをたちまち察した。「両社の関係を強化するのは、セールス・スタッフだけでなく、組織全体の務めでした」タリーはそう強調する（注9）。

ＪＭはコマンスキーやハーブ・アリソンなど、タリーに代わって手綱を握るべく舞台袖で待機している面々にも擦り寄っていった。ギャンブラー友の会にいるとくつろぐらしく、メリルの幹部連中を誘ってベルモントまで遠征し、持ち馬を預けている競馬場に連れていく。例によって、自分はあれこれ質問を投げて、しゃべるのは客に任せた。アリソンはＪＭがその答えを――アリソンの奥さんの名前などという些細なことまで――よく覚えているのに気がつく。取引をよく覚えているのと同じだ。ＪＭはいつでも聞き上手だった。人を押しのけるのが当たり前の業界にあって、ＪＭはその人柄のゆかしさで際立っていた。「好感を抱かざるを得ない人物」だと、アリソンは思った（注10）。

ロングタームのメリル攻略の目玉は、毎年ウォータービルで催す三日間のゴルフコンペだ。世界的にも有名なコースで、顧客リストにはタイガー・ウッズの名前もある。各社から十数名ずつ参加し、メリル幹部はロングタームのパートナー数名を伴って自家用ジェット機で乗りつけた。ほかは自腹だ。ウォータービルの眺めは見る者をうっとりさせた。緑柔らかな草原をそのまま切り取ったコースで、かたわらの海辺に、アイルランド風のもの寂びた村落がたたずむ。選ばれし者どもの集いは毎年九月に開催され、メリルの話題を独占した。なにしろ〝ウォータービル・インターナショナル・カップ〟のロゴに、アイルランドを象徴する緑、白、橙のチェッカー柄をプリントしたＴシャツまで用意している。ゴルフを終えると、ゴルファーたちは、釣り糸を垂れ、贅を凝らしたディナーを楽しみ、あとは朝食付き民宿を模した寝室へと退場あそばす。早起き組は、朝焼けの海に向かって天高くドライブを放つという、幽妙にして壮大な気分を味わった。

ウォータービルはメリウェザーにとって、フロスムアのキャディ時代から今に至る道のりの象徴だ。はつらつと主人役を務め、コンペだけにいっそう張り切って、一打ごとにスコアをとるかたわら、アリソンにリリースをどうのとアドバイスすることも忘れない。ロングタームは、ハンディキャップ四のJMに率いられて毎年ウォータービル・カップの優勝をさらい、その競争心のたくましさにバンカーたちは内心舌を巻いた。アービトラージャーがトレーディングに劣らぬ情熱をゴルフに注ぐ姿に、メリルのチームも目をみはる。リスク管理マネジャー、ダニエル・ナポリは皮肉を混ぜてこう表現した。「ゴルフに博士号があったなら、彼らは楽々取得したことでしょう」メリルの外為部門責任者スティーブン・ベロッティは、ある年の催しで、マイロン・ショールズに向かってふざけて聞いた。「どっちをたくさん持ってます――お金と脳みそと?」ショールズは投げ返す。「脳みそ。でも、もう一方も追い上げてますよ!」

業務関係が親密になるにつれ、ロングタームはメリルに、それまで以上に融資を求めるようになった。ロングタームの銀行交渉担当レーヒーはよくこう言った。「われわれと取引したければ、もっとバランスシートを融通してもらわないと」少しずつ、メリルは蛇口をゆるめていく。一九九六年には、レポ・ファイナンスで六十五億ドルを融資(メリルの株主資本とほぼ同額)、デリバティブでの融資は比率のうえでそれ以上にのぼった。しかし、アイルランドで過ごす楽しい週末を別にして、メリルが見返りに何を得ていたのかははっきりしない。ロングタームは呼び値を極端に値切るので、ブローカーにまともな利益は残らなかった。抗議の悲鳴が上がったが、ロングタームは一歩も引かない。

そのうち、このハイリスクなヘッジファンド向けのエクスポージャーが膨れ上がっていることを理由に、メリルのレポ部門のひとりが追加融資の承認をはねつけた。ところがゴルフの週末が目前に迫ったある日、焦ったセールスマンがこう言ってくる。「これからディック・レーヒーに会いに行くんだ。気まずい思いはしたくない。もう五億ドル上乗せできないか?」レポ担当が渋っていると、相手は言い添えた。「この件はどうしても呑んでもらう。さもないと取引を打ち切られるぞ」

メリルのセールスマンは、花形顧客を売り込もうと躍起になって、ロングタームに融資することで取引を維持でき、取引を維持することでロングタームのオーダー・フローをのぞくことができる、と理屈をつけた。当然ながらメリルがのぞけるのは個々の取引の一方だけで、情報としての価値は疑わしい。いつもなら融資部門とセールス部門に成り立つ健全な対立が、ロングターム寄りに傾いていた。社内の誰もがこの顧客は〝特別〟だと知っていたからだ。ロングタームはメリルのそこかしこにいる友人を自由につけたし、事実ついた。その筆頭が会長のタリーで、ブローカー出身のこの会長は、メリルがロングタームの主要取引先となったことに〝鼻高々〟だった。がりがりの財務屋と陰でささやかれるアリソンすら、ロングタームの魅力にからめとられ、取引を拡大するよう部下の尻を叩く。「誰もが彼らの知性に心を奪われていました」セールス部門のダンレビーは言う。「ケネディの閣僚陣並みでしたね! ベスト・アンド・ブライテストを揃えたわけです」

ところが、メリル幹部もやがて懸念を覚える——ロングタームのレバレッジにではなく、メリルがロングタームとの取引で年間二千五百万ドルしか儲けていなかったことに、だ。取引の規模に比べたら、芥子粒ほどの見返りだ。融資部門は反撃に転じた。バランスシートは貴重な資源であって、それを見かけ倒しの客に浪費しなければならない理由がどこにある?

ロングタームを含めて大口取引を統括していたアリソンは、ここに至ってJMをわきに呼び、皮肉交じりに、両社の取引からメリルにも少し儲けを分けてもらえればありがたいのだが、と申し入れた。ロングタームの取引相手はどこもそうだったが、アリソンも感触として、ロングタームのパートナーたちは長期的な関係ではなく、一回限りの損得勘定で取引を評価していると見ていた。そしてその旨、メリウェザーに訴えた。

JMは理解を示したが、ロングタームは相変わらずメリルを絞り続ける。どうやらわざと、そのために最大の取引関係にひびが入ろうとも、知らぬ顔を通そうとしているように見えた。いちど融資契約書の抜け穴を利用して、メリルに損をさせる形で七百万ドルをせしめたことがある。メリルのある幹部が抗議すると、JMは眉を寄せて言った。「気がつきませんでした」ただし、払い戻しはしなかった。

抗議した幹部は言う。「JMは誠実な男です。ただ、誰かが勝ち、誰かが負けるというのが、彼の世界観でした」

愚弄するように、パートナーたちは内部情報をメリルに明かそうとはせず、それでいてメリルの引受債券から掘り出し物を回してもらえることを期待していた。投資銀行が特に大事な顧客のためにとっておく特典だ。さらに小癪なことに、マイロン・ショールズが調合した特殊な〝ワラント〟をメリルに売り込もうとする。これはパートナーたちが割安に資金調達して、自社ファンドに投資できる仕組みになっていて――一方のメリルは、深刻なリスクを負う。メリルは即座にはねつけた。ここに至って、さしものブルも不安を覚える。バランスシートの一部を回収し始めたが、それでもロングタームにとって最大の資金提供者であることに変わりはなかった。

メリルはロングタームの決済機関の地位を熱望したが、ロングタームはこれを退けた。この役割はベア・スターンズに依頼していて、ベア・スターンズにはJMの友人、ソロモン出身のビンセント・マットーネがいる。決済機関とは記録保持や取引決済など顧客のためにいくつもの重要業務を執行する機関をいう。ふつうは厚い利幅を稼げるが、ベアはロングタームに有利な条件で引き受けていて、それもやはりロングタームとの取引を拡大したい思惑からだった。ベアもパートナー六、七名に個人的にファンドへの投資資金を融資している。しかしロングタームは、ベアは手強いと、たちまち見てとった。

第一に、エクスポージャーが過剰にならないよう神経をとがらせている。決済機関の最も大事な機能は、日中の信用供与である。ロングタームの一日の取引は数百件にのぼるため、ベアは事実上、銀行と同じ役割を果たしており、ロングタームの資産の一部を保管して、ロングタームに代わって世界中のカウンターパーティを相手に支払ったり受け取ったりしていた。

こうした決済ブローカーの存在がなかったら、ロングタームの営業は成り立たなかっただろう。少なくとも、ご自慢の柔軟性とスピードはとても望めなかった。しかも、主要ブローカーにはふつう事前通達なく決済を停止する権限があり、そうなってからあわてて他のブローカーを確保するのはむずかしい。つまり、ロングタームはほかのどこよりもベアに依存していた。それにウォール街のブローカーとしては、因習にとらわれないのがベアの社風だ。もうすぐ古稀を迎えるアラン・グリーンバーグ会長は、モルガンやメリルの官僚的な空気を見下していた。いまだにトレーディング・フロアに腰を据え、電話が鳴れば自分でとってどら声で応える。クリップひとつ粗末にするなと社員に訓戒を垂れるので有名だった。相棒のジェームズ・ケインCEOは、不況下の一九七〇年代、ニューヨーク市債でひと儲けする度胸を見せて名を売った。若き日のJMが同じ戦略を手繰っていた頃だ。グリーンバーグとケインの断固たる統括のもと、形式にとらわれず、現実的で、徹底的に自社の利にこだわるベアの流儀が生まれた。これがロングタームの悩みの種となる。

一九九四年、ロングタームが離陸しようとしていた頃、アスキン・キャピタルというヘッジファンドがモーゲージ市場で壊滅的な損失を被ったあげく、ベアに追加証拠金を請求されて破綻した。この事件をきっかけに、ベアに切り札を握られている事実に気がつき、以来、不安がロングタームをさいなんでいる。一九九六年、パートナーたちは問題解決に向けて運動を開始した。

ロングタームがベアに望んだのは、ロングタームが窮地に陥った場合にも決済を続けるとの約束を、契約の形で取り付けることだった。しかしベアはベアで、我が身が心配だ。〝残高ゼロ〟になるまで決済を続け、ファンドが結局破綻したとなると、ぎりぎりで仕掛けた無茶な取引の肩代わりを押しつけられる恐れもある。要するに、ロングタームもベアも、互いに相手を不安の目で見ていた。

両社は何度も話し合いを重ねて、大筋で合意した。基本的にベアは、ロングタームが決済用資金として最低十五億ドルを維持する限り、取引決済を継続することを約束する。ロングタームにとってこれは妥当な条件だったが、パートナーたちは契約書にサインする前に、他の問題も解決しておこうとした。何より彼らは、不気味なほどの先見の明を発揮して、危機に陥ったときの行動の自由をなんとしても確保しておこうとする。ヒリブランドはアスキン沈没を巡る記事を読んで、先々ロングタームの経営が危うくなることがあれば、ベアは清算を強要できる立場に立つことに気がついていた。その場合は、おそらく捨て値で叩き売られる。さらに、ロングタームのポジションがベアから外部に漏れることもあり得る。そうなれば、まとまった売りを浴びせられるだろう。このためヒリブランドは、機密漏洩など権限乱用があった場合にベアに賠償責任を求める権利を明確にしておこうとした。

いつもの伝で、ヒリブランドは執拗に食い下がった。ベアのクレジット部門責任者マイケル・アリックスは、この男を並外れて扱いにくい、やや偏執狂気味の人間と見た。もっともヒリブランドの言い分のうち一部は、あとで物を言うことになる。愛嬌者のエリック・ローゼンフェルドも同じ交渉の席にいて、どうやらこの男には、ベア側の立場が理解できるようだった。ヒリブランドには、できない。議論という議論を数学の問題と同じように見て、なんにせよ、自分が先に答えを出さなければ気がすまなかった。交渉を重ねるごとに、いらだたしさが募るばかりで、何ひとつ決着しない。ヒリブランドは熱望していたはずの決済協定を、どこかへ押しやってしまった。

ロングタームはチェース・マンハッタンにも手を伸ばしている。ウォール街を丸ごとその網にからめ取ろうとするかのような勢いだった。目はしが利くだけに、銀行を一網打尽にするなら、成績好調な今のうちだと当然気がついている。チェースは一九九四年、ロングタームとの取引を断っていた。なんの実績もない新興ファンドとの取引を危ぶんだからだ。一九九六年になってJMが改めて扉を叩くと、前回より温かく迎えられた。JMはここにもコネを持っている。デビッド・フルージという、太鼓腹を突き出したグローバル・クレジット部門の責任者で、ウォール街の機関投資家向け融資を統括していた。サスペンダーを愛用し、物言いがぞんざいなこの男は、モーザー事件の最中、JMに助言を与え、窮地に陥ったソロモン・ブラザーズに、緊急支援を要請するよう説いた。この年、一九九六年、フルージはロングタームを相手に金利スワップ取引を行うことで合意した。金利スワップとは一般に、一方が他方に固定金利を支払い、代わりに変動金利を受け取る約束をいう。続いてロングタームのイールドカーブ取引に融資した。これも債券トレーダーのレパートリーの中では定番商品だ。ロングタームはチェースから二千万ドルの投資を受け入れ、できたばかりの提携の絆を深めた。

だがロングタームが本当に求めていたのは、〝パートナー〟だった――特別な必要（つまりは緊急の必要）が生じたとき、要求すれば即座にキャッシュを提供してくれる銀行だ。メリル、ベアに続いて今度はチェースと、果てしなく交渉を重ねていくロングタームの姿は、かつてのソロモンに代わる心強い後ろ盾を探しているようにも見えた。フルージは理解を示し、大型の銀行シンジケートを組んで五億ドルのリボルビング信用枠を設定する。つまり、ロングタームは必要が生じしだい、その借入枠からいつでも資金を引き出せるようになった。銀行団は担保の差し入れを求めることなく融資枠を設定するという、通常では考えられない信用をロングタームに示した。

こうしてリボルビング信用枠を手に入れたうえで、ロングタームは改めてチェース攻略にとりかかる。パートナーの幾人かが、しきりに特殊な〝ワラント〟を売りつけようとした。言うまでもなく、その前にメリルに持ち込んで断られた例のワラントである。ワラントとは一種のオプションで、パートナーたちは自社ファンドと連動するワラントを仕組んで、すでに莫大になっているポートフォリオのレバレッジに、個人的なレバレッジを重ねようとしていた。事実上、全財産をファンドに投資しているというのに、特にヒリブランドは、さらにエクスポージャーを高めようと意気込んでいる。不思議な自家撞着に陥っていた――決済協定を求めて虎のごとく交渉してきたのは、危機に際して身を守る盾が欲しいからなのに、自分のカネを投資する段になると、破綻の可能性などまるで眼中にないらしかった。

ワラントを引き受ければ、チェースは理不尽なリスクにさらされる仕組みになっていた。ショールズのプランはこうだ。パートナーはチェースに年間約千五百万ドルを支払う（金利動向に従って多少の増減を伴う）。代わりにチェースは、ファンドの二億ドル分のリターンを、運用の結果に従って、パートナーに支払う。もしファンドが急上昇し続ければ、チェースはわずかな見返りと引き換えに、莫大な支払い義務を背負うことになる。ただ理論上は、ファンドに追加投資することで、損失リスクをヘッジできる。ファンドが上昇して支払い義務が生じても、投資したカネが同じ程度の収益を生むからだ。

しかしファンドが下落したら？　オプション理論によると、もちろんマートンとショールズが組み立てた理論だが、ファンドの価値が下がるにつれ、チェースはヘッジを必要としなくなるはずだった。ファンドが下落すれば、チェースは徐々に、ファンドの中身を模した資産を売りに出すだろう。

ところが、話はそう簡単ではない。ロングタームの資産内容は秘密だからだ。そしてパートナーたちはその開示をあっさりはねつけた。フルージはロングタームの厚顔ぶりに啞然とした。この怪しげな取引のリスクの一切をチェースにおっかぶせて、リスクの内容は教えられないというのだ。「じゃあ、どうやってヘッジすればいい？」フルージには合点がいかない。チェースのヘッジファンド担当のヘッドも、やはり疑いの目で見た。

それでもロングタームは、このワラントを引っ込めなかった。これには節税の点で——ヒリブランドは、これに弱い——大きな魅力があった。ワラントから発生する収益はキャピタル・ゲインとなり、ワラント期限が切れるまで税金の繰り延べが可能だからだ。ショールズの面目躍如というべき調合で、米国政府《アンクル・サム》に勘定を回してパートナーの利益を膨らませる仕組みだった。

ロングタームはこのワラントを提げてチェース中を売り歩いた。ＪＭはウォルター・シプリーＣＥＯにまで持ち込んでいる。ヒリブランドはしまいに、ショールズを特派してオプション価格の講義をさせようと申し出たが、フルージも、理論を構築した本人と白兵戦を戦おうとするほどおめでたくはなかった。「ああいうギリシャ文字を使えば、いかにも知的に聞こえます」オプション・トレーダーが使う符牒、アルファだのベータだのガンマだのを指して、フルージは言う。「それよりふさわしいギリシャ語は、傲慢《ヒューブリス》でしょう」

パートナーたちはふるまいが傲慢だったわけではなく、口の利き方さえ傲慢ではなかった。根はもっと深いところにある。ハーバードやMITを卒業した秀才――他人より頭がいいと本気で信じている人々――特有の傲慢さだ。「ぼくたちがどうしてこんなに稼げるか、分かるかい?」グレッグ・ホーキンスはかつてソロモン時代の友人に言った。「ほかの連中より頭がいいからさ」一度、同僚の奥さんに、彼女の専門である分子生物学について講釈を垂れたことさえある。「でたらめもたいていにしなさい」相手は最後に言った。

❁

一九九六年、ロングタームは、ゆうに百人を超える所帯となり、パートナーたちは途方もない財産を築きつつあった。設立以来、社外投資家の収益から二五パーセントの手数料を徴収して、税金を繰り延べ、非課税のファンドに再投資するので、加速をつけて殖えていく。三年目の決算の直前、パートナーのファンド投資額は合わせて十四億ドルに達していた。当初の一億五千万ドルの九倍である。これだけ短期間で築いたとは信じがたい財産――しかも、すべて債券のスプレッドで稼いだ財産だった!　強引な倍々ゲームに挑んだ結果、あれよという間にスーパーリッチの座にのし上がる。これが一般企業の役員なら、持ち株を少しずつ崩して掛け金をヘッジするのだが、JMやヒリブランドやローゼンフェルドや、その他パートナーの場合、有り金を残らずチップ台に積み上げ、そのまま放り出していた。金を使いたくなったら、ファンドをひとかけら清算すればいい。彼らにとってファンドは個人の小切手口座と同じだった。

ウォール街の大物の標準から見て、パートナーは大体において金遣いの荒い方ではないし、これみよがしの派手な振るまいには顔をしかめた。そのなかでは使いっぷりがいいホーキンスは、サラトガ近郊の馬場にサラブレッドを何頭か預けていて、その近くに別荘を構え、派手な装飾を施した飛行機で乗りつけるのを、いつも冷やかされていた。そのホーキンスが社用ジェット機を買おうと言い出したときにも、誰もとりあわなかった。とはいえ、各人それなりの楽しみがある。ＪＭには馬があり、三つの一流ゴルフクラブ――ニューヨーク州のウィングド・フットとシネコック、カリフォルニアのサイプレス・ポイント――の会員で、そのうえにウォータービルの共同経営者だった（注11）。高級車を好み、フェラーリ・テスタロッサも愛車の一台だ。ローゼンフェルドは、ウェストチェスターの河べりに広々とした邸宅を構え、ワイン愛好の趣味をこころゆくまで満足させていた。年代もののワインのことならなんでも鮮やかに記憶していて、一万本を収納できるワインセラーに、フランスから取り寄せた銘柄を並べる。穏やかな物腰に華を添えるように、この元大学教授は、誰かを訪ねるときには必ずといっていいほど、愛蔵のクロ・ド・ヴージュか何か、選りすぐりのブルゴーニュ・ワインを抱えていった。ヒリブランドの場合、金を得てますます殻に閉じこもる。グレニッチにある緑深いプライベート・コミュニティに十五エーカーの地所を二百十万ドルで購入し、さらに四百万ドルを投じて、三万平方フィートに及ぶ贅を凝らした邸宅を建設中だった（注12）。しかしこうした道楽にふけっても、パートナーの預金残高はへこみもくぼみもしない。金儲けは、彼らの生活の中心だったかもしれないが、世によくある例の通り、その金額はまともな生活で使い切れる水準をはるかに超えてしまっている。稼ぎは一種のスコア・

カードとなり、他の追随を許さぬトレーディング能力のあかしとなった。マートンとショールズにとっては、学界での成功を実践の場で証明した格好だ。

利益の配分を巡って、いさかいが絶えなかった。ソロモン・ブラザーズ時代と同じで、報酬という天然の芝には内部の対立がおのずと顔をのぞかせる。スティームボート・ロードのくだけた雰囲気はうわべだけだった。ひと皮むけば緊張が張りつめていて、管理、配分、ポートフォリオの大幅組み替えなどという問題が発生するたび、表に噴き出す。可燃性のショールズは、階段を一歩でもよじ登ろうと必死で、マリンズとの間がささくれだっていた。どちらの学者も相手より自分の方が賢いと思っている。暢気な南部人ホーキンスは、秘密主義で我を通すヒリブランドを心底嫌っていた。こまごました会社運営を仕切っていたローゼンフェルドすら、メリウェザーから微妙な圧力をかけられる。「エリックも何か、金儲けの道を見つけてくれないと」所帯を切り回すだけでは足りないといわんばかりに、ちくりちくり苦情を言われた。

アービトラージャーたちは、収益に直結しない貢献には価値を認めようとしなかった。どこまでも金額だけが勘定される。おそらくこれも、必要がまるでなくなってなお、個人資産を目いっぱい増やそうと血道をあげた理由のひとつだろう。パートナーたちはショールズの設計したワラントを、あくまであきらめなかった。主眼は個人資産にレバレッジをきかせて膨らませることにある。彼らはこのワラントにとり憑かれた。

メリル、ベア、チェースに攻め込んだのとそっくり同じ手口で、パートナーはUBSにワラントを売り込み始めた。UBSとは、妙な選択だった。ロングタームはそれまでに二度も、UBSに肘鉄を食わされている。一度は一九九四年、運用開始を間近に控えていた頃、ファンドへの投資を断られた。その後しばらくして、ＪＭとハガニがもう一度訪ねていって、今度は債券トレーディングとスワップのカウンターパーティに加えようと試みる。しかし、ＵＢＳはこうした取引でのレバレッジを危ぶんで、またしても断った。

にもかかわらずロングタームは、チューリヒに本社を構えるこの銀行に攻勢をかけ続けた。しかも、ＵＢＳ内部には心強い仲間がいた。ソロモン出身で、ブルックリン育ちのセールスマン、ロン・タンネンバウムだ。愛想がよく、身なりをかまわないこの男は、ヒリブランドより一年遅れてソロモンのニューヨーク本社に入社した。のちに東京に移り、アービトラージ・グループの東京代理店もどきの役割を務める。その後ロンドンに移って、ここではメリウェザーと何度となく顔を合わせた。少なくとも初めのうち、ＪＭに気圧されていたし、そのトレーダー軍団をおそらくは畏敬の目で見ていた。しかし月日がたつうちに、グループの友人となり、筋金入りの崇拝者となった。

ＵＢＳで、タンネンバウムはヘッジファンドを担当していた。上司の袖をとらえて、グレニッチの連中にチャンスを与えてやって下さいと繰り返しせがんだ。ＵＢＳ自体、変革のさなかにあった。長くスイス銀行界に君臨していたＵＢＳは、伝統にしばられたかの国の銀行エスタブリッシュメントのいわば縮図だった。スイス文化に首まで浸かり、ＭＩＴならぬ国民軍から、小鬼と揶揄される人材を募り、誰でもバイス・プレジデントまで昇進すると、つややかな三種類の木材、マホガニー、ウォルナット、パインの中から、どれでオフィスの壁を張りましょうかと聞かれる（注13）。満悦しきった銀行はある日、世界の金融界がもはやそういう優雅なアルペン・ペースで回っているわけではないことを発見して、いたく驚いた。さらに、ずっと早くから近代化に取り組み、特にデリバティブに力を入れていたライバルのスイス銀行に追い抜かれたことを悟り、愕然とする。一九九〇年代半ば、ＵＢＳは反撃に転じ、野心満々のトレーダーを大量に雇い入れた。スイス銀行界の颯爽たるプリンス、マティス・カビアラベッタがCEOの座に就き、腰に銃でも提げれば似合いそうなトレーダーどもに自由裁量権を与え、ともかく首位の座を奪回せよと号令を発する。そういう空模様のもと、一九九五年九月、タンネンバウムは取締役会を説き伏せ、ロングタームをカウンターパーティとして承認させた。UBSはさらに、マレーシア生まれでメリル出身のトレーダー、T・J・リムを雇い入れ、進軍らっぱを吹き鳴らして、デリバティブ事業を盛り上げる。こういうわけで一九九六年、ロングタームがアルプス攻略の足がかりをつけるお膳立てがようやく整った。

あれよという間に、ロングタームはUBS最大の取引相手となり、初年度に千五百万ドルの純益をもたらす(注14)。だが例によってマージンは薄く、たいてい〇・五パーセント程度だった。この中の日本株に絡んだある取引では、ロングタームはマージンを二一・五ベーシス・ポイントにまで刈り込んでいた。一パーセントの四分の一に届かない水準だ。UBSの株式デリバティブを統括する自由奔放なラミー・ゴールドスタインは、この薄っぺらなマージンに口をとがらせた。「ロニー、彼らは客じゃない、商売敵だ!」銀髪で、イスラエル軍落下傘部隊出身、イエール大博士課程修了という経歴を持つゴールドスタインは、タンネンバウムに向かって叫んだ。「これじゃ、大損だよ。LTCMとの取引はもう勘弁してくれ!」

しかし、UBSのLTCM取引は始まったばかりだった。行内のたがが、しだいしだいに緩んでいき、一発狙いの大振りが目立ち始める。実際、カウボーイよろしく冒険に焦がれるカリスマ的なヘッド、ゴールドスタインに率いられ、ハイリスクなストック・オプション取引を次々に手がけていた。その間、タンネンバウムはロングタームとの関係を進めて、もっと利ざやの厚い商品を扱おうと考える。

UBSは税金関連のアドバイスをロングタームに提供するサービスを始め、ここでタンネンバウムは、ソロモン時代の旧友に再会した。マイロン・ショールズだ。

ロングタームが派手に稼いでいるのを見て、UBSは投資しておけばよかったと臍《ほぞ》を噛んでいた。「これまでに犯した最大の失敗だ」債券・外為・デリバティブ部門の責任者で、先にロングタームに肘鉄を食わせたハンス・ピーター・バウアーはうめいた。ロングタームは新規募集を中断していて、受付窓口は閉ざされたように見える。現に、スイスの富豪の中には、一〇パーセントのプレミアムを支払って既存の投資家から権利を買い取っている者もいた。一九九六年七月、バウアーはタンネンバウムがグレニッチと親しいことを知り、このセールスマンをつかまえて、UBSの投資を受け入れてくれる気がないかどうか、友人たちに尋ねてみてくれと頼んだ。

ロングタームは俄然UBSに興味の目を向け、この熱心なセールスマンめがけて、魔法の力を発揮し始める。まず新規募集中断の看板をとりさげ、タンネンバウム個人に、ファンドの小口のひと口を差し出した。ただ、これを受け入れることはUBSが認めなかった。この頃ロングタームは、分離ファンド――LTCM－Xと呼ばれた――を立ち上げる計画を練っていた。特にハイリスクな取引を手がけ、中南米に焦点を当てるのが狙いだ。鬱憤を溜めこんでいたショールズは、このLTCM－Xを利用して、しだいに鼻についてきたヒリブランドの支配を逃れられると見ていた。ロングタームはLTCM－X設立を前提に、JPモルガン副会長ロベルト・メンドーザにパートナーシップへの参加を打診している。メンドーザはハーバード卒で、父親はキューバの駐英大使だった。こうしたプランを頭の中で捏《こ》ね回しつつ、ショールズはタンネンバウムの鼻先に、将来LTCM－Xに引き抜く見通しをちらつかせた。おそらくは、その雇い主を意識した売り込み策のひとつなのだろう。そして十月、ショールズはとっておきの人参をとりだして、UBSの大口投資を受け入れる用意がある旨を告げた。ただしUBS側が、ロングタームのパートナーたちを相手に、ファンドを原資産とするワラント契約を結ぶことが条件だった。

一九九六年秋、カビアラベッタ会長とゴールドスタインが、グレニッチを訪れた。この頃にはUBSのお偉方も、ロングタームとの関係を磐石にしたいと熱望するようになっていたが、一方で、タンネンバウムと取引先との仲がいささか親密に過ぎるのではないかと不安を覚え始めていた。「ロニーはこっちの人間なんでしょうか、それとも、そっちの人間なんでしょうか?」そのうちのひとりが言った。JMは相手の懸念をひと言でかたづけた。「ロンはいい人間ですよ」

パートナーたちはカビアラベッタを、長く音信不通だった従兄弟を迎えるごとく迎えた。ほぼ全員が会議室に顔を並べている。いないのはハーバードにいるマートンと、せっかくロンドンから来ていたのに、緊急事態らしくJMのオフィスを出たり入ったりしているハガニだけだった。カビアラベッタが欧州通貨統合の見通しについて尋ねると、JMはマリンズを促して、ひとくさり講義させた。これはスイス人に感銘を与えた。ロングタームのほかに、中央銀行の大物を抱えている投資会社などどこにもない。ここではワラントの話はほとんど出なかったが、タンネンバウムは十一月いっぱいかかって提案書を書きあげ、上司に提出した。大筋はブラック=ショールズ・モデルの受け売りだ。いわく、オプション価格の計算式で、いちばん大事な要因は変動性である。そしてロングタームの成績は、異例に安定的だ。実際、一九九六年はこれまで以上に安定推移している。したがって、ブラック=ショールズ理論を信じるトレーダーであれば、このファンドを原資産とするコール・オプションなら、比較的低いプレミアムでも売るだろう。ショールズはフェアプレー精神にのっとって、やや高めのプレミアムを提示している。つまり、ロングタームの成績が今後とも安定推移するという前提に基づけば、UBSはたちまち二千五百万ドルの収益を計上できる。ゴールドスタインはあんぐりと口をあけた。「ロニー、その何倍も損をする可能性だってあるんだぞ！」この取引は、ブラック＝ショールズ理論のアキレス腱を支柱にしていた。変動性は一定であるという前提だ。ロングタームがワラントの有効期間である七年間に跳ねたり沈んだりすれば、UBSは巨額の損失を被ることになりかねない。

タンネンバウムは達者なセールス・レポートを書いた。ワラントの利点を、主に取引関係の観点からとらえ、ロングタームと親密になればこうなる、取引のフローが見えればああなる、といった具合にメリットを数えあげた。「LTCM幹部の力添えがあれば、われわれのポートフォリオ管理、リスク管理、資本のダイナミック・アロケーションなどのノウハウ習得に弾みがつくでしょう」とも述べている。本気だったとすれば、ウォール街でそう信じているたったひとりの生き残りだ。だが当時、タンネンバウムはかれこれ十年来、ロングタームのチームの一員に加わる夢を抱いていた。〝業界最強の頭脳〟ヒリブランドといっしょに過ごした駆け出し時代を相変わらず懐しんでいた。もちろん、タンネンバウムは一介のセールスマンに過ぎず、大きな取引を承認する権限など持っていない。しかし年末近くになると、契約は何ひとつ交わされてはいないものの、ショールズのワラントの話がUBSの上級トレーダーやマネジャーに持ちかけられるようになった。

ロングタームは一九九六年、五七パーセントのリターンを達成した（パートナーの手数料徴収後で四一パーセント）。日本の転換社債、ジャンク債、金利スワップ、そして――またしても――イタリア債でのレバレッジをきかせたスプレッド取引のおかげだ。また、フランス債の価格がドイツ債を上回るようになった（つまり、フランスのインフレ・リスクがなぜかドイツより低いことを意味する）とき、パートナーは目ざとく、ドイツ債が持ち直す方向に賭けて成功した。一九九六年の総収益は二十一億ドルという驚異的な数値となる（注15）。もっと広い視野に立ってこの数値を眺めてみると、これはつまり、ひと握りのトレーダー、アナリスト、調査部員で構成され、一般的には無名で、限られた人種にしか理解できない難渋極まりない業務に従事する集団の一年間の収益が、マクドナルドが世界中でハンバーガーを売って稼いだそれを上回ったことを意味し、メリルリンチ、ディズニー、ゼロックス、アメリカン・エキスプレス、シアーズ、ナイキ、ルーセント、ジレットなどなど、米国で最も経営が確かな企業、最も有名なブランドの収益を上回ったことを意味する。

彼らはそれを、驚くばかりに安定的にやってのけた。一九九六年の一年間に、一パーセント以上の損失を出した月はただの一度もない（注16）。ヒリブランドや、ハガニや、ホーキンスにとって、この結果は分散投資の有効性をじゅうぶん証明するものに思えた。ファンドを構成する諸々の取引は、交響曲さながら完璧に調和するようブレンドされている。マートンのモデルの言う、独立したさいころやランダムなカードが生み出すのと同じ調和である（注17）。「リスク（ボラティリティと置き換えてもいい）を高めようとしても高くならない」彼らは自分たちが信条に感じ入った体で、友人に語った。「分散投資の効果を目の当たりにしている」

メリウェザーはというと、他のパートナーより浮き沈みを経験してきただけに、慎重だった。年末にロンドンで開かれたある昼食会の席で、ソロモン・ブラザーズで部下だったトレーダー、コスタス・カプラニスから、過去三年間のロングタームの業績に賛辞を贈られたが、素直に喜ぼうとはしなかった。控えめに、少なくとも六年間の成績を見なければ、ロングタームの手法は成功だったと断言するわけにはいかないという。おそらく、なんらかの幸運に恵まれてきたことを自覚していたのだろう。なぜかいつまでも晴天が続いているときの心持ちだ。時化《しけ》に備えてハッチを閉めるように、ロングタームは投資家——今や百人前後に増えている——に、先々、資金引き揚げを認める日が重ならないよう調整したいとして同意を求めた。同意しない場合、その場で資金引き揚げが認められる（引き揚げた投資家はひとりもいない）。これで、投資家が大挙して資金引き揚げに押し寄せた場合に、ロングタームを守るクッションが一枚厚くなった。

じつはこの頃、アービトラージ市場にはライバル銀行や競合ファンドを通じて資金が流れ込んでいた。ＪＭが浮かぬ顔になる理由のひとつだろう。新たな資金流入で、スプレッドがますますきつくなっている。事実、これはこの頃のロングタームの好成績の一因だ。しかし、スプレッドが締まれば、今後は投資機会を見つけるのがこれまで以上にむずかしくなる。

この年の決算の直前、投資家向けレターを書いているときのＪＭは、さながら慎重さの権化と化していた。ロングタームの好成績の理由を「重要な戦略の多くで収斂幅が予想以上に大きくなった」ためだと述べている。結果として「一九九六年のネットのリターンは、これまでのところ、管理会社が年初に予想した水準を大幅に上回っています」

幸先のいい話ではない。既存取引のスプレッドがすでに縮み始めている以上、残された収斂の余地は少なくなっている。しかも、投資機会が次々と見つかるわけではなく、自己資本の拡大ペースに追いつかなくなってきていた。あくまで控えめに、ＪＭは、ロケットはいずれ地に落ちると、予言に近いことまで述べている。「現在の私どもの考えでは、当然ながら曖昧なものですが、一九九七年のネット・リターンはおそらく一九九六年をかなり下回ると予想しています。ただし実際の成績は、私どもの予想を大幅に上回る、あるいは下回ることがあり、損失が発生することもありえます」（注18）。

第6章 ノーベル賞

「サイエンスを装ってはいるが、経済学はいまだに、サイエンスよりアートの側面が大きい」（ロバート・カットナー）

ロングタームが認めようが認めまいが、債券アービトラージの秘密はもう秘密でもなんでもなかった。一九九〇年代も後半になるとウォール街の投資銀行は、ほとんど例外なく、大なり小なり、ゲームに参加していた。大半は独立したアービトラージ部門を設けていて、専任のトレーダーが、どんな小さな機会も見逃すまいと、市場の隅々まで目を光らせた。グレニッチから漂ってくる魔法のような利益の匂いに誘われて、ロングタームと同じ五セント玉に手を伸ばす。結果として、必然的に、彼らを惹きつけたまさにそのスプレッドが擦り減っていく。自由市場はじつにこうして成功者を罰するのだ。ロングタームの後ろに模倣者の群れがつきまとうのは今に始まったことではないが、その列が、かつてない勢いで延びていた。スプレッドが開いたと見るや、それっとばかりに、ライバル行のトレーダーが寄ってたかってふさいでしまう。「どいつもこいつもぼくたちを追いかけてきて」ローゼンフェルドはこぼした。「機会を見つけて、ひと口かじれば、スプレッドはもう消え失せている」（注1）。

例によってメリウェザーは、みんなの尻を叩いて新天地の開拓に向かわせようとした。ソロモン時代でさえ、軍団はいつも陣地を広げようと努めてきた。スワップ・スプレッドからモーゲージ担保証券に進出したときも、ジャンク債や欧州債に手を広げたときも、そうではなかったか？　あとから顧みれば、進出といってもささやかな一歩に過ぎず、大胆な新地開拓などというものではない。だが、その経験に照らすと——少なくともパートナーたちから見れば——、なじみのない分野に成功を持ち込もうとするのは危険だというビジネス界の箴言《しんげん》は、説得力を持たなかった。モデルを信じている彼らは、未踏の地に降り立って、ためらいもなくコンピューターを再起動させた。

一九九七年に入ると、ハイリスク投資に特化する分離会社、LTCM－X設立の構想はしぼんでいた（モルガン幹部のメンドーザはロングタームのパートナーシップへの参加を断った）。代わりにパートナーたちは、マザーファンドを多角化しようとあの手この手を繰り出し、私募債にまで手を出した。ロングタームに言わせれば、証券ビジネスの困ったところは、本質的に開放されている点にあった。誰にでも買えるし、他人の手口をまねることもできる。パートナーの好む隠密スタイルは、市場のきびしい民主主義とは相容れなかった。彼らはしだいに、もっと流動性が低い資産を、もっと長期的に保有して、いまいましい人まね猿どもの手の届かないところで投資するという考えに傾いていった。

マートンはイタリアのラボロ銀行（BNL）と合弁会社を設立しようとしていた。BNLにはかなりの規模の資産運用基盤があり、これと組んで個人投資家にミューチュアル・ファンドを販売するのが目的だ。BNLの組織力にロングタームの学術的な毛並みの良さを噛み合わせて、町の旦那《シニョール》たちに小売りするつもりだった。完全市場を頭から信じているマートンは、一般向け〝最適ポートフォリオ〟の概念を売り込んだ。ロングタームの常勤となっていたイタリア人ジョバンニーニが代理人として調整にあたり、ジェノッティがローマに派遣されて、仮住まいを定めたうえでBNLと詳細を詰めた。一方では、JPモルガンがロングタームにもう一段の多角化を促していた。モルガン経営陣の考えでは、ロングタームのパートナーはその知力にも〝レバレッジ〟をかける――つまり、その頭脳と手法とをてこに、ヘッジファンドの事業範囲を超えた分野に進出する――べきだった。パートナーたちはひそかに、保険会社設立の可能性を探り始める。

そういう大がかりな計画がゆっくりと進んでいく一方、焦眉の問題として、資産を〝どこかに〟投資しなければという圧力があった。一九九七年、ロングタームの自己資本は五十億ドルを超えている。輝かしいリターンを維持したければ、資金を運用するしかない。しかし、コンピューターは投資機会を探しあぐねていた。今回、ロングタームが押し入った先は、商業用モーゲージ担保証券――おなじみの住宅ローンを裏付けとするIO債やPO債とはまったく別――、一般にCMBSと呼ばれる証券だ。ロングタームの食欲はあきれるばかりで、CMBSの年間発行額はたちまち三百億ドルから六百億ドルへと膨れ上がった。ヒリブランドは、商業用不動産のエキスパートを装おうとはもとより努めなかった。ロングタームの資金調達力が物を言うと的確に読んでいたからだ。「彼らはリスクをほとんどとることなく、キャリー（スプレッド）を稼いでいました」あるモーゲージ・バンカーは当時を振り返って言う。「スプレッドは薄いのですが、ロングタームならとんでもないレバレッジをかけられましたから」これがロングタームの基本スタイルだった。同じクッキーの抜き型を、持ち込める限りどこにでも持ち込むつもりだ。

しかし商業用モーゲージは、さほど大きな市場ではない。そこで、株式が――現物の株が――はるかに巨大でいっそう輝かしいフロンティアとして浮かび上がってきた。人影まばらなフロンティアだ。ふつう、ロングタームのような数学的な思考回路を持つトレーダーは、株には本能的に手を出さない。債券の価格評価は、つまるところ数学に集約されるが、株価の評価はそれよりはるかに主観的だ。ウォール街も学界もこれまでに、いくつもの株価予想モデルを開発してきた。だが、いくら深遠な理論に従って、いくら厳密に設計しても、ものの役には立たなかった。株価は短期的には、感情に流されやすいトレーダーの気紛れに左右される。長期的には業績に従って推移するが、この業績というのがまた、当てにならないことはなはだしく、予想しにくいことは、誰もが苦い思い出とともに認めている。株価評価には——単なる計算だけでなく——判断が求められ、これだけは、どんなコンピューターも習い覚えるわけにいかない。経済学者のバートン・マルキールはかつてこう言った。「全能の神といえども、普通株の適正収益率はご存じない」(注2)。しかしロングターム・キャピタルは、ご存知だった——少なくとも、そのモデルを株式にも持ち込めると、恐れを知らず考えた。

ハガニは以前から株を追いかけており、特に欧州株に注目していた。その結果、ある程度の定量分析スキルがあって、しかも——ここが重要だ——詳しい個別銘柄の分析に煩わされなくてすむ会社にとっては、肥沃な畑だと見ていた。ローゼンフェルドもソロモン時代からずっと株式アービトラージを視野に入れている。株式アービトラージの魅力のひとつは、債券アービトラージと相関性がない（ローゼンフェルドの考えでは）点にあった。ローゼンフェルドはマートンの永遠の弟子として、投資にはランダムなさいころを求めており、株式市場のスプレッドとモーゲージ証券市場のスプレッドと欧州債市場のスプレッドが、同時に拡大するような事態は予想しにくいと考えていた(注3)。株式はまったく別世界に見えた。言うまでもなく、これはささやかな事業拡大どころか、かなり思いきった、危ない綱渡りである。

ハガニは、いわゆるペア株に調査の的を絞った。欧州株には二重に上場している銘柄がいくつかある。例えばフォルクスワーゲンは、普通株のほかに優先的な議決権を与えた〝優先株〟を上場している。BMWもそうだ。このほか、資産が関連し合う（ただし重ならない）銘柄のペアもいくつかあった。イタリアの電話会社テレコム・イタリアと、その子会社テレコム・イタリア・モービルなどがそうで、ルイ・ヴィトンとディオールもそうだ。理由はさまざまだが、ペア株は一方が他方より割安な価格で取引されているケースが多い。ハガニはここにアービトラージの可能性を見た。ロングタームでは、デビッド・モデストという、これもMIT卒のエコノミストが株式取引をモデリングしていた。しかし仕切っていたのはハガニだ。「モデストはハガニの指示に従っていました」元社員のひとりは言う。「ハガニが『これを空売り』というと、モデストが実際にどう空売りするか工夫するわけです」

ペア株は完全なアービトラージではない。双方が完全な等価になっていないからだ。フォルクスワーゲンの優先株は、普通株に対して割高になるだけの〝価値〟がある。ドイツなど欧州諸国の企業経営陣は、米国と違って、株主をすべて公平に扱う責務があるとは考えていないだけに、なおさらそう言える。どの程度まで割高になれば〝適正〟かは、誰にも分からないが、フォルクスワーゲンのように、四〇パーセント割高というのは行き過ぎだろう。ところが、この種のスプレッドはときに持続し、一段と広がることさえある――モデルなどくそ食らえ、だ。この不確実性を踏まえて、ふつうの投資家はペア株取引はそこそこに抑えている。ところが、はちきれんばかりの金庫を抱えたロングタームは、独自のバランス感覚を育て始めていた。レストランのレジで百ドル札を渡して、釣りはいいよと言い慣れている男と同じで、節度という習慣を、どこかに置き忘れてしまった。

ハガニとモデストはペア株を十五組拾い出し、ハガニはこれに、唖然とするほどの規模で賭けた。お気に入りは英国とオランダの巨大石油コンソーシアム、ロイヤル・ダッチ・シェル。オランダのロイヤル・ダッチ・ペトロリアムと、英国のシェル・トランスポートという上場会社二社が株主だ。ロイヤル・ダッチもシェルも同じ収入源——つまりロイヤル・ダッチ・シェルの配当——から収入を得ているが、英国の方は、オランダの従兄弟より常に八パーセントばかり割安で取引されてきた。株を保有する投資家はまるで別のグループで、ふつうはロイヤル・ダッチの方が流動性が高い。とはいえ、この格差を納得のいくよう説明できる理由はどこにもなかった。欧州市場統合が近づくにつれ、国による区別はしだいに意味を失うとハガニは見ており、ロイヤル・ダッチとシェルのスプレッドも縮小すると読んだ。これは、一般的な見方だった。

それでもハガニのポジションの大きさは、あきれるばかりだ。ロングタームはこの取引に二十三億ドル——半分はシェルのロング・ポジション、残り半分はロイヤル・ダッチのショート・ポジション——を賭けた。当然ながら、スプレッドが縮小する保証など、どこにもない。実質的に、ここまでポジションが大きくなると流動性はないといっていい。

ふつうはそう思われていないが、流動性が低いからといって、何も不都合はない。不都合があるとすれば、急いで売る必要に迫られる可能性が生じるときだけだ。目いっぱいレバレッジをかけているロングタームは、後者にぴったり当てはまる。これまで見てきた通り、レバレッジをかけた投資家の損失はすさまじいスピードで膨張するからだ。何度となく証明されてきたこの真理を顧みようとせず、ハガニは借りてきた資金で、とてつもない規模の取引を結んだ。この年に亡くなる父親の容態が悪くて心労が重なっていたし、債券アービトラージの見通しが翳《かげ》ってきたことで圧迫も感じていた。それにしても、ロイヤル・ダッチ・シェル取引の大きさを説明しようと思えば、何が起こっても自分は沈まないと自分で確信し始めたからと、認めるよりほかないだろう。「ばかばかしいほどの大きさだった」ウォール街のある銀行幹部は言う。ゴールドマン・サックスも同じ取引を手がけていた。我ながらうまい取引だと見ていた。それでもロングタームの取引は、ゴールドマンの十倍に達している。

大西洋をはさんで米国側では、ヒリブランドがやはり熱心に株を調べていた。ロングタームは一九九五年から、M&Aアービトラージに手を染めている。これは〝リスク・アービトラージ〟とも呼ばれ、発表ずみのM&Aが実際に成立することに賭ける取引だ。例えば一九九五年、ウエスティングハウスがCBS買収で合意に達したとき、CBSの株価は一気に二〇パーセント上昇して七十八ドルになった。それでも買収価格の一株八十二ドルまでにはまだ幅がある。したがって、買収発表後にCBS株を買った投資家は、あと五パーセントの値上がり益が見込める――ただし、買収が実現すれば、である。言うまでもなく、合併計画が流れれば、CBS株は二〇パーセントの上昇分をそっくり市場に返上する次第になるだろう。合併計画が流れることは、めずらしくない。

合併計画はじつにさまざまな理由から頓挫するものであり、M&Aアービトラージャーたるもの、抜け目のない万能選手でなければ務まらない――当事者の企業、業界、資金調達、反トラスト法などの規制、市場全般の状態、すべてに通じていなくてはならない。幅広い経験を要求されるので、少数のスペシャリストが、M&Aだけを専門に手がけている。なかでも一流になると、選別の目がきわめてきびしい。絶対確実なひと握りの案件を見極める目があってこそ、プロと呼ばれる。ロングタームのやり方は、百八十度違っていた。教授連中に個別銘柄を評価する知識経験があるはずもなく――それどころか、将来の株価はランダムに動くとの前提に立っている――勝ち組を拾おうとはもとより努めなかった。ただ陳列棚からそっくり、つまり、まずまず安全と見られる合併銘柄を、ほとんどかたっぱしから買っていった。

リスク・アービトラージのスペシャリストを雇う案もあったが、見送られた。そうこうするうちにも、ヒリブランドは次から次へと合併銘柄を買いまくる。しかも自信を持ってかなりの金額を投じるので、かたわらでは何人かのパートナーが、しだいに不安を募らせていった。ショールズとマートンのふたりも、M&Aアービトラージは——そうした規模で扱うならなおさら——リスクが高すぎると主張した。理由は単純明快で、なにしろロングタームはその道で何の知識も経験も持っていない。債券の世界なら、メリウェザーとトレーダーが裏も表も知り尽くしている。だが買収合併となると、JMには何の強みもないどころか、ロングタームのライバル会社の方がよほど優位に立っていた。

ロングターム社内で、M&Aアービトラージをめぐって喧々囂々《けんけんごうごう》、議論が戦わされた。メリウェザーの仕切り方は大学のセミナー方式とでもいおうか、どんな意見にも耳を傾ける。ある意味で、これが間違いだった。JMはいつも、はっきりした態度をとらなかった。何年もいっしょにいて豊かな成果をあげてきただけに、ふたりの〝恐るべき子ども《アンファン・テリブル》〟、ヒリブランドとハガニの意見を退けたがらない節があった。個人的な義理人情が、ポートフォリオ考察に絡みついている。リスク・マネジャーとして、深刻な欠陥だ。

「いっしょにやってきたなかで、あれほど意見の分かれた取引はちょっとありません」エリック・ローゼンフェルドは認める。「リスク・アービトラージには手を出すべきでないという意見がかなりありました。この取引は情報に左右される部分が大きく、それはぼくたちの投資のスタイルではなかったからです」(注4)。

社内で人望が厚いローゼンフェルドが反対していれば、おそらく、みんな耳を貸していただろう（特にメリウェザーは何か決断を下すとき、必ずといっていいほどこの腹心の部下の意見を求めた)。ところがローゼンフェルドもやはりヒリブランドとハガニ寄りに傾きがちで、とうとう、ほかも同意した。

アービトラージのベテラン・トレーダーはすぐに感づいた。誰か新顔が参入したこと、その誰かは、かなり大型で、何にでも手を出す――つまり、ローゼンフェルドの言い回しを借りれば、〝情報に左右されない〟――こと。ロングタームがまとまった買いを入れたおかげで、合併銘柄はおしなべて値を上げ、スプレッドは利益の出ない水準にまで縮んだ。いつも通り、ロングタームは格別薄いスプレッドで満足している。レバレッジでリターンを何倍にも膨らませるつもりだからだ。それにしても、ロングタームの大胆さには驚かされる。まるで鼻歌まじりで、ウォール街の一隅に――百戦錬磨のベテランたちが何年も働いてきた市場に――ぶらりと現れ、商売の原則を一夜にして書き換えてしまう。ロングタームは、行く先々でルールを宣言するゴリラだった。

ヒリブランド、JM、マリンズの三人は、有名なリスク・アービトラージャー、ダニエル・ティッシュとディナーをともにしたことがある。投資家のラリー・ティッシュの息子であるダニエルの受けた印象では、ロングタームは数学という観点でしか取引をとらえていなかった。ヒリブランドなど、金融のどの問題を論じるにしても、切り口はいつもスプレッドだった。リスク・アービトラージのスプレッドはだいたい四パーセントから一〇パーセントと、債券のそれより大幅に厚い。「われわれの取引は彼らの取引の隣に並べると、かなり魅力的に見えるようです。債券で稼げるのは数ベーシス・ポイントですから」ティッシュは語る。「ひとつだけやっかいなのは、国債なら間違ってもスプレッドのずれは〇・五ポイント程度でしょうけど、リスク・アービトラージで間違えば、ポジションの半分を失いかねません」要するに、M&Aアービトラージのスプレッドがなぜ債券を大幅に上回るかというと、損をするときの規模もずっと大きいからだ。ティッシュの得た感じでは、ロングタームは自分が何をしているか分かっていなかった。経験がないうえに、レバレッジが高い――へたをすれば火薬にマッチとなりかねない組み合わせだ。ロングタームの投資家のひとりで、シェーカーハイツに本拠を構えるテレンス・サリバンは、ロングタームがリスク・アービトラージに手を出したと噂に聞き、そういう見当違いのところまで迷い出たかと、ショックを受けた。

ＣＢＳを別にして、ロングタームがとった最大のポジションは、ＭＣＩコミュニケーションズだ。一九九六年、ブリティッシュ・テレコミュニケーションズに吸収されることで合意が成立していた。ＣＢＳもＭＣＩも、やっかいな規制上の障害をかたづけなくてはならず、いずれも予想以上に手間取っていた。ＣＢＳ株では、買収価格にあと六十二セントまで迫った頃にも、ロングタームは貪欲に買いを入れていた。この取引でのレバレッジは二十倍――合併の事情について、何か特別な情報をつかんでいるわけではない。「ブルドーザーの目の前で五セント玉を拾っている」親しいファンド・マネジャーが、どちらかがつぶれるリスクを匂わせて、ローゼンフェルドに忠告した。最終的にＣＢＳ合併は実現にこぎつけ、結果として、ロングタームはますます大胆になり、同類の取引を増やしていった。その後、三十件の取引を抱えるようになる。

❁

ロングタームはどうやって、それだけの株を買う資金を借り出せたのか、読者が不思議に思われたとしても無理はない。連邦準備制度理事会（ＦＲＢ）は、「レギュレーションＴ」と呼ばれる規定のもと、ブローカーによる信用取引貸付、いわゆる信用買いに制限を設けている。過去二十五年間、ＦＲＢ

は信用買いの上限を投資総額の五〇パーセントに制限してきた。

ロングタームは株を買うとき、当然レギュレーションTの制約を受ける。ところがロングタームは、株式ポジションの大部分を現物の株を買うことなく構築していた。現物ではなく、株価の動きと連動するデリバティブ取引を利用していたからだ。例を挙げて説明すると、期間を三年としてCBS株一億ドルのリターンをとりたいと考えた場合、どこでもいいのだが、例えばスイス銀行との間に〝スワップ〟契約を結ぶ。ロングタームは、元本を一億ドルとして、一年ごとに固定金利を支払う約束をする。一方、スイス銀行はロングタームに、実際にCBS株を購入していたら得ていたはずの利益を支払う約束をする（株価が下がれば、ロングタームがスイス銀行に支払う）。おそらく、スイス銀行は現物の株を買ってリスクをヘッジする。だが、それはロングタームの知ったことではない。

JMとロングタームにとって大事なのは、現金を一セントたりとも使うことなく、しかも通常の開示義務をかいくぐって、CBSに莫大な規模で投資できる点だった。レギュレーションTが効いていても、完全に合法的な取引である。FRBは結局、株を購入するための貸付を制限しているに過ぎない。ロングタームは何も購入はしていない。株価の方向と連動させた契約を交わした結果が、株購入と同じ効果を生んでいるだけなのだ。

ウォール街がレギュレーションTを迂回する目的で株式スワップを利用するようになったのは十年ばかり前だが、ここ数年、急激に規模が大きくなっていた。銀行側も信用買い規制を迂回する片棒担ぎを、しだいに嫌がるようになっている。デリバティブが始まった当初はこうではなかった。実際、いたって無害な前提で成り立っていた。一九七〇年代後半から八〇年代前半、投資銀行は単純な協定——契約でもデリバティブでも、呼び方はお好みしだい——を結ぶことで、実際に資産を売り買いするより効果的にリスクを移転できると考え始めた。例えば、デリバティブが登場する以前、住宅ローンを組む家計の大半は固定金利を押しつけられていた。さいころを振る用意のある（金利の先行きを予想して多少のリスクを取る用意がある）借り手であっても、見通しに基づいて借り入れる方法は事実上なかった。銀行は誰にでも、同じ型通りの固定金利ローンを提供した。もっともといえばもっともで、銀行も同様に固定金利で借り入れていたのだ。しかし、ここでデリバティブを使えば（マートンのお気に入りの例だ）銀行は、固定金利ローンを変動金利に転換することができる。考え方のミソは、どの借り手にもそれぞれ、逆の需要を抱えている相手が常にいる点にある。例えば、毎年一定の金額の借入を向こう数年にわたって計画している会社なら、利息を確定するために、固定金利が選べればそちらを選ぶだろう。ここで、固定金利ローンを抱える家計と、借入コストの変動に悩む会社が、ローンをスワップする！　こんなことができるのは、デリバティブのおかげである（もちろん、双方が話し合ってそうするわけではなく、銀行が間で仲介している）。

近代的スワップが初めて設計されたのは、一九八一年のことだ。当時ＩＢＭは、スイスフラン建てとドイツマルク建ての既発債を抱えており、これをドル建てに転換したいと考えていた。イエール大で博士号を取得したあと、ソロモンに入社して間もないデビッド・スウェンセンは、発行市場を探せば、ＩＢＭ債と同じ条件で、ただし通貨だけドル建てとして、起債してもいいという発行体がどこかにいると考えた。真っ先に候補にあがったのが世界銀行だ。世銀には債券の発行通貨を多様化する意欲がある。起債の誘因として、ソロモンは市場金利をやや下回る利率を提示した。そして双方が借入を交換――ＩＢＭは借入をドル建てに転換でき、世銀は借入通貨を多様化できた。パンパカパーン！　スワップの世界の誕生だ。

市場は育った——最初はゆっくりと、のちに幾何級数的に。じきに銀行は、発行通貨をはじめ利払いや株式など、将来のキャッシュフローが交換可能ならどんなものでもスワップするようになった。一九九〇年、金利スワップ残高は二兆ドル相当に達する（スワップはデリバティブの一形態に過ぎない）。一九九七年には、総額二十二兆ドルに達した(注5)。この途方もない成長の副産物として——おおむね意図的でなく——銀行の財務諸表がしだいにぼやけてくる。デリバティブの開示を見ても、部外者にはなんのことやら分かりはしない。デリバティブ取引額が膨らむにつれ、バランスシートに計上される債務は、総額との対比で小さくなっていった。一九九〇年代中盤になると、中堅銀行でさえ、財務諸表の多くは、見えそうで見えない霧でくるんだような様相を呈するようになる。

バンカーたちは金儲けに忙しく、このリスクを、つまり急成長市場の開示のお粗末さを、憂えている暇はなかった。危惧の声をあげた少数派は、無視された。一九八〇年代にソロモンに在籍していた著名エコノミスト、ヘンリー・カウフマンもそのひとりだった。カウフマンは当時をこう振り返る。

メリウェザーのグループがやってきて、金利スワップを始めた頃のことはよく覚えています。問題はいつも、どう制限を設けるかでした。取引額は際限なく膨らんでいきます。十億ドルを超えたと思うと、もう二十億ドルに達している。気づいたら、すでに五十億ドル。どこまで行けば限界なのか、分析の枠組みすらありませんでした。

一九九五年、メリウェザーのトレーダーたちが新天地にふかぶかと腰を落ち着けた頃、ロングタームのデリバティブ残高は六千五百億ドル程度だった。その後二年間で倍増し、一兆二千五百億ドルという途方もない数値となる。ロングターム（ロングタームに限らずどこでも）の開示の不透明さを考えれば、デリバティブ・リスクを取引ごとに評価するのは無理な相談だ。しかも多くはヘッジ目的で互いに相殺しあうポジションをとっているので、実質的なエクスポージャーを計算するのも無理だった。ただひとつ言えるのは、それがものすごいペースで拡大しているらしいということだけで、同じ現象がウォール街の津々浦々で起きていた。いつのまにか、街中が巨大な約束ゲームに巻き込まれている。銀行はひとつひとつ、数珠つなぎに結び付けられ、ほとんど頭金を要求されない契約上の債務という蜘蛛の巣にからめ取られた。

規制当局は懸念を募らせた。一九九〇年代中頃になると、ウォール街は年に一件や二件の〝デリバティブ・ショック〟には動じなくなっていた。昨日まで健全に見えた銀行や投資機関が、隠れていたデリバティブ債務であっけなく倒れてしまう。ひとつ、またひとつ、オレンジ郡が、バンカース・トラストが、ベアリング・ブラザーズが、メタルゲゼルシャフトが、住友商事が、ある日突然、巨額の損失を公表する。トラウマ症例のリストが長くなるにつれ、当局はシステム全体をショックが襲う可能性を考えて、焦り始めた。どれか要の一本を引き抜くと、もつれた糸の塊が、はらりと解ける――こんな光景が目に浮かぶ。しかし、そんな糸があるだろうか。ウォール街全体と絡まり合い、その破綻がシステム全体を覆すような会社が？　的はずれな懸念だったかもしれないが、理由がないわけではない。元財務長官ニコラス・ブレイディいわく、「火の立つところには、かならずやつら（デリバティブ・トレーダー）がいる」（注6）。

一九九四年春、ちょうどロングタームが取引を開始した頃、ニューヨーク連銀は、ヘッジファンドがデリバティブ取引などを通じていともやすやすと信用を引き出せる現状を危ぶみ始めていた。四月、ニューヨーク連銀理事チェスター・フェルドバーグが、ニューヨーク地区の銀行ＣＥＯに手紙を送り、節度を保つという昔ながらの義務を怠ることがないよう釘を刺した。「顧客への与信に上限を設けるのは、信用リスク・マネジメントになくてはならない慣行です」(注7)。こうした懸念を背景に、連銀は一九九七年にも、ニューヨークを本拠とする大手行の幹部と面談し、銀行とヘッジファンドとの関係について意見を交わした(注8)。連銀は銀行に、ヘッジファンド取引の監査を強化するよう促したが、どういうわけか、報告書では銀行の監督体制はすでに改善の方向にあると述べている(注9)。

デリバティブについて、FRB政策当局は、自由放任主義で臨んだ。なにしろグリーンスパンからして、新たな金融ツールの完璧とも見える仕組みに心を奪われていた。公の議論で何度となく、シティコープのジョン・リード率いる民間銀行に加勢した。リードは開示義務の厳格化を求める声を抑え込もうと、噛みつかんばかりに反論していた。当のFRBの信用買い規制を逃れる手段として、ヘッジファンドがスワップ利用を増やしているというのに、グリーンスパンはよしよしといった目で眺めていた。信じがたいことに、デリバティブ取引になんらかの規制導入を図るどころか、信用買い規制そのものを廃止する案を提出している。グリーンスパンの一九九五年の議会証言を見ると、さながらバンカーのスピーチだ。中心にあるのは、一見なるほどと思わせる単純な考え方だった。取引高の増加(つまり貸出の増加)はいつも、本質的に、善きものである。なぜなら〝流動性〟を押し上げるから。

こうした借入制限を取り除くことで、資金調達の幅が広がり、したがって流動性管理が効率的になって、結果的に、ブローカー・ディーラーの安全と健全性の促進につながるでしょう。……ブローカー・ディーラーに関しては、その信用供与を監督体制に組み込むことに、FRBはなんら政策目的を見出しません(注10)。

流動性という油を少々差すことで、市場の歯車は勢いよく回るようになる。グリーンスパンが見落としていたのは、流動性が大きすぎると、市場が勢い余って車道から転がり落ちる危険性もあることだった(注11)。取引高が過度に膨らめば投機の芽が育つ。そしてどんな市場も、いくら流動性があっても、いつか年貢の納めどきが来て、参加者がいっせいに売りに回ったら、とても踏み堪えられるものではない。もっとも、この考え方にはまったのは、グリーンスパンが最初ではない。彼らはもう少しの〝流動性〟さえあれば、破綻を永遠に回避できると考えている。

ＦＲＢがだめとなると、デリバティブ貸出を抑制できるのは銀行以外にない。ところがウォール街というところは、事前の警戒に成功したためしがない。銀行自身のバランスシートも着々と膨れ上がっていき、一九九〇年代後半になると、レバレッジは平均で二十五倍に達した（注12）。流動性の海に、呑まれないまでも首まで浸かり、資金の吐き出し口を見つけなくてはならなかった。そこで、どうしても目に飛び込んでくるのがヘッジファンドだ。「みんな、世の中のいい面を見ようとしていたわけです」バンカース・トラストのトレーダー兼ヘッジファンド・マネジャー、スティーブ・フライドハイムは言う。「いくらでも欲しいだけ借りられました。しかも金利はどんどん下がっていく。銀行が電話をかけてきて、こう言うんです。『もう五千万ドル都合できるぞ――一億ドルでもいい！』」ファンド・ビジネスに熱をあげる銀行は、黙って基準を緩めていき、いつか来るかもしれない災難の日のことを、顧みなくなっていった。一九九六年、ウォール街全体の一日の取引額が、レポで五千億ドル、通貨スワップと金利スワップで二千億ドルに達する（注13）。

借り手がエクスポージャーの総額の開示を求められることはなかった。貸し手はどこも尋ねなかった。銀行はそれぞれ、自行のエクスポージャーについては顧客ごとにつかんでいて、ロングターム向けは特に注意していた。しかしロングターム向けに同じように融資する銀行が、ほかにも一ダースばかりあるのではないかと、立ち止まって考えた銀行は一行もなかった。「みんな、彼らとかなりの規模で取引していました」スイス銀行のマネジャー、シシリアーノは当時をこう振り返る。「そして自分こそ、最大の貸し手だと思い込んでいました。でも実際は十番目なのです。それだけの規模で取引が行われていようとは、ちょっと想像できなかったわけです」

スイス銀行は、微妙ながら強力な影響をロングタームに及ぼしている。ことデリバティブに関しては高度に洗練されていて、グレニッチのスーパースターの名前にもおいそれとは動じない。歩いてきた道のりもロングタームとよく似ていた。一九七七年、商品取引のトレーダーがマートン＝ショールズのオプション価格式を採用し始めた頃、大豆を取引していたエドワード・オコーナーとウィリアム・オコーナーの兄弟が、オプション投資の新会社を設立した。オコーナー&アソシエーツはその辣腕ぶりで新興デリバティブ会社のなかで一頭地を抜く存在となる。一九八六年、オコーナー社はデビッド・ソロという名の、鋭く的確にものを言う、MIT卒の電気エンジニアにしてきわめて優秀なクォンツ・トレーダーを雇い入れた。一九八七年の株暴落で、オプション・トレーダーは軒並み巨額の損失を被り、オコーナーはこれを機に、もっと大きな資金力が必要だと悟る。シティコープ、バンカース・トラスト、UBSと交渉し、いずれも感触は悪くなかったが、結局、見送られた。ようやく一九九一年、スイス銀行がこれを買収する。思い切った一手だった。スイスの銀行というのは修道院さながらの閉ざされた官僚的世界で、スイス人でなければ雇用も昇進も望めない。スイス三大銀行の中で、特に伝統を重んじるのがスイス銀行だった。国際部門責任者マルセル・オスペルは、本気でこれを変えようとしていた。自身は十六歳で見習いとして出発し、銀行と学校との間を行ったり来たりしていたが、メリルリンチに短期間勤務した経験から、スイスの銀行も近代化を図らないと、鳩時計と同じ運命をたどるだろうと気づいた。オコーナー社を足がかりに、バーゼル中心の偏狭な社風を揺さぶり、ヤンキー流を持ち込んで、トレーダーの給料を長期成績に連動させる報酬制度を導入するなどの改革を進める。一九九五年、英国最大の投資銀行SGウォーバーグを買収した。もはや閉ざされた修道院ではない。

ここでようやく、ライバルUBSでオスペルと似た立場にあったカビアラベッタは、スイス銀行がデリバティブで精鋭部隊を築きつつあり、UBSは大きく後れをとっているという事実に気づいた。物静かではにかみ屋のオスペルに対し、カリスマ的で賑やかなカビアラベッタは、あわてふためき、目の色を変えて、成り上がり者を追いかけ始める。ことにロングタームを、デリバティブではこれ以上望めない理想のパートナーと見て、関係構築に熱をあげた。そのためのいちばんの近道は、マイロン・ショールズのワラントを承認することだ。スイス銀行でけんもほろろに断られたワラントが、UBSでは、一歩一歩階段をのぼっていった。トレーダーのリムと、デリバティブの責任者でロングタームへの投資を断ったことをまだ悔やんでいたバウアーのふたりが、諸手を挙げてこれを迎えた。リスク・マネジャー、スティーブ・シュルマンも機嫌よくうなずいた。トレーディング責任者のワーナー・ボナデュラーもしかり。あとはカビアラベッタの腹ひとつだった。一九九七年六月、飢えたUBSは、ロングタームが求め続けてきたワラントを売ることで合意する。協定の運命共同体として巨大なリスクを負ったUBSは、ロングタームで文句なく最大の投資家となった。

契約の規定はこうだ。ロングタームのパートナーたちはUBSに二億八千九百万ドルのプレミアムを支払う。代わりに、UBSはパートナーに、ロングタームの投資家が向こう七年間に元本八億ドルから手にする利益と同額（多くても少なくても）を支払う。この債務をヘッジするため、UBSはファンドに八億ドルを投資する。そのうえに、契約の人参として、UBSはロングタームにもう二億六千六百万ドル投資することを認められる。これが、セールスマン、タンネンバウムの言う〝基本概念〟だった。「ファンドに連動したワラントを売れば、投資額の三分の一に相当する金額を、上乗せして受け入れてもらえるでしょう」

タンネンバウムの上司はこのワラントを大手柄と見た。うれしさ余って、どの部門がこれを部門収益に計上するかを巡って争った。ボナデュラーは債券部門の管轄だと主張した――妙なところへ持ち込んだように見えるが、ボナデュラーはカビアラベッタの親友だ。一部は財務部に移管され、ここは五パーセントのプレミアムを支払った（注14）。マネジャーたちは、ファンドの持ち分はいずれ小口に分割して、富裕な顧客に売却できると考えていた。そうこうしながらも、メリウェザーとの新たな戦略関係を大声で吹聴する。カビアラベッタは、香港の世銀年次総会でJMに会い、提携を祝って乾杯した。世銀総会は常に世界の金融関係者が注目する催しだ。

ヒリブランドとショールズは、ワラントの取り分を巡って喧々囂々《けんけんごうごう》、舌戦を繰り広げた。ショールズは脳みそを絞ってこれを組み立てたが、ヒリブランドは最大の出資者であり、ヒリブランドらしく、最大の取り分を要求した。ワラントにはパートナーが将来手にする所得をキャピタル・ゲインに転換することで税率を引き下げる効果があったが、それ以上に大きな誘因となったのは、増収効果だろう。ファンドが成長する限り、ワラントはロケット燃料さながらに財産を膨らませる原動力となる。もちろん、ファンドがつまずけば、二億八千九百万ドルを失う。しかし成功の味ほど、失敗の可能性を小さく見せる妙薬はない。限られたスキルを発揮する場が閉じられかけているまさにそのとき、パートナーたちは持ち前の、それが武器だったはずの慎重さを、着古した上着を脱ぎ捨てるように放り出してしまった。

多くは個人資産をあらかたファンドに注ぎ込んでいた。元FRB役員のマリンズだけは例外で、彼らしくバンカーの節度を守り、ワラントにも参加していなかった（注15）。ほかの点では、シシリアーノによると「自分たちのすることを、頭のてっぺんから爪先まで全存在で確信しきっていました」パートナーたちは、これもスイスの投資銀行クレディ・スイスを相手に、同じ形態で、やや小型のワラントを組んで契約を結んだ。

それでも満足しなかった。レバレッジをさらに高めるため、パートナーで組織するファンド管理会社ＬＴＣＭが、総額一億ドルを銀行三行——チェース、フリート・バンク、フランスのクレディ・リヨネ——から借り入れ、そのままファンドに突っ込んだ(注16)。百万ドルを十億ドルに増やそうとする欲求はとどまるところを知らず、裏に潜むリスクなど見ようともしなかった。理性の使徒をもって任じる人物が、がむしゃらに極限を試す姿は不可解ですらある。ただ、誰よりも金持ちになることが、誰よりも頭がいいことの証明にもなると信じていたのなら、話は別だ。

運命に挑むかのように、ヒリブランドはさらに個人的に二千四百万ドルをクレディ・リヨネから借り入れた。クレディ・リヨネはパートナーたちに対してファンド持ち分を担保に融資するプログラムを設定していた。外為取引担当のハンス・ハシュミッドが千五百万ドルを借り入れ、ほかにもうふたり、これより少額を借り入れる(注17)。さらに幾人かは、個人的に、決済銀行であるベア・スターンズから借り入れた。ファンド自体も目いっぱいレバレッジをかけていることを考えれば、パートナーたち、特にヒリブランドが、個人のレバレッジをどこまでも高く積み上げていく危うさは、可燃性の火薬箱に灯油を振りかける行為にも似ている。貧乏人が一日の総賭け金を一頭の馬に注ぎ込むのとは違って、すでにカネが有り余っているヒリブランドは、勝って得るものは少なく、負ければすべてを失う。

ＵＢＳがワラントでロングタームに十億ドルを投資した時期は、タイミングとして、考えられる限り最悪だった。つまりファンドが、集めた資金の投資先を探しあぐねているうえ、アービトラージ市場に次々と参入してくる競合他社に競り勝たねばならなかった。一九九七年上半期のリターンは手数料徴収前で一三パーセントにとどまった――並以上であることに変わりはないが、それまでの平均と比べれば大幅なダウンだ。レバレッジは（デリバティブを除く）三十倍から二十倍に低下した。投資機会が少なくなった証拠である。さらに、ショールズなど一部の懐疑派は、ファンドの資産運用に不安を募らせていた。

ひとつ明るい市場が日本で、ロングタームは日本市場で際立った収益をあげていた。功労者のひとりが、髪に白いものの目立ち始めた四十三歳の元教授デビッド・モデストだ。モデストとローゼンフェルド、それにカール・ハッテンローシャーという若手トレーダーの三人で、一連の株式アービトラージを仕組み、オプションになじみがなく、したがって価格の歪みが豊富な日本市場から、存分に甘い汁を吸った。ロングタームのモデルから見れば日本市場は〝明らか〟な、しかもじつにたっぷりした投資機会を提供していた。もとはカリフォルニア大学バークレー校の教授という、剽軽で理論家のモデストをはじめ、数名が深夜勤を引き受けて午前一時まで働く。そこでようやく翌日の東京市場が閉まり、ややあって、眠るグレニッチの町を抜け、別の少数部隊が到着する。しばらくしてロンドン市場が開くと、ここでも日本のワラントを取引する。「デビッド（モデスト）など数名のトレーダーは、命を削らんばかりに働いていました」ローゼンフェルドは言う。一九九七年六月、一同は通常の勤務時間に戻れることになった。ロングタームが東京オフィスを開設したからだ。運営を任されたのは、ゴールドマン・サックスから引き抜いたチー・フー・ファンという、MIT卒の優秀な数学者にしてモデリングのエキスパートと、元ソロモンのスワップ・トレーダー、アージュン・クリシュナマッカーだ。

JMは数年来、日本への出張を重ねてきて、ここにオフィスを構えたいと考えていた。東京に進出した欧米ヘッジファンドの中で、ロングタームの名声は群を抜いている。マリンズはFRB時代、日本政府高官に非公式に助言を与えていて、これはロングタームに移ってからも続いていた。どこで営業しようが、その触手は最上層部にまで届く。パートナーの持つ幅広いコネは、かけがえのない財産だった。

パートナーたちは日本でも、意見の分かれる取引に踏み切った。一九九七年、日本の長期国債の利回りはわずか二パーセントに落ち込んでおり、ここが大底と見えた。ロングタームは利回りが上昇する方向にネイキッドで、つまりヘッジなしで賭けた——スプレッド（格差）ではなく一本の金利に賭ける、いわゆる方向性取引だ。パートナーの多くはこれを、ロングタームにしては異例に投機性が高いと見て、疑問を抱いた。しかしヒリブランドとハガニはしだいに、立場の弱いパートナーの声を顧みず、思い通りに会社を切り回すようになっていた。結果的に大成功に終わるので、反対意見を取り越し苦労と切り捨てるのは造作もなかった。

❁

一九九七年七月の年次総会で、レーヒー、マリンズ、ローゼンフェルド、ショールズの四人は、債券アービトラージのスプレッド収縮が懸念の種であることを認めた。オフショア・ファンドであるロングタームは、法的地位を守るため、米国外で年次総会を開かなければならない。この年の総会は四人のパートナーが飛行機で日帰りできるよう、トロント空港に近いホテルで行われた。出席した投資家はわずか二十五名ほどだ。全体に低調ムードだった。スプレッドの縮小がパートナーの予想を上回るペースで進み、収益見通しが悪化していたからだ。いつも通り言葉を惜しむ風ではあったが、ローゼンフェルドはロングタームが株式取引に乗り出したと報告した。わずかばかりの投資家がにわかに活気づく。ひとりが尋ねた。「M&Aアービトラージ市場で最大のプレーヤーになったそうですが、本当ですか？」

ローゼンフェルドは曖昧に答えた。投資家側は、ロングタームが近く、何かの区切りをつけるつもりではないかと感じる。「資金返還の予定は?」ひとりが尋ねた。これにも、ローゼンフェルドは明言を避けた。「まあ、なんにしても、わたしのは預かっていてください」質問者は言った。

❁

アービトラージ取引の見通しが曇ってきたちょうどこの時期、ふたりの著名な経済学者がある論文を発表して、アービトラージは信奉者たちが主張するよりはるかにハイリスクであると指摘した。ロングタームのモデルに、学界から撃ち込まれた最初の一弾だ。権威あるジャーナル・オブ・ファイナンス誌に掲載されたもので、ハーバード大のアンドレイ・シュレイファーと、シカゴ大のロバート・W・ビシュニーのふたりが、未来をのぞいてきたかのごとく、ロングタームのようなアービトラージ・ファンドは、「ノイズ・トレーダー」(じゅうぶんに情報を持たない投機筋)が騒いで相場が適正水準から遠ざかってしまえば、転覆するリスクがあると警告した。そうした事態になれば、アービトラージャーは「相場が思惑の逆に振れるショックに見舞われ」、大底で清算を迫られることになると、薄気味悪いほどずばずばと予言している(注18)。マートンは発表前に早刷り版を読んだが、内容にはうなずけなかった。ケンブリッジで開かれた学会で彼は、そもそも市場が転覆するという考えをあざ笑った(注19)。

七月、ワラント契約が結ばれてわずか数週間後、国際金融市場に衝撃が走る。タイが金融不安に見舞われ、たまらず為替レートを変動相場制へ移行した。バーツはたちまち二〇パーセント下落する。通貨安はフィリピン、マレーシア、韓国へと広がった。新興市場リサーチの導師《グル》、JPモルガンのカリム・アブデル・モタールは、大幅下落を受けて、「この急落は行き過ぎだと見ています」とコメントした(注

(20)。それでも、下落は続いた。シンガポール・ドルも売りを浴びる。"アジアの虎〟の雄、インドネシアだけは、踏みこたえるかと見えた。ところがわずか一日で、ルピアは五パーセント値を下げる。一カ月もしないうちに、評論家たちはアジアの奇跡を口にするのを止めた。今や、それはアジアの〝危機〟となった。ブームの時代に建設されたガラス張りの高層ビルから、見る間に人影が消え、工場は操業を停止する。マレーシアのマハティール・モハマド首相は、外国の〝ごろつき相場師〟ども、特にジョージ・ソロスが、アジアの虎を叩き売ったと非難した。

容疑者の特定はかなり的を射ていたが、罪状を取り違えている。傾いた船を見捨てたからといって、外国人を非難するのは筋違いというものだろう。罪は、彼らがあまりにやすやすと短期資金を融資したことにある。これが船をがむしゃらに突き進ませる原動力になった。財務長官ロバート・ルービンのメキシコ救済を見て安心し、欧米の銀行、投資家はアジアにざくざくと資金を投じた。おかげで投機的な投資がブームとなり、アジア式の不正の温床となった。ここに至る道をならして歩みやすくしたのもルービンで、アジア諸国の政府に、資本規制を撤廃して資本の流入を認めるよう促してきた。企業の開示、当局の監視ともに目も当てられぬほどお粗末な地域の事情は無視している。「実際、きわめて洗練された銀行が、インドネシア企業に、財務の実情をまったく把握することなく融資したのです」世界銀行総裁ジェームズ・ウォルフェンソンは言う（注21）。

欧米の投資家は、過去に何度となく同じ失敗を繰り返している——今日は新興世界に夢を描き、明日はわが無邪気なる不明を悔いる。バンカーはけっして学ぶことをしない。一九九六年、九百三十億ドルの外国資本が、インドネシア、マレーシア、フィリピン、韓国、タイになだれ込んだ。この頃すでに、アジア経済は減速に傾いている。その資金が今、きびすを返して流れ出し、世界中の市場を揺さぶっていた。ロングタームの観点からたどってみると、アジアの隆盛と凋落、両方に貴重な教訓が潜んでいる。ヘッジファンドが享受してきたのと同じ安易な融資が、無分別で行き過ぎた投資につながった。やがて峠を越え、世界が一変し、グリーンスパンの頼みの綱である流動性が、影さえ見えなくなる。影響はほとんどでたらめに広がる。市場でいったんハリケーンが発生したら、どこで終息するのか、誰にも分からない。

❁

夏の終わりに、少し気になるニュースがもたらされた。ＭＣＩの買収価格が再交渉の末に引き下げられた。ＭＣＩ株は急落し、ロングタームは一夜にして一億五千万ドルを失う。危険水域で釣り糸を垂れていたことを示す最初の兆しだ。ロングタームはアジアでは、ほぼ日本市場に限定していたので、嵐を乗り切った。それどころか、九月の月間成績は、過去最高に近い三億ドルを記録している。

とはいえ、ロングタームの視界にかかった雲は着実に広がっていた。毎年ウォータービルで開催するゴルフ・パーティからメリルリンチと戻ってきたあと、パートナーたちは一方的にある決定を発表する。外部の投資家を対象に、投資資金の約半分を返還するプランだ。年次総会で投資家が洩らした懸念が現実のものとなった。「自己資本が膨らみすぎたのです」メリウェザーは説明する。自己資本は七十億ドルに近づいていた。あと一歩で巨人メリルリンチに並ぶ。プラス面を強調して、ＪＭはこうも言った。「原因は主に、これまでのリターンが予想を上回ったうえ、それを再投資に回す投資家が多く、資本基盤が大幅に拡大したためです」(注22)。

どう言い繕っても、スプレッドの縮小と投資機会の減少というきびしい現実が目の前にあることに変わりはない。欧州の通貨統合はすでに確定的となり、欧州市場の収斂をテーマにした手ごろな裁定機会は刈り尽くしてしまった。国の境が取り払われるにつれて、イタリア債とドイツ債のスプレッドは、わずか半年の間に、二パーセント・ポイントから〇・七五ポイントに縮小している。

ロングタームの返還計画はこうだった。一九九七年末に、初年度の一九九四年に預かった資金については、その後の利益分をすべて返還し、九四年以降に預かった資金については、全額（元本と利益）を返還する。パートナーと社員は例外とし、台湾銀行などの一部の主要戦略パートナーも例外とされた。ロングタームの決済銀行ベア・スターンズのジミー・ケインCEOも例外扱いとされた。他の投資家はぜひ残りたいと懇願したが、ロングタームはこれを退けた。当然ながら投資家は、メリウェザー以下、投資家の利益機会を追求するのが仕事であるはずの面々が、身内ばかりを優遇したことに腹を立てた。「言語道断だ！」ある投資家はメリルリンチにがなりたてた。「カネがなかった頃のやつらに、出してやったのはわれわれなのに」

この計画はロングターム社内でも意見が分かれた。JMの友人で、骨の髄まで保守的と目されるジム・マッケンティがまず反対だった。一心同体の二人組ショールズとマートンも返還に強く反対した。そんなことをすれば、運用機関としての営業基盤が台なしになるとふたりは考えた。そのうえに、学者コンビはポートフォリオよりも管理会社のLTCMに多く出資していたので、運用資産総額が膨らむほど個人的に取り分が増えるという事情もある。一方、ファンドに莫大な資金を投じているヒリブランドとハガニにとって、外部の投資家を迎えて自分の取り分が目減りするのはおもしろくなかった。例によって例のごとく、ふたりは思い通りに事を運んだ。ショールズはヒリブランドにかんかんだった。手綱を握って放そうとせず、他のパートナーの事情などまるで眼中にないかのように見えた。

あとから振り返れば、外部の投資家がぜひにも資金を残したいと請い願ったのは皮肉だとも見えるし、強制資金返還は結局、天の計らいだったとも見える。結果的にパートナーたちが、最大の損失を被ることになった。だが、こうした後知恵を抜きにして見ると、憑かれたように富を追い求める彼らの姿は、強欲さだけではかたづかない様相を帯びてきた。世界的な事業規模を手に入れた以上、他人の資産運用などに興味はないとばかりに、大半を締め出してしまった。急に利己的な色をあらわにして、このときから、ボーナスをファンドに投資する自社の従業員からも手数料を徴収するようになった！

パートナーたちに言わせれば、強制返還は収益見通しの悪化に対する合理的な判断だった。マイロン・ショールズはこのとき、ロングタームが資金を返却している一方で、他社が列をなして市場に参入しているのは皮肉だと言っている（注23）。言外の意味を汲めば、ロングタームは慎重を期して、スプレッドの収縮に合わせて規模を縮小したのだと読める。しかしファンドの規模は、毛筋ほども縮小しなかった。資金返却によって資産を支える自己資本が減っただけで、資産の方は、まったく減っていない。つまり、投資機会がまばらになり、ポートフォリオには七千六百件のポジションを抱えているこのときに、恐れを知らず、無謀にも、レバレッジをさらに引き上げたことになる。さながら、太陽を目指すイカロスである（注24）。

しかも、外部投資家を締め出したことで、パートナーのファンドに対する個人的なレバレッジが、ますます高くなる。個人債務と、管理会社の債務と、ファンド本体の債務と、三層の債務が順に重なり、危ういピラミッドを形づくった。

メリウェザーが投資家に資金の強制返還を通達してから六日後、今度はロングタームの古巣のソロモン・ブラザーズが、爆弾を投下した。ソロモンはモーザー事件を皮切りに、メリウェザー退場、ローゼンフェルド、ハガニ、ホーキンス、ヒリブランド脱退と続いた騒動以来、どうしても失地を回復しきれなかった。投資銀行業務の確立を図ったものの、これが収益源になることはついになかった。ここに来て、アービトラージ・グループもロングタームと同じ圧力を受けていた。一九九七年早々、経営陣は大規模な資本注入が必要だという見解を固めた。さもないと二流の地位に転落しかねない。

バークシャー・ハサウェイを通じたソロモンの筆頭株主ウォーレン・バフェットにとって、左前の会社に追い銭を投じることは、体質的に受け入れられなかった。バフェットはこれを、事あるごとに、損を取り返そうとしてさらに注ぎ込み、ますます深みにはまる行為と見る。ソロモンCEOのデリック・モーンは、資本注入がだめなら身売りしかないという立場を明らかにした。「バフェットは売りたくてじりじりしていた」ある役員は言う。

でも、誰に？　モーンはチェースに打診したが、きっぱりはねつけられた。次に、トラベラーズ会長サンフォード・I・ワイルと昼食をともにする。保険会社トラベラーズは、傘下にスミス・バーニー証券を持っている。ワイルは米国実業界の後見人といった役どころで、指折りの役者だった。ブルックリンの仕立て屋の息子に生まれ、長じて総勢四名の小さな証券ブローカーを設立、合併して縫い合わせる手法で、大手証券、シェアソン・リーマンに仕立てあげた。やがてアメリカン・エキスプレスにシェアソンを売却、アメリカン・エキスプレスは、ワイルをつまみ出す。それから一九八〇年代後半から九〇年代初めにかけて同じ道のりをたどり直し、小さな金融会社の支配権を獲得、それを足場にスミス・バーニー、続いてトラベラーズを買収した。ワイルはアービトラージについては、変動性が高すぎると見て嫌っていたが、一流の投資銀行を設立するのが夢だった。ウォール街の階級ピラミッドの頂点に立ち、有象無象のブローカーどもを上から見下ろす投資銀行だ。おそらく、スミス・バーニーとソロモンがそれぞれ抱える二流の投資銀行部門をいっしょにできるだろうと、ワイルは踏んだ。

モーンとの昼食後、ワイルが待ったの声をあげ、ソロモンとトラベラーズが合併するなら、ワイル自身が責任者の椅子に就かなくてはならないと主張した。バフェットにとって、新会社のトップが誰になるかは問題ではなかった。ソロモンが売れればそれでいい――もちろん、高く売れるに越したことはない。ワイルは株式交換で九十億ドルを提示し、かくしてオマハの賢人は、めずらしく手を焼いた投資先から解放された。いつも通り如才なさを発揮して、ワイルを指して株主価値を構築する〝天才〟だと持ち上げる(注25)。ワイルの部下は、ボスが落ち目の銀行に大金を支払うのを見て、仰天した。特にソロモンといえば、収益の柱はアービトラージで、ワイル会長はアービトラージが大嫌いだ。社内の冷やし屋が笑いをこらえつつ言った。「九十億ドルを払って、〝この者は偉大な投資家なり〟って書いてある紙切れをウォーレン・バフェットからもらったわけだ。今、それを握りしめて、みんなに見せて回っているところさ。キャンディ売り場の子どもと同じだね」

ロングタームとその生みの親を、それぞれが節目を迎えた時点で、対比してみるとおもしろい。メリウェザーはまんまと、これはというすべての面で、かつての雇い主を追い越した。自己資本はロングタームの七十億ドルに対してソロモンが五十億ドル。収益では、かのヘッジファンドが前年通期で二十一億ドルを稼いだのに対して、一方の投資銀行は九億ドルにとどまる。ソロモンのアービトラージ部門は引き続き高収益をあげていたが、ユニバーサル・バンクに脱皮しようという試みは失敗に終わった。ロングタームはといえば、多角化の構想をいじくりまわしてはいたが、引き続き的を絞っている。これまでのところ、賢明な判断だった。ところが双方とも承知の通り、アービトラージは事業環境がきびしくなっている。両社の対応は百八十度違っていた。バフェットは、ソロモンをもっと多角的に経営する企業と合併させることで、アービトラージを含めてソロモンの事業から得る株主の利益を比率のうえで希釈した。ソロモンの株主たちはその後、ずっと規模が大きなトラベラーズ株を保有することになる。ロングタームのパートナーたちはそのまったく逆の方向に向かい、かなりの程度まで、他の出資者の権利を買い取ることで、アービトラージに賭ける比重を倍増させた。皮肉なのは、バフェットが万年赤字会社から九十億ドルを得たのに対し、ロングタームは、連戦連勝の優良ファンドを、巨大な——この時点では予想だにしていない——未来への賭けに投げ出してしまったことだろう。

❁

十月、うれしいひと揺れがあった。マートンとショールズがノーベル経済学賞を受賞したのだ。マートンはハーバード大での講義中に学生から三分間の拍手を贈られた。それでも、慎ましく戒めの言葉を口にしている。「リスクを測定できるからといって、それを取り除くことができると考えるのは、誤った認識です」(注26)。ショールズは、故郷の地元紙オタワ・シチズンの求めで著名人の横顔を伝える記事のインタビューに応え、デリバティブが世間からいかにうさんくさく見られているかをあからさまに知らされた。シチズン紙がこんな思いきった質問を投げて寄こしたからだ。「一九八七年の暴落について、どれぐらい責任があるとお考えですか?」呆気にとられたノーベル賞受賞学者は、口から泡を飛ばさんばかりの勢いで答えた。「ゼロ。責任などまったく感じません。ダイナマイトを発明したノーベルに、第一次大戦に責任を感じるかどうかと聞くのと同じです」なおも突っ込まれ、ショールズは自分の理論に基づいて取引したトレーダーたちが――つまりダイナミック・ヘッジの結果、下落局面に売りが殺到して――下げを加速したことを認めたものの、犯人は、おなじみのスケープゴート、〝流動性〟の欠如であるとした。高度な金融手法を普段着の言葉に置き換えるのが得意なショールズは、このときも平明な言い回しを使って、鮮やかにロングタームを説明してみせた。「われわれが何をしているかというと、世の中をぐるりと見渡し、モデルを通して見て、価格が高すぎるか、低すぎると思える投資先を見つけるのです。それから市場要因という、われわれには予想できない部分のリスクをヘッジします」(注27)。

学界の同僚はふたりに惜しみない賛辞を贈った。ひとつのテーマにつき経済学者六人による七通りの見解があるという法則は、ブラック＝ショールズ公式には当てはまらない。この公式は実践の場でもそうだが、理論の場でも金字塔として仰ぎ見られていた。ロチェスター大学のシカゴ学派経済学者グレッグ・ジャレルはこれを、「われわれがかつて目にした、最も優美にして最も正確なモデルのひとつ」(注28)と呼んだ。しかし現実というものは、それほど正確なのだろうか？ ともあれ、エコノミスト誌はこう謳った。「マートン、ショールズの両氏が、一九七三年に成し遂げたのは、リスクに値段をつけることだった」(注29)。ウォールストリート・ジャーナル紙はこの受賞で、同紙が拠り所とする信念に折り紙がついたと見た。「スウェーデン王立アカデミーは、次の見解を明らかにした――市場は機能する」(注30)。

信条を表明するには間の悪い時期だった。アジア全域で、為替と株の市場が崩壊しかけている。震源はタイを皮切りに、マレーシア、インドネシアと移動した。十月一日の一日だけで、インドネシア・ルピアが六・五パーセント、マレーシア・リンギットが四・五パーセント、フィリピン・ペソが二・二パーセント下落する。二日後、ルピーがさらに八・五パーセント下落。目に見えぬプラズマが、海を隔てた市場と市場の運命をつないでいるように見えた。種を蒔いたのはほかでもないアジア諸国だったが、市場の凶暴さに誰もが不意をつかれ、危機が感染する足取りの脈絡のなさに声を失った。インターネットが普及した今日、金融メルトダウンはこれまでにない速さで伝播する。影響は中南米市場にまで達した。いったん堰《せき》が切られると、電脳システム全体が雪崩れを打って、手当たりしだいに売りまくる。十月下旬になると、アジア全域で企業のデフォルトが相次ぎ、景気後退懸念をあおった。投機筋が次に矛先を向けたのは香港ドルだ。香港政庁は、まだ英国の統治下にあったが、報復として、翌日物金利をなんと三〇〇パーセントに引き上げた。香港株式市場は一週間で二三パーセント下落した。

この頃になると米国の投資家も、アジア危機を引き金に世界不況に突入するシナリオに身震いして、全面退却を始めた。夏の間に八千三百ドル台に乗せたダウは、十月ほぼ一本調子で下げ続ける。ハロウィーン前の金曜日は、一〇〇ポイント以上下げて七千七百十五ドルで引けた。週明けの十月二十七日、月曜日――ブラック・マンデーに続くみじめな月曜日だ――アジア発の流感がついに米国に上陸した。まず香港が下げて始まり、六パーセント下落。続いて米国が眠りから覚め、ニューヨーク証券取引所は激しい売りを浴びた。パニックを回避しようと取引停止措置が二度発動されたが、焼け石に水。相場下落に備える保険を提供していたオプションの売り手は、十年前のブラック・マンデーのときもそうだったが、泡を食って売りに走った(注31)。マートンとショールズの瓶の中の精霊が、またまた抜け出してしまった。毎度のことながら、連鎖的な売りが――マートンがモデルで描いたダイナミック・ヘッジが――この日の下げを加速する。ダウは五五四ポイントと過去最大の下げ幅を記録し、率では七パーセント下落した。米国からアジア、欧州、中南米に至る各国市場を合計すると、世界中で推定一兆二千億ドル、総資産価値の六パーセントが失われている（注32）。ちょうど二日後に、ブルッキングス研究所で公演したニコラス・ブレイディは、デリバティブ市場に潜むレバレッジが打撃を増幅させたとして非難した。

デリバティブとダイナミック・ヘッジが、取引コストの低減につながり、市場に厚みをもたらすとの意見があることは、重々承知しています。しかし間違いなく、極端な状況になると、そのメリットはコストに引き合いません。……過剰なレバレッジが先週の急落でどういう役割を果たしたか、よく考えてみる必要があるでしょう（注33）。

ロングターム・キャピタルは今回も弾をかわした。ファンドの成績は十月、十一月と、とんとんだった。大健闘といっていい。ロングタームはむしろ、アジア危機をうまく利用していた。市場が荒れ模様になった（トレーダーに言わせれば、ボラティリティが高まった）のを見て、沈静化に向かう方向で――つまり株価の変動性が低下する方向で――デリバティブで巨大なポジションをとり始めた。ハイリスクな賭けである。ソロモンは十月に入る前に同じポジションをとって、一億一千万ドルを失った。だがボラティリティをショートするのは、ロングタームにしてみればごく当たり前の戦略だ。ある意味で、ロングタームのスプレッド取引は、どれをとってもボラティリティが低下する方向での賭けである。相場が荒れると、安定性の保険料が高くなり、市場が落ち着くと、スプレッドが収縮へと向かう。「ぼくたちの取引の多くはボル（ボラティリティの略）取引です」ローゼンフェルドは言う（注34）。形式がどうあれ、ロングタームはいつも、相場が今より落ち着いた、今より締まった状態になる方向に賭けていた。

その頃、ロングタームの大口投資家になっていたＵＢＳは、やはり株式のボラティリティに賭けていて、あれやこれやの目新しい取引に手を出し、目も当てられぬ結果を生んでいた。デリバティブ部門で巨額の損失が発生したという噂がウォール街を駆け巡る。部門を率いるのは、一九九六年には千百五十万ドルのボーナスをせしめたゴールドスタインだ（自由裁量権を与えられていた）(注35)。一九九七年のUBSの損失は総額六億四千四百万ドルに達していた。失敗に終わった取引のうち、特に痛かったのが日本の転換社債取引で、これにかけてはロングタームが一枚上手だった。CEOのカビアラベッタは、ゴールドスタインを長くかばってきたが、ここに至ってようやく、お気に入りのトレーダーが銀行をつぶしかけていることを悟る。十一月、ゴールドスタインは解雇された。

続く十二月、カビアラベッタはUBSが羅針盤を失っていることを認め、膝を屈して、ライバル、スイス銀行との合併に踏み切った。カビアラベッタは会長として残り、UBSの名前も残ることになったが、勝ったのは明らかにスイス銀行だ。バーゼル側が重要ポストのほとんどを押さえ、チューリヒの荒くれどもに、保守的な企業文化を押しつけた。皮肉なことに、派手好きのライバルと合併したことで、スイス銀行は一度はねつけたロングタームのワラントの当事者となってしまった。

❁

ストックホルムに着いて、マートンとショールズはグランド・ホテルに投宿した。螺旋階段のある豪奢な建物で、窓の下に古都の眺めが広がる。晩餐会は千二百人が招待されるブラック・タイ着用の宴で、ふたりは少数の友人や家族とともにテーブルについた。国王夫妻、王子、王妃の母堂も列席する。スウェーデン中からオーディションで選ばれたウェイター、ウェイトレスが、銀器に盛りつけたスモークド・フィッシュをサーブした。ふたりとも上機嫌だった。マートンは、自分がそこにいることを自分で確かめたいかのように、ゲストに「楽しんでるかい？」と繰り返し尋ねる。乾杯の前に軽くスピーチして、感謝の気持ちを伝えるとともに、フィッシャー・ブラックが早く他界して賞を分け合えなかったことを残念がった。

マートンはアカデミーでの講演で、みずからのオプション理論の応用に焦点をあてた。金利調整型モーゲージから、学生ローン保証、変動型医療年金に至るまで、応用商品が大量に生み出されている。マートンは「〝オプション型〟の仕組みがじきに、どこにでも組み込まれるようになる」と断言しているが、因と果の関係が、それほど直接的だとは考えにくい。マートンは自身の主な貢献として——このとき、ダウが一日に五五四ポイント下落してから二カ月しか経っていない——「ブラック゠ショールズ・モデルで提唱したダイナミック・トレーディングが……連続的トレーディングの範囲内で完全なヘッジを提供する」ことを示した点を挙げた（注36）。

◎

お祭りムードが盛りあがるなか、受賞者ふたりは、ロングタームの先行きを深く憂えていた。ショールズは昔教わったユージン・ファーマに向かって、ロングターム・キャピタルの戦略は小さい取引を無数に行う安全なものだと自信を持って語ったが、ノーベル賞の賞金、マートンと分け合う百万ドルの半分は、ファンドに投資しないことに決めた（注37）。皮肉にも、象牙の塔で暮らしてきた学者の方が、雨風に鍛えられたトレーダーより鋭くリスクを嗅ぎとっていたわけだ。ショールズもマートンも、いい暮らしを楽しんでいた。ショールズは白のBMWを乗りまわし、カー・マニアのマートンは、深い色合いのジャガーが自慢だった。ショールズはグレニッチ湾を臨む広い邸宅を借りている。マートンは髪を赤く染め、夫人と別居し、ボストンのしゃれたアパートに引っ越した。しかし、ふたりの財産はさほど大きくはなく、それにどちらも、他の億万長者のパートナーと違って、みずからを難攻不落の存在とは思っていなかった。トレーダーではなく、部外者として、ヒリブランドにはない視点から物事を見ることができる。ふたりの目には、ファンドがその専門とする本来の領域を離れて、これ以上なく劣悪な時期に、リスクを上積みしている姿が見えていた。しかもマートンは、トップ・トレーダーのヒリブランドとハガニに偏ったファンドの報酬システムにかなり憤慨していた。オプションの専門家だけに、上級パートナーになると踏み倒しの誘惑が働くことを承知している――エコノミストが言うところの〝モラル・ハザード〟だ。取引の規模を顧みず、稼げるだけ稼ぐという、ソロモン時代に示したがめつさが今も生きていて、他のパートナーとの関係を損なっていた。モデルの設計者である慎重なクラスカーも不安を募らせ、一九九七年暮れにファンドから資金を引き揚げた。ソロモン時代にアービトラージ・グループにいたランディ・ヒラーは、ロングタームは今に問題を起こすという不吉な見通しを友人に洩らしている。

年末、ロングタームの投資家が手にしたリターンは二十七億ドル、レバレッジ・レシオは十八倍から二十八倍へと一気に高まった（くどいようだが、デリバティブは含まない）。つまり、見通しがかつてなく暗くなっているというのに、ファンド草創期の水準にレバレッジを戻してしまった。デリバティブを加えたら、もっと高くなっただろう。

ロングタームは一九九七年、二五パーセントのリターン（手数料徴収後は一七パーセント）を稼いだ。過去最低だったが、それでも市場環境を考えれば、めざましい成績だ。スタート時から参加している投資家は、投資額一ドルにつき一ドル八十二セントを手にしたことになる。そのうえ、元本の一ドルがまだファンドにあった。法外な手数料と税金繰り延べのおかげで、パートナーたちはもっと割よく——ずっと割よく儲けていた。パートナーの自己資本は三六パーセント増加して、十九億ドルというすさまじい額に達している。ファンド全体の四十七億ドルの約四〇パーセントだ。今や、王朝のひとつも買い取れそうな財産を築きつつあった。

拡張するには間の悪い時期だったが、この年の暮れ、ロングタームは新築の豪勢なオフィスに引っ越した。すぐ下が洗車場という眺めで、グレニッチ界隈としては殺風景な立地だったが、オフィスの設計には、ウォール街の銀行に引けをとらない存在に膨れ上がったセルフ・イメージがよく表れている。広いトレーディング・フロアに、人間工学的に調整がきくデスクが向き合って三列に並び、さらに今後の拡張計画のための空きスペースを用意していた。約九十平方メートルのジムは男女別々のロッカールーム付きで、常勤のトレーナーが控えている。奥の大部屋にはお決まりのビリヤード台がふたつ。JMには別に広いオフィスがあり、各種の会議室と資料室が隅を埋めていた。すでに追い越してしまったソロモンの縮小版とでもいおうか、かなり大型のデータ・センターを整備し、地下にはグレニッチ一帯に一日電気を供給できるという予備発電設備を設けている。一方で、パートナーたちは成績不振を理由に、社のクリスマス・パーティ予算を削った。雰囲気は目に見えて沈滞していた。

マリンズはこの年を振り返って、トラブルを回避できただけでも上出来だったと見ていた。「われわれはアジア危機に事前に対応していました——言いかえれば、そのための戦略を組んでいました」(注38)。しかし教授たちは、誰の目にも明らかなアジア危機の教訓を見落としていた。いったん危機が始まると、市場と市場の相関性がいつもより密接になり、一見何の関連もない分野の資産が、同時に上昇し、同時に下落する。じきクリスマスを迎えるある日、はるか遠い国の話と思えるニュースが、ほとんど誰も気づかないうちに伝えられた。格付け会社のスタンダード&プアーズが、ロシア債の格付けを引き下げた。

第2部　奈落へ

第7章　ボラティリティ中央銀行

「市場はときに、参加者の資金繰りが破綻するまで、非合理な状態にとどまることがある」（ジョン・メイナード・ケインズ）

一九九八年の初め、ロングタームはエクイティ・ボラティリティを大量に売り始めた。単純な取引で、ローゼンフェルドやデビッド・モデストなら寝ながらでも出来そうだったが、米国民千人のうち九百九十九人にとっては、なんのことやら意味不明だろう。しかし、ほかでもないこの〝エクイティ・ボル〟こそ、ロングタームの名刺代わりになり、破滅への道に向かわせる運命の取引となった。ブラック=ショールズ理論をそのまま応用したもので、つまり株式のボラティリティは、長期的に見れば一定であるという前提に基づいている。例えば株式市場の変動幅は通常、年に一五パーセントから二〇パーセント程度だ。ときに、もっと広い幅で変動する局面もあるが、いずれは必ず元の水準に戻る――少なくとも、グレニッチの数学者たちはそう信じている。見えざる法則〝大数の法則〟から導き出された考え方で、この法則が定める世の中は、生まれる子牛が茶かぶちかの確率から、株式市場が小動きに終わるか暴落するかの確率まで、正規分布で成り立っている。市場に絶対の信頼を置くロングタームの教授たちにとって、石碑に刻まれたも同然の不変の法則だ。源泉をたどれば、彼らのマートン的市場観があり、ここでは、市場は効率的なマシンとして、微粒子がランダムに拡散するのと同じく、ランダムに価格を吐き出す。教授たちは、そのモデルを通じて〝エクイティ・ボル〟の価格に歪みが見つかれば、いつでも会社ごと、それに賭ける用意があった。

❁

エクイティ・ボルという名の株式ないし証券があるわけではないし、それに賭ける直接の方法もない。しかし間接的になら、賭けられる。覚えておくべきは次の点だ。ブラック＝ショールズ式によると、オプション価格を決定する鍵は、原資産の予想ボラティリティにある。したがって、オプション価格が分かれば、市場がどの程度のボラティリティを予想しているか、推定することもできる。

よく似た例で説明しよう。フロリダの天気に賭ける直接の方法はない。しかし、一年のうちのある時期、オレンジ・ジュース先物価格は、フロリダに霜が降る見込みに従って変動する。ベテランのトレーダーなら、ジュース価格が例年の水準を上回っていれば、市場が厳冬を見込んで、オレンジ不作を予想していると察しがつく。このトレーダーが、市場の予想は間違っていると確信し、その確信に基づいて稼ぎたければ、ここで、オレンジ・ジュース先物を空売りすればいい。

同じようにロングタームは、オプション市場が予想している株式市場のボラティリティを約二〇パーセントと推定する。そして、実際のボラティリティは一五パーセント前後しかないのだから、市場の予想は間違っていると判断する。オプション価格はいずれ下落するだろう。ここで、オプションを売り始める。具体的にいうと、スタンダード&プアーズ五百種株価指数のオプションと、これに準ずる欧州主要市場の株価指数オプションを売る。教授たちの言い回しを借りれば、「ボラティリティを売る」

オプション取引の相手側は、そうは思っていないだろうが、ボラティリティを買っていることにな る。ここで取引の相手側について考えてみよう。ふつう、オプションの買い手は株式投資家で、相場の下落に備えて保険をかけたいと考えている。暴落のリスクに対して、わずかばかりの保険料(プレミアム)なら喜んで支払う。一方のロングタームは、保険料を徴収する代わりに、市場が暴走したときには、損失を引き受ける義務を負う。事実上、ロングタームは双方向——急速な下落と急速な上昇——のリスクに対して、保険(オプション)を売っていることになる。

買い手はというと、ロングタームほど高度な経験知識があるわけでなく、オプション価格が適正かどうか判断がつかない。しかし、海辺に美しい邸を持つ男が、いやな台風シーズンにおびえるのと同じで、保険料の相場がどうあれ、ともかく保険に入りたいと考える。アジア市場で混乱が続き、赤字どころか鼻血が出そうな水準まで株価が下がるなか、神経過敏になるのも無理はない。新聞を開けば毎日のように、どこかの評論家が登場して、とどめにもう一発、特大の下げが来ると予言している。投資家が安全ネットへの出費を増やし、オプション価格を押し上げても少しも不思議でない。欧州では金融機関が、投資家の不安につけ込んで、価格下落リスクをヘッジした株価指数商品——これ以上は「下がらないようにできてます!」という商品を売り込んでいる。こうした金融機関は、相場が実際に下落した場合に備えて、我が身を守るためにやはり保険に入る。ロングタームの考えでは、これがオプション価格を人為的に押し上げている。

ロングタームの見方が正しいとすれば——オプション価格が高すぎるのであれば——ロングタームは実質的に、保険に割高な料金を請求していることになり、オプション契約の期間が満了する五年後、最終的に得をすることになる。この取引は、他のヘッジファンドも多く手がけている。こうした機関が一般の投資家に、市場で保険を提供しているわけだ。ばかばかしいとばかりは言えない。ヘッジファンドはこう言う。「保険にばかげた値段を支払おうという客がいるのに、売らない理由がどこにある？」

しかし、そうはいっても、ハイリスクであることは間違いない。まず、誰もが承知の通り、市場のボラティリティを予想するのは当たるも八卦、当たらぬも八卦といったところで、いやそうではないと言うのは、過去は未来を測る確実な物差しだと信じている人たちだ。アジアで危機が勃発すると、誰に予想できただろう？　あるいは、危機が勃発したあと、市場がどれだけ神経質になるか、市場のボラティリティがどこまで高くなれば〝適正〟であるか、誰に分かる？　フロリダに霜が降りるかどうかを予想するのと変わりない。

しかも、エクイティ・ボル取引では、ボラティリティに関する判断が最終的に正しかったとしても、やはり損失を被る可能性がある。長期のオプションは取引所では売買されていないので、ロングタームは一対一で契約を設定しなければならない。それをJPモルガンや、ソロモン・ブラザーズや、モルガン・スタンレーや、バンカース・トラストといった大手に売る。こうした複雑な契約を売り買いする市場は小さく、ほんのひと握りのプレーヤーが〝事前の約束〟ベースで取引している。しかも、構造的に需給のバランスが取れていない。モルガンなどの銀行は、ロングタームからありがたくボラティリティを〝買って〟いる。銀行は銀行で、個人投資家に保険を売っているからだ。要するに、企業なり個人なり、買う側には自然に投資家のプールができている。だからこそ、ボラティリティの価格は、数学者が理論的に弾き出す水準をやや上回ることが多くなる。ところが売る側に目を転じると、人影はまばらだ。売り手がひとりもいなくなったり、株式投資家がいっせいに保険を買おうと焦り始めたりすると、ボラティリティの価格はさらに上昇する。

そしてロングタームは、決済しなければならない——オプション価格の変動に従って、支払ったり受け取ったりを、毎日、実行しなければならない。エクイティ・ボル取引は、長期的には利益を生むかもしれないが、それはあくまで、短期的な損失に耐えられればの話だ。期間が五年となると、大型取引の損失は巨額になり得る。ある日、売り手がひとりもいなくなることも考えられ、そうなればモルガンなどの銀行は、いくらなりとも払うに値すると判断した価格を支払おうとして、オプション価格を押し上げるだろう。つまりロングタームは、最終的な、結果としてのボラティリティの幅だけでなく、毎日の〝推定〟ボラティリティにも賭けていることになる。そして〝推定〟ボラティリティは、他の投資家がオプションにどこまで支払うかで決まる。言いかえれば、ロングタームは、そういう自分たち以外の、おそらくは合理的精神に劣る投資家が、価格を押し上げることはないという見通しに賭けている。これは——パートナーの信条に反して——純然たる投機にほかならない。短期的な値動きのリスクに無防備に身をさらすことで、彼らは厳密な数理モデルを武器に持つ優位を、そっくり捨ててしまった。

ロングタームはオプションの価格設定で、市場のボラティリティを年間一九パーセントと想定していた（トレーダーはこれを、「一九パーセントでボラティリティを売る」という）。オプション価格は上昇し、ロングタームは売り続けた。他の機関は売るにしても取引高が小さい。だがロングタームは違った。ひたすら売る。ローゼンフェルド、ヒリブランド、モデストの三人がグレニッチで売り、ハガニとハシュミッドがロンドンで売った。最終的に、エクイティ・ボラティリティが一パーセント変動するごとに、米国市場で四千万ドル、欧州市場でもほぼ同額という途方もない損益が出入りすることになった——おそらく市場全体の四分の一に相当する。モルガン・スタンレーはロングタームに、あるニックネームを進呈した。いわく〝ボラティリティ中央銀行〟。

実際、エクイティ・ボルはロングタームの基本形ともいうべき取引だ。スプレッド取引の多くは、ロングタームのボラティリティに対する考え方の間接的な表明である。パートナーたちの信条によると、投資家はいずれ、もっと合理的に、もっと安定的に、もっと効率的に——もっと彼らに似た存在に——なるはずで、したがって、信用スプレッドはいずれ縮小するはずだった。「ぼくたちはいつもそう信じていました」ローゼンフェルドは言う（注1）。エクイティ・ボル取引はこの信条をさらに明確に表したもので、ロングタームのマートン的世界の中心にあるのがボラティリティであることを、改めて示す取引だった。「MIT卒タイプはいつもボラティリティを売ろうとします」一九八〇年代に原油トレーダーとしてソロモンに在籍していたアンドリュー・ハルは言う。「秀才たちの頭の中にはブラック＝ショールズ式が刷り込まれていて、正規分布が当たり前だと思っています。それが彼らの聖杯なんです」

❁

一九九八年の最初の数カ月間、市場は平穏だった。国際通貨基金（IMF）が韓国救済策をとりまとめ、これを境にアジア危機は沈静化に向かった。欧州では、ユーロ発足まで一年を切り、投資家は楽観ムードに浸りきっている。米国では、ダウが過去最高値を更新した。投資家の信認が回復するにつれ、債券のスプレッドが縮小する。格付けシングルAの社債（フォードなど有力企業が発行する）の国債に対するスプレッドは、一九九八年年初の七五ベーシス・ポイントから、二月には七〇ベーシス・ポイントまで縮小した。

こうした強気のトレンドが重なる背景には、一見関係なさそうだが、前年秋の危機はどうやら収束したという認識の広がりがある。一九九七年十月、アジア危機勃発後、メリルリンチは債券トレーダーに命じてポジションを圧縮させた。実際、市場から姿を消していたが、一九九八年の初めに復帰し、以前の通り取引を再開した。市場はこれまでにも、いくつもの危機を乗り越えてきている。そのたびに、米国やIMFが、メキシコ、タイ、韓国を救済するのを見てきた。「誰ひとり、アジア危機が拡大するとは思っていませんでした」メリルのリスク・マネジャー、ダン・ナポリは、何事もなかったように自己勘定売買を再開したトレーダーを指して言う。こうした楽観的な見方が、こちらの銀行からあちらの銀行へと、トレーディング・フロア伝いに浸透し、必然的に信用スプレッドは縮小に向かった。

ロングタームの雰囲気も平穏だった。レバレッジは上昇し、パートナーの個人債務も膨らんでいたが、エクスポージャーはまずは許容範囲内と見えた。ある推計によると、パートナーの個人資産はヒリブランドひとりで五億ドル、メリウェザーもやはり数億ドルといわれた。それにパートナーは見たところ、ポートフォリオを巧みに組んでリスクを管理していた。モデルの計算によると、一営業日に発生する予想最大損失額は、四千五百万ドル——その百倍の自己資本を持つ会社にしてみれば、なるほど許容範囲内だろう(注2)。同様のモデルによると、ロングタームが一定の期間にわたって立て続けに不運に見舞われる事態——例えば、一カ月で自己資本の四〇パーセントを失うというような——は、確率からいってまず考えられなかった(これまでのところ、月間成績は最悪でも二・九パーセントの損失)。実際、こういう数値から見ると、いわゆるテン・シグマ・イベント——発生する確率が十の二十四乗年に一度とされる統計上の異常値——でも起こらない限り、ロングタームが一年以内に自己資本をすべて失うことはないと考えられた(注3)。

パートナーに懸念があったとすれば、それは損失の見込みではなく、利益の見込める投資先が見つからないことだった。格好の取引を見つけなくてはという圧迫が募るにつれて、しだいに人影まばらな、ツンドラ地帯へと迷い出し、ブラジル債やロシア債、デンマーク・モーゲージなどに手を出す。ブラジルをはじめ新興市場担当のマーティン・シーゲルは、ロングタームでは浮いた存在だった。ひと昔前のタイプのトレーダーで、モデルについては何ひとつ分かっていない。ソロモンでメリウェザーの部下だった頃、メキシコの電話会社への投資で当てたことがあり、ＪＭは例によって義理堅く、この男にロングタームのポストを与えていた。

ロングタームは同時に、方向性に賭ける取引を増やしていき、もともとトレードマークだった慎重なヘッジ戦略を廃してしまった（ポートフォリオの一部について）。ショールズはそういう取引に目を剝《む》き、特にノルウェー・クローネでとった巨額のポジションに反対した。ロングタームはモデルに忠実であるべきだというのが、ショールズの意見だった。ノルウェーについてなど、〝情報の優位〟を何も持っていない（注４）。一年ほど前、ギリシャ債を買う案が出たとき、ハガニは声を荒らげたものだ。「どうしたら、ギリシャ経済を信頼できる？」ところが今回、みずからが詰め寄られる立場になったハガニは、反対意見に耳を貸そうとしない。自分だけは絶対に失敗しない気がしていた。ほかのパートナーを押し切って、結局我が意を通す。

そのうえ、ロングタームは株式にのめり込んでいった。ハイテク企業の多くが、プット（プット・オプション）を割安で発行して従業員ストック・オプション制度の運用に利用しているのを見て、マイクロソフトやデルといった企業のプットを大量に購入し、Ｓ＆Ｐ五百種のプットを売ってヘッジする。取引を実際に組むのはモデストだが、設計しているのは、いつも決まってハガニだった。社員のひとりがあるとき、モデストが大企業の株を――記憶によればマイクロソフト、デル、ゼネラル・エレクトリックなどの銘柄を――どうやらハガニの思いつきで、空売りしているのを見て仰天した。モデストはこう説明する。「ハガニがふらっとやってきて、これこれしたいから、こうしてくれって言うんだ」分かるだろうといった調子で、「ハガニはあの通りだし――ほかにどうしろっていうんだい？」

ここに至ってロングタームは、その資金をとにかく〝どこか〟に突っ込むという、命にかかわる誘惑に屈するようになった。明らかに投機的な見通しに基づき、オプションを通じて、米国株が下がる方向に賭け始める（注5）。その頃、統計的な手法が得意なアラン・スーニエという若手の株式リサーチャーが、モデルに基づいて、S&P指数に組み入れ間近と見られる銘柄を選んで買いを進言した（S&P指数に組み入れられると、自動的に買いを設定しているポートフォリオが多い）。ヒリブランドはこの考え方に大いに興味を示したが、スーニエのモデルを無視してその推奨する銘柄を捨て、新たな銘柄を加えた。そして全銘柄を大量に買うと言い出した。この取引の投資額は想定ベースで二十億ドルという天文学的数値に膨らんだ。同僚に何が起こったんだときかれて、スーニエは両手を挙げた。「ヒリブランドがこっちの銘柄を全部捨てちまった」

ヒリブランドはさらに、ウォーレン・バフェットが経営する持株会社バークシャー・ハサウェイを空売りした。傘下企業の個別の業績に比べて買われ過ぎと見たからだ。しかし、バークシャーの資産の多くは非公開なので、個別企業の株を買うわけにはいかず、アービトラージとしてはまずい出来になった。いつも精緻な計算が働く男だったが、やや策に溺れるきらいがあり――億万長者をだしに甘い汁を吸おうとするところなど――ファンドを危うくも専門から離れた領域に連れ出してしまった。誰がどう見ても無分別だった。巧みに考え抜かれた取引ですら、パートナーたちは完全に規模の感覚を失っていた。結果的に損失につながったある取引では、スターウッド・ホテル＆リゾーツという、やはり事業を広げすぎ気味だった不動産会社のジャンク債の一五パーセント、四億八千万ドルを買っている。

　ロングタームの取引が、このときほど監査を必要としていた時期はかつてなかったが、パートナーたちが毎週開くリスク管理ミーティングは、筋書き通りの芝居めいた色が濃くなっていった。かつてイタリアについて調査し、分析した頃の辛抱強さはもはやなく、議論こそ白熱したものの、結末はあらかじめ決まっているようだった。ショールズは各種のポジションの大きさに抗議した。何やかやで、大型取引の一部では手仕舞いがむずかしくなっている――明らかな危険信号だった（注６）。マートン、マリンズ、マッケンティも抗議した。しかし、不賛成組は、辞めるといって脅すことまではしなかった。そこまで踏み込めば、ＪＭとローゼンフェルドが腰を上げ、トップ・トレーダーたちと対峙することになっただろう。しかし現実には、ＪＭはきびしい決断を迫られずにすんだ。

　ヒリブランドとハガニは、他人の話に耳を貸そうとしなかった。若手社員の印象では、ふたりとも衝動的な面があった。ハガニに関してはさほど意外とは思えないが、ヒリブランドがそうだというのは、不思議な感じがする。知的好奇心の旺盛なモデストは、同僚にからかわれる通り〝ヒリブランドの取引執行奴隷〟を務める立場に、つくづく嫌気がさしていた。ロングタームではめずらしく多方面に興味を持つ教養人で、美術に文学、ダンスにオペラを愛好している。金融に対しても、事業としてではなく学問としての興味の方が強く、上級パートナーに手綱を握られ、時間を管理されるのが不満で、脱出しようかと考えていたところへ、一九九八年、下級パートナーに昇進した。トレードマークだった慎重さを失いつつあるロングタームの現状には、失望を感じていた。ふたりのトップ・トレーダーに完全に牛耳られ、構造が歪んでしまっている。パートナーシップとは、名ばかりだった。

ウォール街からは、そういう内部の軋轢《あつれき》が見えない。事実、銀行はロングタームにただ乗り同然の待遇を与え続けた。メリルリンチなど嬉々として、ブラジル向け――ハイ・リスクな市場だ――投資に、あるかなきかのヘアカットで融資した。メリルのレポ・デスクは不安を募らせ、ヘッジファンド担当のクレジット・オフィサー、ロバート・マクドナーに、ロングタームの新興市場向けエクスポージャーについてうるさく問いただした。マクドナーは笑って言った。「あの会社とは運命共同体だ。あっちが落ちれば、こっちも落ちる！」

まさかそんなことはありえないというような調子だ。実際、グレニッチに対するメリルの信頼の大きさは、四月一日、瞳を輝かせた幹部クラスの百二十三名が、繰り延べ報奨プランを使って、メリルのロングターム向け投資の大半を買い取っている（個人ベースで、別々に）ほどだった。タリーの後を継いで会長の座に就いたコマンスキーは八十万ドルを投じた。メリル幹部は合計で二千二百万ドルを投資している。皮肉なことに、ロングターム設立の産婆役を務めたほかでもないメリルが、誰よりも頂上に近いところまで登ってしまった。やがてその幹部たちが、坂道を転げ落ちる羽目になる。

メリルがロングタームへの融資に励むのも、金融界全体の緩んだ空気を映したもので、事実、ウォール街は新興市場向け投資に熱をあげていた。資本主義の新天地《ニルヴァーナ》として、ロシアが持てはやされた。「みんな口をそろえて、こう言っていました。『アジアは孤立している。場所を変えよう』新興市場に流れた資金は莫大な金額になります」メリル欧州・英国債券部門の当時の責任者、リチャード・ダンは言う。そういう状況の中で融資を断るのは、競合相手にみすみすチャンスを譲るも同然で、かなり勇気の要ることだった。「我が身を守るのに必要なヘアカットを読み違えていました」ダンは認める。「ロングタームだけを相手にした間違いではありません。市場全体が圧力でした。ビジネス・チャンスを逃すなと説く組織に逆らうのは――手を挙げて『わたしは反対です』というのは――とても勇気の要ることです。ウォール街全体が道を踏み外していました」

四月、サンディ・ワイルは、うかうかと買ってしまったソロモンを組織に組み込もうと苦労する一方で、金融界では過去最大となる合併計画、トラベラーズとシティコープの合併を発表した。ウォール街の極端な楽観ムードを象徴する一件だろう。三十年国債の利回りは六パーセントを割り込み、安定的で罪のない、メリウェザー若かりし頃の債券市場を思い出させた。今日よりすばらしい明日を誰もが信じているうえに、貸出意欲が全般に旺盛で、信用力にはっきりと問題がある企業ですら、低い金利で融資を受けられる。スプレッドがここ数年で最低の水準まで下がり、格付けシングルAの債券で六〇ベーシス・ポイントになった（年初は七五ポイント）。スプレッドの縮小は、ロングタームの損益計算書にとってカンフル剤と同じ効き目がある。第一四半期をとんとんで終えたあと、四月にほぼ三パーセントの利益をあげた。四月末はだいたい、スプレッドが底に、市場の確信が天井に達した時期にあたり、ロングタームにとってもここが絶頂だった。このときの資産総額がじつに千三百四十億ドル。わずか四年のうちに、パートナーの手数料徴収前で四倍になっていた。手数料徴収後で計算すると、スタート時に投資した一ドルが二ドル八十五セントに増えている。五十カ月足らずで一八五パーセントという記録的なリターンを達成したことになる。

成功にあぐらをかくどころか、パートナーたちは、ディック・レーヒーを先頭に、バミューダに本籍を置く再保険子会社オスプレー・リを設立した。資本金二億ドルで出発したオスプレーは、金融リスクの保険会社というロングタームのセルフ・イメージを具現化したものだ。ここでは、大型の嵐や地震や台風による損害などの具体的なリスクに再保険を提供する計画だった。イタリアの銀行ＢＮＬと合弁でミューチュアル・ファンドを設立する計画は、イタリア側が難色を示し、つぶれていた。だが、パートナーたちは新たに別の分野に目を向け、非上場のベンチャー企業向けファンドの設立を計画する（注7）。もはや怖いものなしの風情だった。

市場のいつもの流儀で、問題の存在を示す最初の兆しは、ばらばらに現れ、それ自体は些細な出来事で、一見、相互になんのつながりもないものだった。リーマン・ブラザーズのエクイティ・デリバティブ部門責任者ジョン・サッコは、ウォール街が爆弾を弄んでいることに気づいていたひとりで、特にデリバティブに内在するレバレッジを懸念していた。サッコは四月末、独自の視点を持つニュースレター出版社の経営者、ジェームズ・グラントが主催する投資家向けセミナーで講演する。ある質問に答えて、ウォール街の経営陣の一部——ひょっとしたら全部——は、社内の二十六歳のトレーダーが今日どれほどのリスクを操っているか、まるで分かっていないと述べた。少々言い過ぎたと思ったのか、リーマンの経営陣はちゃんと報告を受けていると付け加えた。しかし、異端の説はたしかに発表された。ウォール街のお偉方は事態をつかんでいないとほのめかした咎《とが》で、先見の明を持つサッコはリーマンを追われた。

ゴールドマン・サックスのパートナー、ロイド・ブラックフェインも、金融システム全体でのレバレッジの大きさを懸念していたひとりだった。ニューヨーク連銀の運用部ヘッド、ピーター・フィッシャーに意見を述べ、今の金融界はいわば、わざわざ藪をつついて、どこかに潜む第二のメキシコが次の金融危機の引き金を引きはしないか確かめようとしていると語った。ブラックフェインの見たところ、今度の山は、どこか特定の市場に限った問題ではなく、信用の問題になりそうだった。リスクが区別されなくなっている、と暗に信用スプレッドの縮小を指して、苦言を呈した。この時期、何もかもが短期国債になっていた。

バンカース・トラストのスティーブ・フリードハイムは、この年の春、シンガポール、香港へと出張した際に警報ベルの音を聞いた。それまではメキシコの急速な回復ぶりを見てきただけに、アジアも難なく立ち直るものと楽観的に見ていた。しかし、アジアで目の当たりにした光景に、その見通しが揺らぐ。〝いくつものビッグ・プレーヤー〟が資金を引き揚げていたからだ。香港の会員制クラブでの昼食の席で、ある大手行が突然、取引の条件を変更して対アジア投資を縮小した。フリードハイムは暗い見通しを抱いて米国に戻った。「それから、アジアで売りのポジションをとるようになりました」米国市場の信用スプレッドは過去最低の水準に縮小していた。ならば今後の方向はひとつしかない。アジア経済の腰の弱さがはっきりしてくれれば、なおさらそうなると思えた。

いつの頃からか、ウォール街のトレーダーは、みな同じ結論に達するようになった。銀行も証券会社も、リスクの高い、流動性の低い債券のポジションの圧縮に動き始める――これは言うまでもなく、ロングタームのポートフォリオを構成する債券そのものだ(注8)。示し合わせた売りではなかったが、効果はそれに近かった。なにしろ銀行のトレーディング・デスクは、たいてい似通った証券を保有している。メリウェザーの背に一瞬、疑いの戦慄が走ったかもしれない。実際、スイス銀行のマネジャー、シシリアーノを訪ねた折、ファンド以外に、パートナーたちの資産の投資先を探していると口にした。株とか不動産とかになりそうだという。ファンドに集中しすぎているとも言った。一部を回収する機会をつい最近見送ったことなど、記憶にないかのようだった。

そのなかで断然、明確な不安を感じていたのは、トラベラーズだ。経営陣は、買収したばかりの子会社ソロモン・ブラザーズの債券アービトラージャーが、毎年一千万ドル以上もの年末ボーナスをせしめていたと知って仰天した。ワイルもその側近のジャミー・ディモンも、かつてヒリブランドが勝ち取ったスター優遇制度に眉をひそめた。この制度のもと、ソロモン（この頃はソロモン・スミス・バーニー）のトレーダーは稼いだ収益の一定比率を自分の懐に収めている。損失の罰則は課せられていないので、会社の資金を使って張れるだけ張ろうとする歪んだインセンティブが育っていた。ワイルとディモンは、基本的に、アービトラージとはお化粧を施した博打だと見ている。したがって驚くには値しないが、ソロモンの大口顧客であるロングタームにも懐疑の目を向けた。合併後間もなく、ディモンはロングタームにもっと詳しい情報開示を求める。メリウェザーはとっさに、そういう情報は非公開だと応じた。グレニッチになんの義理も感じていないディモンが、ならば取引を打ち切ると脅すと、ＪＭはしおらしく要求に従った（注9）。新しい風が吹き始めた。

ソロモンのアービトラージ部門の責任者ロバート・スタビスは、ロングタームと同じく、株に手を伸ばそうとしていたが、今度の経営陣、特にソロモン・スミス・バーニー国際株式部門のヘッド、スティーブン・ブラックが、そうはさせてくれなかった。エクイティ・ボルの取引拡大も熱望していたのに、ブラックがどうしても許さない。いつもロングタームの影法師のようだったソロモン・アービトラージ部門は、慎重路線に転じていった。ＪＭがもっときびしく手綱を握っていれば、ロングタームもそうなっていたかもしれない。

四月、ソロモン・アービトラージ部門は二億ドルの赤字を出し、この部門を先々どうするか、真剣な話し合いが始まった。スタビスが上層部に向かって、ワイル以下これからも損失を覚悟しておいた方がいいと忠言する。目先の収益が最優先というウォール街の論理にのっとって、自身トラベラーズの株価に一喜一憂しているワイルにとっては、ありがたい話ではない。スプレッドが縮み切っている事実を踏まえて、トラベラーズ経営陣は規模縮小という理にかなった――しかし、どういうわけかメリウェザーの理性には訴えなかった――決断を下した。ソロモンで唯一の明るい材料は、シティコープとの合併計画が実現すれば、アービトラージがさほど目立たなくなることだ。トレーディングの損失がどこまで広がるかを論じ合う中で、ワイルはよくこう言った。「爆弾を落とされても、針で刺されたくらいにしか感じない図体が欲しいものだ」シティコープの一員となれば、そうなるだろう。それでも、念のため、ソロモンのある役員がロングタームを訪ねて、取引にどの程度の資本を充てているのか尋ねた。ロングタームは答える。「ほとんど充てていません」それまでアービトラージ取引をさほど詳しく分析していなかったソロモンは、狼狽した。明らかに双方とも、レバレッジに頼り過ぎている。その後、少なくともソロモン・スミス・バーニーの方は、取引を縮小し始めた。

五月、ロングタームのモデルの表示とは逆に、アービトラージのスプレッドが拡大に転じる。債券アービトラージャーは損失を被り、緩やかながら断ち切りがたい売りサイクルに入った。ソロモンなど、損失がかさんですでに自己資本が擦り減っていた銀行は、自己資本比率が悪化し、自行のコンピューターで弾き出した目標水準を割り込むようになった。それでまた少し、売りを増やす。「市場のポジション解消が増えると、ボラティリティが上昇します」ソロモン・ロンドン・オフィスのあるトレーダーは言う。「それでますます売らざるを得なくなるわけです」

痛みは針で刺された程度だったが、ワイルが覚悟していたのとは別の針もある。そのうちのひとつが、モーゲージ市場をちくりとやった。一九九四年に債券市場が混乱したときも、震源地はここだった。モーゲージ担保証券が値を下げ、ヘッジファンドはやむなく他の市場のポジションを取り崩した。例えば新興市場だ(注10)。俄然、アジアが騒がしくなる。〝アジアの虎〟の雄、インドネシアで、ＩＭＦ

の救済策が暗礁に乗り上げた。五月、市民の暴動騒ぎでスハルト大統領が退陣を余儀なくされ、三十二年間続いた政権が幕を閉じる。革命の真の立役者は、為替トレーダーだった。売りを浴びた当局は通貨切り下げに追い込まれ、腐敗した独裁君主の縁故資本主義が馬脚を現した。

投機筋の次のターゲットは、誰の目にも明らかだった。凶兆著しいロシアだ。ロシア中央銀行総裁セルゲイ・ドゥビニンは、ルーブルは安泰だと宣言した。もっと確かな言葉を添えたいと思ったのか、「切り下げはない」と付け加えた（注11）。五月末、ドゥビニンは資金流出を阻止するため金利を三倍に引き上げる。ロシアの金融システムは、もともとぐらついていたのが、今や崩壊の淵にあった。一方で、米国経済にブレーキがかかり始めた――これは当然、債券相場の追い風となる。国債利回りが低下し、したがって国債に対する社債など各種債券のスプレッドが拡大に向かう。ロングタームにとって、見通しとは逆のトレンドで、この月、六・七パーセントの損失という過去最悪の成績を残した。

のちにUBSとの合併でロングターム最大の投資家となるスイス銀行は、この損失については何も知らなかったものの、不安を募らせていた。ワラント契約をよくよく吟味したうえで、スイス銀行のデリバティブ責任者ティム・フレッドリクソンが、シシリアーノに電話を入れ、釘を刺した。「結構ずくめの契約じゃないぞ」基本的な問題は、ヘッジをかける手段がないことで、スイス銀行は下方リスクに対して丸裸だった。「あの時点では」シシリアーノは当時を振り返って言う。「良性の腫瘍のようなものでした。事態が悪い方に傾けば、問題になるだろうとは思いましたが、彼らはそれまで一度も問題を起こしたことがなかったのです」

六月、件《くだん》のワラントを売り込んだセールスマン、タンネンバウムがUBSを去った。展開し始めたドラマの脚注とでも呼ぶべき出来事だった。それより重要なのは、信用スプレッドの拡大が止まらなかったことだ。さらに不気味なことに、ロングタームが参加していた市場のすべてで、スプレッドが拡大していた。どれか特定の証券に限った問題ではなく、信用が全面的に悪化し、リスクに対して求めるリターンの水準が低すぎたという認識が市場に広がっていた。投資家は安全性を求め、国債を買うためなら、いくらでも支払おうとしていた（つまり利回りがいくら低くてもいいから、ハイリスクな債券だけは買うまいとする）。

ＪＭの友人で、パートナーの一員でもあり、コンピューターとは別に自分の嗅覚を信じているジム・マッケンティは、市場の風向きが変わったのを嗅ぎとった。他のパートナーにリスクを引き下げるよう繰り返し促したが、非科学的なひと昔前のギャンブラーと見られ、相手にされなかった。コネティカットに引っ越してからというもの、ウォール街の人波に毎日揉まれることもなくなり、らちもないが時に役に立つトレーダー同士の噂話の輪からもますます遠のいてしまった。しだいにいらだちを募らせ、ある日、会社の帰り、グレニッチのホースネック・タバーンでロングタームの法律顧問ジェームズ・リカーズと落ち合う。リカーズは翌朝、アラスカのマッキンレー登山に出発することになっていた。「戻ってくる頃には、世界が一変しているだろうよ」マッケンティは暗い顔をして言った。

この頃、ウォール街のどこに行っても、マッケンティのトレーダー仲間の話題は〝質への逃避〟――つまり国債への大移動だった。六月中旬には三十年国債の利回りが五・五八パーセントまで落ち込む。政府が三十年物を発行し始めた一九七七年以来最低の水準だ。「（国債）市場の誰もが、売り越しになるのを恐れていた」クレディ・スイス・ファースト・ボストンのストラテジスト、マシュー・アレクシィは、ウォールストリート・ジャーナル紙にこう語った（注12）。ただひとりの例外、ロングターム・キャピタルは、毎日国債を売り越していた。ロングタームは基本的に国債を売ることで、保有するハイリスク債券をヘッジしている。そして国債が値を上げるにつれ、国債に対する他のスプレッドは拡大していく。モーゲージ担保証券では九六ベーシス・ポイントから一一三ポイントに、社債では九九ポイントから一〇五ポイントに、ジャンク債では二二四ポイントから二六六ポイントに広がる。安全なはずのオフ・ザ・ランの国債ですら、六ポイント強から八ポイント強まで拡大した（注13）。どの市場でもハイリスクな債券に要求されるプレミアムは上昇し、どの市場でもロングタームは損失を被った。

このやみくもなリスク回避の流れはどこから来たのだろう？　この時期、トレーダーはアジアに改めて不安の目を向けていた。日本では円が急落し、すでにどん底にあった景気がもう一段後退している。日本国債の利回りは急低下――ロングタームの賭けた方向ときっちり逆に振れた。しかも、日本は東アジア経済の要だ。日本が輸入を控えるにつれ、地域全域を巻き込んだ景気後退のシナリオがささやかれるようになる。インドネシアのルピアは、危機以前の水準を八五パーセント割り込んでいた。韓国では株式市場が一日に八パーセント下落。不安は地域全域を覆っており、なおも毎日のように、別な場所から噴出した。

ロシアから響いてくる太鼓の音も、着実に高くなる。六月、ゴールドマン・サックスを主幹事に据えて、ロシア政府は十二億五千万ドルの五年物ユーロ債を一二パーセントという控えめな（ロシアにしては）利率で発行した。この起債は、まさに営業力の勝利というべきで、投資家はロシアの問題は収束しつつあると一瞬信じ込んだ。しかしゴールドマンの動機には、若干の思惑が絡んでいたとも考えられる。言うまでもなく、主幹事は数千万ドルの手数料を手にする。そのうえ、ゴールドマンはロシア向け融資残二億五千万ドルを抱えていた。起債のおかげで、ロシアはじつに絶妙のタイミングでこれを返済している。約一世紀の歴史を刻む投資銀行ゴールドマンは、近く株式公開を予定しており、ロシア向け融資はバランスシートから削除しておきたかった。しかも株式公開の予定はその年の秋で、みずからあおったロシア楽観論がいつまでもつか、気長に見守っている余裕はない。自分でローンチしたロシア債を抱え込まないよう、早々に在庫を放出した（注14）。六月末、ゴールドマンがＪＰモルガン、ドイチェ銀行と組んで発行したこの新発債のおかげで、外債市場はロシア債であふれかえった。ロシア一年債の利回りは一気に九〇パーセントまで上昇する。

米国にすら、景気減速の兆しが現れた。株式市場は急に不安定になり、オプション価格が急騰した。ロングタームにとっては直撃弾で、インプライド・ボラティリティは二七パーセントに上昇した。これを大幅に下回る水準で売っていたので、巨額の損失が発生する。六月は全体で、一〇パーセントの損失となった。月間成績としては創立以来、飛び抜けて最悪である。これで一九九八年上半期は一四パーセントの損失となった――一定の期間にわたって損失が続くのは初めてだった。

ソロモン・スミス・バーニーのアービトラージ部門でも、損失が発生していた。先だってワイルは、浮き沈みの激しいトレーディング損益とうまく折り合っていくと約束していたが、果たせなかった。六月が終わらないうちに、米国債券アービトラージ部門をたたむ決心を固める。どうしても好きになれない部門だった。ならば、なぜソロモンを買ったのかと、ふつう疑問に思うだろう。なにしろアービトラージはソロモンのドル箱だった。それはさておき、ソロモンは本腰を入れてポートフォリオを売却し始めた。言うまでもなく、ソロモンのポジションはロングタームのそれとかなりの部分重なっている。かくしてソロモンの売りが、ロングタームのポートフォリオをますます圧迫する。ロングタームを下降スパイラルに突き落とす引き金となったといってもいいだろう。メリウェザーは古巣の臨終を見届ける立場になったが、その古巣は墓の中からメリウェザーにとり憑いた。

ソロモンと同じくロングタームも、単純なスワップ・スプレッドでショート・ポジションをとっていた。スワップ・スプレッドは、広く利用される一般的な金利をもとに導き出される。スワップのレートとは、その時々で、銀行や保険会社などの投資家が、LIBOR（短期銀行間金利）での支払いを約束する代わりに、相手に要求する固定金利の水準をいう。ミソは、LIBORが変動金利であることで、これが先々どの水準になるかは誰にも分からない。通常スワップ・レートは、国債利回りをやや上回る水準となる。この国債利回りとの格差をスワップ・スプレッドといい、信用市場の不安感を測る基本的な指標とされている。投資家が、将来の金利変動リスクを引き受ける対価として要求するプレミアムの水準を表すからだ。

一九九八年四月、米国では、スワップ・スプレッドは四八ベーシス・ポイントだった。ここ数年の平均に比べて高水準で、一九九〇年代はおおむね三五ポイント以下で推移してきた。ただし前回の景気後退期にあたる一九九〇年には短期的に八四ポイントまで上昇している。ロングタームは当面、景気後退はないと見て、スプレッド縮小の方向に——莫大な金額を——賭けていた。欧州でとったポジションは、もう一段入り組んでいる。英国のスワップ・スプレッドは四五ポイント、ドイツではわずか二〇ポイントと、異例に格差が広がっていた。この違いには経済上の理由もあったが、結局は一時的で、不自然な歪みと見えた*。したがってロングタームは、英国・ドイツ間の〝スプレッドのスプレッド〟が縮小する方向に賭けた。

＊英国では、政府が借入を控えている影響で国債利回りは低下し、スプレッドが拡大していた。一方のドイツは、逆に、政府

が借入を増やしている影響でスプレッドが縮小に向かっていた。

このスワップ取引はどちらも、価格収斂を利用する巧妙な取引だ。ただ、いかんせん、歴史の示すとおり確実ではない。スワップ市場には厚みがあり歴史もあるので、モデリングにはかなり適している。しかし、他の諸々の取引にもいえることだが、ロングタームのポジションの規模は常軌を逸していた。さらにソロモンがその（ほとんどそっくりの）スワップ・ポジションを解消し始めたことで、ロングタームのポジションはどちらも損失を出し始めていた。米国のスプレッドは、五六ポイントまで広がり、英国とドイツとの格差も広がった。

追い討ちをかけるように、七月、ソロモンの米国アービトラージ撤退の噂が公になる。ウォールストリート・ジャーナル紙にリークされた上層部のメモには、不吉にもこう書かれていた。「アービトラージの収益機会は長期的に減少傾向にあり、一方でリスクとボラティリティは拡大する傾向にある」（注15）。当然ながら各社のトレーダーは、ソロモンのスチームローラーに踏みつぶされまいと、金利スワップをはじめアービトラージ取引の手仕舞いに走った。

ロングタームのパートナーは、市場第二位のプレーヤーの撤退が何を意味するのか、いかにも影響を甘く見ていた。ほかの参加者が穴を埋めると予測したからだ。ある下級トレーダーが、エリック・ローゼンフェルドに大丈夫でしょうかと尋ねたところ、ローゼンフェルドはけんもほろろに、パートナーがすべて承知しているからと言い放った。七月、スイス銀行とUBSの合併が成立、メリウェザーのもとを訪れたシシリアーノは、ロングタームがここ数カ月にいくら損失を出したかを知らされ、息を呑んだ。しかし、JMは見たところ自信満々で、ひと安心した顔つきといってもよかった。ようやく、待ち望んでいた不振の一カ月ないし二カ月が出現したのだ。ただひとつ気がかりなのは、ロングタームが手がける取引のすべてで損失が発生していることで、これはJMの想定外だった。それでも涼しい顔で、これで押し目を拾って、お気に入りの取引を買い増せると言った。シシリアーノは、この頃にはロングタームに対して不安を抱いており、さっそくUBSのチーフ・リスク・オフィサー、フェリックス・フィッシャーに連絡して、ロングタームの損失が続けばUBSは深刻なリスクにさらされると忠告した。しかし、どちらも上級経営陣には報告しなかった。

ロングタームの決済ブローカー、ベア・スターンズも、ロングタームの損失に注目していた。だが七月に入って、成績は回復に転じた。「P&L(損益計算書)を毎日見ることができましたから、七月上旬に急回復したことは分かりました」ベアのマイク・アリックスは言う。「じつは、彼らは改めて全面的にモデルを見直し、六月は予想範囲内の変調だという結論に達したようです。それが基本方針でした」

JMは用心深く、メリルリンチのアリソンをはじめ主要な取引先の役員に、損失について口頭で報告している。おおむね余裕のある口調だった。投資家向けレターではこう書いた。「この先のリターンは好転が期待されます」(注16)。用心深い半面、いつもゴルフコースで見せる人柄も顔をのぞかせている。損失で意気消沈してはいなかった。ゴルフ仲間に言わせれば、「自分自身とうまく折り合える」男だ。ロングタームの自信が揺らいでいなかった何よりの証拠は、人材を採り続けていたことだろう。パートナーたちは最新のテクノロジーに目がなく、この夏、ソフトウエア界の魔法使い《ウィザーズ》たちを新たに八名採用した。社員数はこのときがピークで、百九十名に膨れ上がった。

資産もたしかに圧縮した。資産規模を引き下げて、今や底をつきかけた引当金と釣り合わせるためだ。ただし、売ったのは少額にすぎない。方向性取引を一部売却しただけで、エクイティ・ボルやスワップ、ロイヤル・ダッチ・シェル株など、収斂取引での大型なポジションにはあくまで手をつけなかった。一部では、逆にポジションを積み増している（注17）。全体で、ロングタームの資産は千三百四十億ドルから千二百八十億ドルに縮小したに過ぎず、レバレッジは逆に、三十一倍へと上昇している。モデルに従って、通常の取引日一日に発生する予想最大損失額は四千五百万ドルから三千四百万ドルに引き下げられていた（注18）。ただしこれは、リスクを測るにはきわめて機械的な手法である。つまり過去のボラティリティを物差しに将来を測ろうとする手法で、例によって、ロングタームという車のハンドルを握ったパートナーは、バックミラーだけをにらんでいた。

七月、市場ではぎこちない展開が続いた。ロシアではルーブル切り下げ懸念がくすぶり続け、短期債利回りが年率一二〇パーセントという途方もない水準に達した。とはいえ、グローバル市場の投資家――ネットにつながりっぱなしでCNNやらブルームバーグやらの画面を永遠にチェックし続け、どうやら一睡もしないで生きていけるらしいトレーダー――の地合いはというと、ロシアは問題ではあるが、それはロシア国内だけの問題だと見ていた。あるロシア通が事もなげに言い放った通り、中銀はその気になればわけもなく、外貨を凍結して資金流出を食い止めることができる。彼はこうも言った。「誰も気にしませんよ。ただその辺のヘッジファンドが息の根を止められるだけ！」（注19）

本当に誰も気にしないとすれば、それは過去に金融界の警察が、問題の兆しが表れたと見るや、いかにもすばやく手当てしてきたからだ。七月、ルービン財務長官にせっつかれ、IMFのほか各国が二百二十六億ドルのロシア救済策をまとめた。金融危機ならなんであれ、IMFが退治してみせるという宣言とも見えた（この救済資金の大半は、ロシアのオリガーチ（訳注　経済を支配する新興資産家）たちがかすめ取り、国外に持ち出した）。ゴールドマン・サックスは投資家に、手持ちのロシア短期国債を、二十年債とスワップするよう勧めていた。向こう二十年どころか、二十週間先も定かでない時期に、だ。しかし、投資家はこの頃には、ロシアを信用の対象として分析しなくなっていた。やむなく古臭い決まり文句が持ち出される。「核保有国はデフォルトしない」一九七〇年代から八〇年代初頭にかけて、シティバンクのウォルター・リストン会長が、独立国家はデフォルトしないと言って中南米諸国に貸し付けたのとよく似ている。

さすがというべきか、トラベラーズのワイルとディモンだけは、いちはやくロシアにきな臭さを嗅ぎとっていた。「ワイルはロシアが大嫌いでした」トラベラーズ・ロンドンのあるトレーダーは言う。「あれは無法地帯だって」六月、あるIMF高官がソロモンを訪れ、モスクワを支援するよう要請した。モスクワの指導力を高く買っているという。次にIMFモスクワ救済チームの責任者は、攻め口を変えて、米国が核保有国のデフォルトを容認するはずがないと請け合った。だがワイルもディモンも、あけてびっくりの目に遭うのはご免だったし、ロシアに関わり合ってもろくなことはないと感じていた。ワイルは地政学に明るく、特にロシアには興味を持っていたが、投資銀行が資金を注ぎ込む場所ではないと見た。売り指令が発せられる。

ここでも、ロングタームとソロモンは、ひとつの取引の売り側と買い側に分かれた。ハガニとホーキンスはすっかり、ロシアはルーブルを切り下げるわけにはいかない――したがって切り下げない――と思い込んでいた（エコノミストが群れをなしてヘッジファンドからヘッジファンドへと渡り歩き、まさにこの説を布教して回っていた。ロングタームもそのうちの一社）。ロングタームにしても、もちろん、デフォルトは視野に入れている。ところが教授たちの手元にはモデルがあり、モスクワが実際にデフォルトを起こせばどういう事態になるか、モデルから予想できると信じていた（注20）。ハガニから見れば、この考えはどこまでも理にかなっている。「ぼくたちはつまり、経験を頼りにしていたわけです」のちに、ポートフォリオ全体についてこう語った。「経験から何も導き出そうとしないなら、膝を抱えて座っている方がましでしょう」(注21)。しかし、〝モデル〟から本当に国の未来を予測できるものだろうか？　市場だけでなく、政治家の動きやら、規制当局の対応やら、国民感情やらの要素も絡めて？　ロシアは、ロングターム型の取引の実験場としては、際立って環境が悪い。共産主義と袂を分かって十年も経っておらず、民主主義社会への移行をめざして試行錯誤の最中で、本質的に、予測不能といってもいい。ハガニの歴史の知識をもってすれば、そう悟ってよかったはずだ（チャーチルは一九三九年にこう言った。「ロシアの行動を予測するということはできない。それは謎であり、ミステリーという布で包まれ、不可解という箱に納められている」）。一九九八年、ロシアはまたしても、計量経済学の領域をまたぎ越し、グレニッチのコンピューターですらカバーしきれない領域に突き進んだ。

FRBは確かに、銀行の予想が過去に頼りすぎていることの危険性を認めていた。各銀行に宛てた公開レターで、銀行監督責任者がこう釘を刺している。「銀行は次のような誘惑に抵抗しなければなりません。……ここ数年続いている異例に好調な経済環境が無限に続くとの考え方です」話題は資本市場ではなく企業向け融資だったが、破綻やデフォルトという〝もうひとつのシナリオ〟に備えるべきだと力説し、今日という日を継ぎ目の跡すら残さず延長した先に明日があるという考え方に警戒を促した(注22)。このもっともな警告に反して、グリーンスパンFRB議長は引き続き、野放し同然のデリバティブ市場を支持していた。七月三十日、上院農林委員会で証言し、デリバティブ・トレーダーは「カウンターパーティを慎重に評価することで、きわめて効果的に信用リスクを管理してきた」と述べている。この発言から推す限り、グリーンスパンの目にはメリルもモルガンも、ロングタームのような顧客を慎重に監査していると映っていたことになる。遠くない将来、これが見事な間違いであったことが分かる(注23)。

七月も半ばを過ぎ、ロングタームの成績は尻すぼみに転じた。とんとんで月を終える。欧州、米国で株価がじりじり下がっていた。八月に入って、ロシア債がふたたび沈み始める。ウォール街の銀行やらヘッジファンドやらの売りの噂が市場を駆け巡った。そして売りの矛先は、東欧、中南米、アジアへと広がっていく。ロシア国内の問題とばかりも言えなくなってきた。

八月の第二週、ロシア市場がとうとう崩れた。八月十三日、ドルの国外流出が止まらず、外貨準備が細り、財政赤字が膨らんでいるうえに、主要一次産品である原油の価格が三三パーセント下落し、ロシア政府は通貨取引規制を実施する。金融システムが麻痺し、信頼できる支払い能力を有する銀行がなくなった。モスクワ株式市場は一時、取引を停止する。この日は六パーセントの下落で引けた。年初来では七五パーセントの下落だ。短期利回りは二〇〇パーセント近くまで急騰した。ロングタームが保有していたロシア債は、二カ月前、ゴールドマンがほくほく顔でローンチしたときの水準の半分に値を下げた。

世界がルーブル切り下げを待ち構え、ロシア政府が切り下げはないと言い張るなか、共産党が過半数を占めるドゥーマ（ロシアの下院にあたる）が、ＩＭＦの突きつける改革案を否決した。議員たちはそのまま夏休みに入る。政府はドゥーマ再開を呼びかけたが、はねつけられた。もっともその頃、政府要人の多くは、ボリス・エリツィンからして、すでに海辺の別荘《ダーチャ》で憩っており、国はこの窮状に、主の居ぬまま向き合わなくてはならなかった。モデルには組み込みにくい事態だ。

米国でも欧州でも、悪材料のリストがのび続けるのを見て、市場は身震いした。ロシアは危機に瀕し、アジアは腰が定まらず、イラクは兵器査察団の受け入れを拒否し、中国は中国で人民元切り下げ懸念が台頭し、クリントン大統領はホワイト・ハウス研修生モニカ・ルインスキーとの関係をめぐって証言を求められている。グローバル市場の投資家はロシア、アジアから撤退し、我先に国債へと殺到した。誰もリスクを取りたくないときの安全港だ。三十年国債利回りはまたも過去最低を更新、五・五六パーセントに下がった。

当然ながら、信用スプレッドは拡大の一途をたどる。四月に債券アービトラージが天井をつけた時点と比べて、シングルA格の債券の国債に対するスプレッドは六〇ポイントから九〇ポイントへと拡大した。国内のスワップ・スプレッドも拡大する。ウォール街中の銀行が、アービトラージの取引を縮小した。資金はアジアから逃げ出すのと足並みをそろえて、債券アービトラージからも逃げ出していった。FRBは最初、このトレンドを好もしく見ていた。それまでスプレッドが締まりすぎ、信用が緩み過ぎていたからだ。しかしここに来て、ロシア崩壊を片目でにらみつつ、FRBは警戒のアンテナを張った。

❁

八月、ロングタームの損失は止まらない。どうしたことか、この四カ月で三月目だった。こうなるとパートナーも、ウォール街に向けて、そうよそよそしい顔ばかりもしていられない。ソロモンは資産売却を続けていて、これが元凶だと気づいたハガニは、ソロモンのポジション、約二十億ドル相当を丸ごと――ただ塩漬けにするためだけに――買いとろうと申し出た。ソロモン側は冗談と受け取ったが――ロングタームにはこんな大胆な案を実行する資本はもう残っていない――トレーダーたちは、双方の運命の逆転を楽しんだ。ロングタームは今や親分ではない。ロングタームの財務責任者ロバート・シャスタックは、ベア・スターンズが心配の余り毎日かけてくる電話をうまくあしらわなくてはならなかった。JPモルガンは、ロングタームがポジションを清算している、あるいは、しようと試みているという噂を耳にする。リーマン・ブラザーズも似たような噂を聞いた。ロングタームはそれまで、このやや小型の投資銀行を小ばかにしてきたものだが、急に愛想がよくなった。「取引を広げようと、われわれを訪ねてきました」リーマンの債券部門責任者ジェフリー・バンダービークは言う。「流動性が底を突きかけているな、と思ったことを覚えています。追加融資を求めてきました」レポ・ローンの借り換えにあたり、リーマンを含むウォール街の銀行は、はじめて教授たちに証拠金を求めた。

不意に、自分の身の上が心配になって、パートナーたちはあわてて法律顧問や弁護士に電話をかけた。ロンドン・オフィス勤務のパートナーで、夫人がカリフォルニア出身のハンス・ハシュミッドは、カリブに家を買おうかと考えていた。しかし、かなりの借金をしてファンドに投資していたので、不安に駆られた。直感的に、家を買わない決断を下す。一方、マイロン・ショールズは、婚約者が暮らすサンフランシスコに四階建ての邸を購入した。ロシアン・ヒルに建つすばらしい邸宅で、天井が高く、テラスからフィッシャーマンズワーフが見下ろせる。値段は六百五十万ドル(注24)。もっともこの頃、ショールズはファンドから資金を引き揚げている。このため、ファンドがこのときまでに被った損失の影響はほとんどなかった。

メリウェザーは余裕しゃくしゃく、八月の半ばに中国を旅行する計画を立てていた。楽観的でいられるだけの理由があると考えていた。スプレッドが大きく広がった以上、ここからはどうしても、縮まるしかない。しかし、この楽観論の奥には、焦燥が潜んでいる。八月中旬、ロングタームはロシアにもう一段のめり込んだ。ロシア債はすでに保有していて、一部はヘッジがかかっていない。この時期のロシアは、世界中に注視され、金融システムがめちゃめちゃで、政府は機能停止状態だというのに、ハガニとリサーチ担当のアイマン・ヒンディという元スタンフォード大教授は、不思議に満ちた東洋の謎を解く内部情報でもつかんでいるかのように、ロシア債を買い増した。ノーベル賞も、山ほどある学位も、もはや関係ない。教授たちはさいころを振っていた。ロングタームのあるトレーダーは言う。ファンドは「ヘッジをかけず、ロシア債を買っていました——完全なアウトライトで」別のひとりが情けなさそうに付け加えた。「あまりにもわが社の流儀からかけ離れた取引でした」

第8章 買い手がいない！

「問題は……LTCMの惨事は他に類のない孤立した事例で、自然という壺から不運なくじを引いてしまっただけなのか、それとも、こうした惨事はブラック＝ショールズ式そのものの必然的な結果であって、市場のすべての参加者がすべてのリスクを同時にヘッジできるという、公式が与えかねない幻想が生んだ産物なのかという点です」（マートン・H・ミラー）

この年八月中旬まで、ロングターム・キャピタルの成績は振るわなかった。ただし、不振の年を迎えるのは、どんなファンドでも、いや資本主義経済の企業ならどこでも、逃れられない運命のようなものだ。ロングタームの名声は、自己資本ともども、いささかも損なわれてはいなかった。全体の実績はまばゆく輝き、ロングタームの名は、真にファンドを知る金融界の目利き連の間では、しばしば〝天才〟と同じ意味を込めて語られた。世間一般には知られていなかったが、それがメリウェザー以下、軍団の好みのありようで、もちろん、これからもそのつもりだった。それがまさか、こういう大がかりな、歴史的とさえいえる事件で主役を演じることになろうとは、そしてその後、劇的な運命の転換を迎えることになろうとは、誰も予測できなかった。まして、それだけの出来事が、こうして呆れるばかりのスピードで展開するとは、想像も及ばないことだった。夏が終わりに近づき、ウォール街の人々が足早にハンプトンズの避暑地へと向かう頃、ロングタームのパートナーといえば、国内でも飛びぬけて裕福で、飛びぬけて成功していて、飛びぬけて高い評価を勝ち得た投資家だった。ファンドには三十六億ドルの自己資本があり、そのうち五分の二がパートナーの個人資産だった。彼らはわずか五週間のうちに、そのすべてを失う。

八月十七日、月曜日、ロシアが対外債務支払い猶予（モラトリアム）を宣言した。ロシア政府はあっさり、同じルーブルを費やすなら西側の債券保有者ではなく、自国の労働者に支払った方がいいと判断したわけだ。しかも、国際市場でルーブルの価値を支えようとしなかった。要するに政府はルーブルを切り下げ、借入の少なくとも一部については、デフォルトを起こした。どちらも行わないと約束していたのと同じ政府が……。あくまでも不可解に徹して、自国通貨（ルーブル）建て債務の百三十五億ドルにもモラトリアムを適用した。あまり例のないことで、中南米債務危機の最中ですら、自国通貨建て債務は履行するというルールが破られることはなかった。

市場の反応は、少なくとも最初のうち、穏やかだった。メキシコ債とブラジル債が下げ、日本株が下げ、いくつかの新興市場が弱含んだ。しかし、ダウ平均は一五〇ポイント近く上昇した。米銀は一九二九年までさかのぼる伝統にしたがって、ほとんど影響を受けることなく嵐をやり過ごせるという見通しを、さっそく発表した。チェース・マンハッタンのチーフ・クレジット・オフィサー、ロバート・ストロングは、ウォール街の証券アナリストを前に自信をもって宣言した。「（チェースにとっても、他の米銀にとっても）ロシアは大きな問題ではないと見ています」（注1）。債務残高から見て、ロシアはさほどの債務国ではなく、かつてのベネズエラとはわけが違う。チェースの株価は、その後六週間で半値に下がるのだが……。

ロシアとベネズエラとが違うのは、それだけではなかった。建て前として、核保有国はデフォルトを起こさないとされてきた。そこへロシアで現実にデフォルトが発生し、この時点で、市場の何かが死んだ。グローバル市場の金融警察がいつも目を光らせていて、万事遺漏なく計らってくれるという心地よい考え方が、誤りだったことが明らかになる。今回はIMFの緊急融資も、ロバート・ルービンやG7諸国の救済策もなかった。「IMFとG7はようやく『ノー』と言えたわけです」元IMF高官モリス・ゴールドスタインは言う（注2）。この事実に潜む意味を考えたグローバル市場は、シベリアおろしに吹かれたかのごとく背筋を凍らせた。デフォルトをきっかけに、いつだって安全ネットが張ってあるという図々しく都合のいい投資家の前提は砕け散った。デフォルトが「モラル・ハザード・バブルに針を刺し」、ルービンがメキシコ救済に駆けつけて以来、膨れ上がっていた思い込みが一気にしぼんだ（注3）。投資家は、まずひとりずつ、やがて集団で、安全な新興市場などないという結論に達した。七十年の長きにわたってロシア共産党が繰り出そうとして繰り出せなかった市場への痛烈な一撃を、あとを継いだ資本主義政府が、借金を踏み倒すことで見事お見舞いしたわけだ。

木曜日、デフォルト発生から三日後、世界中の市場が崩れた。東欧諸国とトルコの株式市場が値を下げる。カラカス市場が九・五パーセントの急落。ベネズエラ人は大あわてでドル買いに走った。これよりはるかに規模が大きいブラジルのボベスパ指数は六パーセント下落する。ドイツ株は二パーセントの下落。ロシアの威嚇は、やすやすと旧東西の垣根を越えた。

投資家はここに至って、新興市場だけでなく、どの市場でも、ともかく投資リスクから逃げ出し始めた。スワップ・スプレッド――信用市場の不安を測る基本的な温度計――は、急拡大して危険な高熱の症状を呈した。英銀バークレーズは国内のスワップでとったショート・ポジションを解消するよう指示を出した。トレーダーはロングタームと同様、スプレッドの拡大に意味はないと見ていたが仕方がない。バークレーズの手仕舞いは、当然ながら、スプレッドをさらに押し広げる＊。バークレーズ経営陣は気にも留めない。脱出できればそれでよかった。リスクをとるのはもうたくさんだ。

＊ショート・ポジションを解消するには、売り建てておいたポジションを買い戻さねばならない。したがって、相場を押し上げる効果がある。

翌日の金曜日、八月二十一日、あらゆる市場でトレーダーが出口に殺到した。アジアと欧州の株式市場が急落する。ダウ平均は前場に二八〇ポイント下げた後、後場に入って前場で下げた分をほぼ戻した。これでボラティリティが極端に上昇し、ロングタームは数千万ドルを失う。

信用市場で被った打撃は、これよりはるかに大きかった。国債が値を上げたが、パニック買いとでもいおうか、投資家は信用力の劣る債券から逃げるために、国債を買い求めた。数カ月前まで、リスクというリスクを十把ひとからげに考えていた投資家が、今やリスク選別しか頭にない。薔薇色だった世界がにわかに色褪せ、ロシア危機だの、日本の不況だのの影が射した。さらに、クリントン・ルインスキー醜聞が追い討ちをかける。どの市場でも、投資家は最も安全な債券しか求めなくなった。米国では、三十年国債でなければならず、ドイツでは十年物ブンドでなければならない。世界中で、なるべく安全な（利回りが低い）債券が買われ、リスクの高い（利回りが高い）債券が売られて、両者の間のスプレッドはますます広がっていった。分刻みで、ロングタームは数百万ドルずつ失っていく。

❁

グレニッチ。その日、金色に輝く八月も終わりに近い金曜日、ロングタームのオフィスはがらんとしていた。上級パートナーの大半は休暇中だ。朝からひどく蒸し暑く、社員は大儀そうに身体を動かした。派手好きで〝ザ・シーク〟のニックネームを頂戴し、先行きを憂える警告を発して無視されたジム・マッケンティが留守を預かっている。ロングタームのモデルの多くを設計したパートナー、ビル・クラスカーが気遣わしげに市場の動きをモニターしていた。マウスをクリックするたびに、ほの白く光る画面が切り替わる。国債の次がモーゲージ、モーゲージの次が外債市場――ここで世界の信用市場の動きが一望できる。米国スワップ・スプレッドの呼び値を見たとき、クラスカーはわが目を疑い、穴のあくほど画面を見つめた。値動きの荒い日なら、米国スワップ・スプレッドは一ポイント近く上下することがある。しかしこの日の朝、スワップ・スプレッドは二〇ポイントのレンジで激しく揺れていた。最終的に、なんと九ポイント拡大し、四月の四八に対して七六で引ける。英国でも同じ展開となった。スワップ・スプレッドは七月の水準を十数ポイント上回る六二まで拡大した。

信じられない事態だった。トレーダーのマット・ゼイメス、レポ担当のマイク・ライスマンを探し出し、うわずった声でニュースを伝える。スタッフのひとりが眉を寄せて言った。「何なんだ、これは!」トレーダーたちも、こんな動きは見たことがなかった――ただの一度もだ。たしかに、暴落は一九八七年に起こっているし、一九九二年にも起こった。しかし、ロングタームのモデルはそこまでさかのぼっていない。ロングタームの理解する限り、それは一生に一度あるかないかの――事実上考えられない(注4)――出来事であって、ファンドがまったく想定していない事態だった。アナリストのひとりがあるトレーダーの自宅に電話した。「スワップ・スプレッドが、今どうなっていると思う？」答えを告げられたトレーダーはひと言。「ちぇっ――二度と自宅に電話しないでくれ！」

同じ金曜日、見渡す限りすべての市場でロングタームは損失を出していた。信用スプレッドの拡大はまさに爆発的だった。モーゲージ・スプレッドが、わずか一週間前の一〇七ポイントから一二一ポイントまで急拡大。ジャンク債では二六九から二七六に拡大した。オフ・ザ・ランの国債でも八ポイントからなんと一三ポイントへと拡大する。変動幅は絶対値では小幅と見えるかもしれないが、ロングタームが被る影響は、その破格なレバレッジの水準と途方もないポジションの規模のおかげで、何倍にも膨れ上がった。

一見なんの関係もなく見える市場ですら、散々な目にあった。ロシア債とブラジル債はどちらも下げたが、そのうちロングタームが保有していたハイリスク銘柄の下げ幅は、ヘッジとして売り建てて取引を安全にするはずだったローリスク銘柄の下げ幅を大きく上回った。実際、この日はどの市場でも、どの取引でも思惑が外れた。ロングタームはシエナという、テラブスとの合併計画を発表した通信会社の株を買っており、株価が買収価格まであと二十五セントと迫っていたのにまだ保有していた。ちょうどこの日、八月二十一日、合併延期が発表され、シエナ株は二十五ドル五十セント下落して、三十一ドル二十五セントとなる。これで一億五千万ドルを失った。何年か前、ローゼンフェルドにある友人が忠告し、リスク・アービトラージの比喩として、近づいてくるブルドーザーの正面で五セント玉を拾い集めているのも同然だと言った。そのうちの一台に、とうとう轢《ひ》かれてしまったのだ。

損失はそこからもここからも発生した。あまりに矢継ぎ早であるうえ、その厚みたるや百科事典並みで、まったく予想外だったので、パートナーたちはなすすべもなく立ち尽くした。世界が突然、手に負えなくなった。まるでサイエンスの神々がその座から引きずり降ろされ、代わりに何か見知らぬ力が自分たちの運命を握ってしまったかのようだ。グレニッチに残っていた最小部隊は髪振り乱して世界中に電話をかけまくり、他のパートナーたちと連絡をとる。ビクター・ハガニはイタリアにいた。急遽ロンドンに戻る。エリック・ローゼンフェルドはアイダホのサン・バレーに到着したばかりで、これから家族と二週間を過ごす予定だった。早朝便でニューヨークにとんぼ帰りする。メリウェザーは中国にいた。パートナーたちは行き先を追いかけ、北京でのディナーの席で捕まえた。ボスはニューヨーク行きの次の便に乗る。中国を発つ前にJMは、ロングタームの大口取引先であるゴールドマン・サックスのCEOコーザインの自宅に電話をかけた。「ロングタームで深刻な損失が出ている」メリウェザーは報告した。「だが、何もかも大丈夫だ」(注5)。

しかし、何もかも大丈夫ではなかった。数学的にあれほど正確に、一日に発生する予想最大損失額を三千五百万ドルと弾き出していたロングタームが、五億五千三百万ドル――自己資本の一五パーセント――を、八月のある金曜日に失った。年初には四十六億七千万ドルだった自己資本が、あっという間に二十九億ドルに目減りする。四月末以来、自己資本の三分の一以上を失ったことになる。

大口顧客に深刻な損失が発生したのを見て、ベア・スターンズ幹部で信用リスクを監視しているマイク・アリックスは、ロングタームの財務責任者ロバート・シャスタックにあわてて電話した。シャスタックはロングタームの流動性の状態について辛抱強く説明を繰り返した。アリックスはシャスタックの冷静さに舌を巻く。同じ驚きを続く数週間、シャスタックだけでなく他のパートナーと話しながら、何度も味わうことになった。彼らはたしかに、ポーカー・プレーヤーだった(注6)。

急落から二日後の八月二十三日、日曜日の午前七時、パートナーたちが会議室に集結した。ガラスと御影石を張った本社ビルの正面で、噴水が水柱を噴き上げ、雎鳩《みさご》をかたどった銅像にしぶきが降りかかる。何か予感するところがあったのか、メリウェザーは法律顧問のジム・リカーズを呼び出し、パートナーへの助言を請うとともに、事態の進行を記録しておくよう依頼した。モーザー事件で不意を突かれた苦い経験から、こういう問題はいったん公になれば、助言を求めても遅すぎることを知っている。この日曜日を皮切りに、パートナーの会議には、ほとんどといっていいほどリカーズが同席することになった。

ＪＭはトレーダーひとりひとりに、専門分野について報告させた。ヒリブランドはリスク・アービトラージ、ホーキンスはブラジル、モデストは株式、ハガニは（ロンドンから電話で）英国のスワップ市場とロイヤル・ダッチ・シェルについて状況を説明する。どういうわけか、報告によるとロングタームの取引は健全なもののはずなのに、需要が引いてしまっていた。東京からの報告も同じだ。ともかく買い手がいなくなっている（注７）。この状況で、ロングタームがそのばかでかいポジションを調整しようとすると、相場はどうしてもますます荒れる。パートナーは当初、他のアービトラージャーが目の前の収益機会に食いついてくると踏んでいた。なぜ手を出そうとしないのか、理由が分からなかった（注８）。ここで、故国を遠く離れて戦に深入りしすぎた将軍に似て、撤退の道がふさがれていることに気がつく。

本能的に、メリウェザーをはじめ上級パートナーは同じ戦略を思いついた。新たに資本を調達してクッションを厚くし、相場が好転するのを待つ戦略だ。スプレッドはいずれ収斂すると確信していた。若き日のＪＭが大胆にエクスタインのポジションを買い取ったときにも、スプレッドは見事に収斂した。駆け出し時代の武勇伝が、絶対に近い指針となって、ＪＭのここまでのキャリアを導いている。

「スプレッドは必ず元に戻る」

だが、自己資本の減少が響いて、ロングタームのレバレッジは危険な水域まで高まっている。危険というのは、レバレッジが高いほど、損失に加速がつくからだ。したがって、リスクを圧縮するため、何かを売らなければならない。だが、何を売ろう？　投資家が求めているのは、最もリスクの低い債券だけで、それはロングタームにはこれっぽっちも持ち合わせがない。売り物候補のひとつは、M＆Aアービトラージだった。ロングタームの合併銘柄ポートフォリオは育ちに育って、五十億ドル相当という途方もないポジションをとっていた（注9）。シティコープ－トラベラーズ、MCI－ワールドコムなどが含まれている（MCIはブリティッシュ・テレコムとの合併につまずいたあと、ワールドコムとの合併を発表した）。パートナーはこういう婚約の大半は無事ゴールインすると見ていた（事実そうなった）。しかしこれは、ファンドの中核とはとてもいえない。そして、もしこのすべてが、シエナのケースと同じようにつぶれると仮定すると、ロングタームは五億ドル以上の損失を被ることになる。今となっては耐えきれないリスクだ（注10）。

同じ日曜日の夜、ローゼンフェルドはオマハの自宅にいるウォーレン・バフェットに電話した。ローゼンフェルドは一九九一年のモーザー事件のあと、バフェットの賞賛を勝ち得ていた。身を粉にして働いてソロモンを窮地から救い出しただけでなく、失墜したソロモンの名声回復にまでひと役買ったからだ。今、ロングタームの合併ポートフォリオを売る相手として、バフェット以上の買い手は思いつかない。この億万長者は、大型の取引が好きだった。過去にリスク・アービトラージを手がけたこともある。それにスプレッド拡大のおかげで、価格も割安だった。

バフェットは熱心に耳を傾けた。しかし聞き終わると即座に、合併アービトラージにはしばらく関わっていないこと、今から関わり合うつもりもないことを宣言した。買う気は全然ない。それから声を和らげ、ほかに何か力になれることはないかと尋ねた。

ローゼンフェルドは、何も思いつかなかった（注11）。

翌八月二十四日、パートナーは資金を求めて電話をかけ始めた。彼らの持つ金縁の芳名録と、輝かしい実績と、赫々《かく》たる名声をもってすれば、現代のクロイソス（訳注　リュディア王国最後の王。諺になるほどの富の持ち主）のうち、連絡できない人物などいない。グレッグ・ホーキンスはジョージ・ソロスのファンドに関係する友人に頼んで、メリウェザーとソロス、そしてこの億万長者のトップ・ストラテジストであるスタンレー・ドラッケンミラー、三人の朝食ミーティングをお膳立てした。共産党支配下のハンガリーから亡命した海千山千のソロスとメリウェザーとは、水と油ほど人間の種類が違う。ソロスに流れる東欧の血は、全身の毛穴という毛穴からにじみ出ていた。格式張って堅苦しく、何かといえば哲学的論考に話を発展させる癖があった。髪の白くなりかけた梟《ふくろう》というところだ。かたやメリウェザーはというと、気取りのない、さばけた中西部人で、小さな保険会社に勤める外交員といっても通用しそうだ。標榜する投資スタイルも違っていた。ロングタームの描く市場は安定したシステムであり、価格は合理的な均衡点を中心に、その周辺に寄せてくる。「わたしは別な見方をしている」ソロスは言う（注12）。投機家ソロスの目に映る市場は、有機的で予測が不可能だ。それは日々の出来事と互いに影響し合い、世の動きを刻々と織り込む。無菌室の中にあるわけでもなければ、概念上のシステムでもない。ソロスはこう説く。「ベル型曲線を前提とする考え方は間違いだ。想定外の現象は必ず現れ、それは過去の経験から予想できるものではない」ソロスのファンドが二十億ドルを失ったロシアなど、そういう〝想定外の現象〟のまさに一例で、教授たちの描くベル型曲線のはるか彼方に位置していた。

メリウェザーは、穏やかながら説得力ある口調で語った。ロングタームの市場はいずれきっちり収斂する。ポケットが深い投資家ほど、収益機会も大きい。ソロスは眉ひとつ動かさずに聞いていたが、ドラッケンミラーはJMに矢継ぎ早に質問を浴びせた。ソロスがロシアで被った損失をさっそく取り戻すチャンスの匂いを嗅ぎ取っていた。その場で、ソロスは大胆にも、八月末――つまり一週間後――に五億ドルを投資してもいいと言った。ただし、ロングタームが別にもう五億ドルを調達して、自己資本を立て直すことが条件だという。

そこで、ローゼンフェルドがJPモルガンに電話した。長くグレニッチとの関係強化を渇望してきた銀行だ。モルガンはふた組の専門家チーム――ひとつは債券、もうひとつは株式――を送り込み、ロングタームの帳簿をしらみつぶしに調べた。このとき以来、ロングタームとモルガンのチームはほとんど途切れることなく、ポジションをどう救出するか協議を重ねることになる（注13）。当然、一度パートナーシップ参加を打診したこともあるJPモルガンの副会長、ロベルト・メンドーザにも連絡した。パートナーと親しく、特にマートン、マリンズ、ローゼンフェルドと仲がよかったメンドーザだが、ロングタームが深刻な事態を迎えていたとは寝耳に水だった。ローゼンフェルドは言った。「大金が必要になった」いきなり切り込まれて、メンドーザはたじろぐ。無理もないことだが、ロングタームのポートフォリオについて少し教えてもらいたいと申し出た。JMはヒリブランドに、スワップのポジションを説明するよう促したが、用心深いヒリブランドは拒絶した。泣き出さんばかりの顔で、大事なポートフォリオの中身はひと言たりとも教えられないと声をうわずらせる。ヒリブランドの確信はどこまでも深く、そしてレバレッジは高かった。今、一分の隙もなくこしらえた彼の世界に、ひびが入ろうとしている。個人破産すらあり得なくもなかった。仮に、これまでの自分がまるで間違っていたとすれば、もはや取り返しがつかない。

しかし、今回、ＪＭは引き下がらなかった。何か語らせようとヒリブランドをせっつく。アービトラージャーはしぶしぶ従った。パートナーたちの友人であるメンドーザは義理堅く、二億ドルならモルガン（ないしはその顧客）が用意できるだろうと請け合った。

あと三億ドル。さほどの金額とは思えなかった。顧問弁護士のリカーズは契約が近いと見て、契約書を起草し始めた。

八月二十五日、火曜日、メリウェザーはさらに二本の電話をかけた。ひとつはメリルリンチ社長ハーブ・アリソンに。いつもなら、そろそろ近づいてきたウォータービル旅行の話に花が咲くところだが、今年は九月を迎えてもゴルフの週末はなさそうだった。ＪＭは、ファンドの自己資本が二十七億ドルまで減少したと打ち明けた。しかし流動性は潤沢だと力を込め、それどころか、流動性は今問題ではないと言った。仮に本気だったとしても、ファンドのレバレッジが急上昇している事実に照らせば、無邪気なる見当違いだ。ＪＭはここに至ってもモデルを信じており、そのモデルは、今も買いのシグナルを発していた。

それはそれとして、とＪＭは語を継いだ。ロングタームは月末、投資家に損失を報告しなければならない。新たに資本を確保できたというニュースも併せて報告できれば、何かと好都合だ。そこでＪＭは、滑らかにギアを入れ替え、今この時期に投資すればどれだけすばらしい収益機会が期待できるかを力説し始めた。切り札を切ろうか切るまいかという口ぶりで、ある大物投資家――ソロスのことか、とアリソンは見当をつける——とすでに話がついているとほのめかす。ひょっとしてメリルも話に加わる気はないだろうか？　例えば、八月末までに三億ドルから五億ドルばかり投資するのはどうか？　アリソンは、メリウェザーという男は好きだったが、妙な誘いだと思った。一週間で用立てるには、いささか大金でもある。

同じ日にＪＭがかけたもう一本の電話の相手は、ソロモン・スミス・バーニーの親会社トラベラーズのジャミー・ディモンだった。ＪＭは提案した。ソロモンとロングタームと、アービトラージ取引の手仕舞い合戦で互いに痛めつけ合うのはよして、ロングタームのポートフォリオとソロモン・アービトラージの残りとを合体させ、共同で運用するというのはどうだろう？　ロングタームにとっては、ある意味で、母体に戻ることになる。パートナー数名もソロモンを訪れ、古なじみに会って出資を募った。十億ドル欲しいのだが、だいぶメドがたってきた、と彼らは言った。

しかし、ロングタームは前ではなく、後ろに向かって進んでいた。相場は着々と、ファンドに不利な方向に傾いている。モーゲージのスプレッドは、月曜日さらに四ポイント広がり、火曜日にもう六ポイント、水曜日に三ポイント広がった。水曜は、八月二十六日だ。ジャンク債のスプレッドは一気に二五ポイント拡大。一ポイント広がるたびに、かつて分厚かった自己資本がしぼんでいった。損失拡大のペースが、資本調達を上回っている。止まらない損失に目をみはり、手当てしようにも打つ弾がなく、トレーダーはただ呆然と、大虐殺の場に放り込まれた歩兵隊さながらに立ち尽くした。「ひどいものでした」あるトレーダーは言う。「来る日も来る日も、大損が出て、それが止まらないのです」ロングタームは出血多量に苦しむ怪我人だった。

ポジションを切らなくてはいけないのは分かっているのだが、それができない。混乱した市場で売るのは無理な相談だった。デリバティブといえば急成長ぶりがはやされているが、信用市場には流動性がない。みんながいっせいに出口に殺到するときには、一滴もなくなる。モデルはこの点を見落としていた。損失が重なると、ロングタームのように高くレバレッジをかけている投資家は、否も応もなく売らなくてはならない。売らなければ、損失の重みに押しつぶされるばかりだ。買い手のいない市場で売らなくてはならないとなると、価格はベル型曲線のはるか彼方、極端な水準へと向かう。例はいくらもあるが、ひとつだけ紹介すると、ニューズ・コーポレーション債の国債に対するスプレッドは、直前まで一一〇ポイントだったのが、一八〇ポイント超という腰の抜けそうな水準に達した。同社の業績見通しは毛筋ほども変わっていない。長い目で見れば、このスプレッドはばかばかしく映るだろう。だが長い目で眺めるというのは、ある種の贅沢であって、ポートフォリオに強烈なレバレッジをかけた投資家には、常に楽しめるとは限らない贅沢だ。そこまで生き延びられないかもしれないのだから。

八月の終わりは市場が閑散となるのが普通だが、この年の八月に限っていえば、債券市場の商いは息も絶え絶えだった。新発債市場は文字通り干上がっている。予定されていた新規発行は唐突にキャンセルされた。無理もないことで、なにしろ買い手がいないのだ。準レギュラー・クラスの投資家、人まね好き、流行を追うヘッジファンド、アービトラージの新米、欧州系の小型機関投資家などは大挙して、スプレッド取引から撤退するか、取引を縮小した（注14）。

顧客の損失拡大に神経を尖らせ、銀行はようやくヘッジファンド向けの信用枠を絞り始めた。バンカース・トラストのヘッジファンド・マネジャー、スティーブ・フリードハイムは、追加証拠金を求められるようになった。ローン・ブローカーたちの態度が豹変する。このあいだまで、ざくざくと資金を寄こしてきたのが、今や証拠金の上乗せを求めてきた。フリードハイムは凍りついた目で、保有債券の価値が、それを担保に借りたローンの価値を割り込んでいくのを眺めた。保有債券の多くは売却不能なので、それ以外の信用を――ブラジル債を、トルコ債を、タイ債を、米国モーゲージ証券を、ジャンク債を――売る。何を売るかは問題ではなかった。要は、何かを売らなくてはならない。状況がこうなると、資金のフローはただ単にリスクの高い方から低い方へと向かい、資産が本来持つ価値は意味を失う。わずかながら、フリードハイム本人の行動もトレンドを後押しした。ウォール街全体に同じ立場のフリードハイムが千人もいて、全員が同じことをすれば、過熱した恐怖が〝自己充足的予言〟となって恐れを実現させる。ちょうど、この言葉を初めて使ったマートンの父親が発表した学説のとおりだ。評価額が下がると、銀行はヘッジファンドへの融資を切り、銀行が融資を切ると、ヘッジファンドは何かを売り続けるしかなくなる。

サンディ・ワイルにとって、ロングタームだろうがどこだろうがアービトラージャーと手を組むなどもってのほかで、かえって、対ヘッジファンドのエクスポージャーを引き下げるよう命令を下した。資産売却を進めてはいたが、債券アービトラージとロシアで発生した損失がこたえて、足元がふらついている。ワイルは子分たちに、ヘッジファンドの取引先を五百社から二十社に絞るよう命じたといわれる。ワイルの盟友ウォーレン・バフェットも手綱を引き締めて、バークシャー・ハサウェイのヘッジファンド向けエクスポージャーについて事細かに報告させた。逆風が吹くと本能的に財布の紐を締め直す性質で、バークシャーの保険子会社がスワップ取引できちんと担保を押さえているかどうかまで確かめている（注15）。

ゴールドマン・サックスは、スワップ取引のエクスポージャーが気がかりで、特にロングタームとの取引に神経を尖らせた。コーザインはＪＭが中国からかけてきた電話を受けて以来気が気でなく、メリウェザーに折り返し電話を入れて、釘を刺した。「そっちからの状況説明は適切じゃないと思う。これでは信用を危うくしかねない」いつも厳重なガードを張り巡らせたこのファンドから、今こそ情報が漏れてこないかとつついてみたが、ロングタームはここに至っても開示しようとしなかった。平常通り、事業を続ける腹だ。とはいえ、好き勝手な条件を宣言するだけの資本はもはやない。ゴールドマンをはじめ銀行から圧力をかけられ、ロングタームのポジションについて、少しずつ情報が漏れ出していった。

八月二十六日、水曜日、メリルのアリソンは断りの電話を入れた。まだ霧の中にいる気分で、こう言い添える。「ジョン、資金調達は本当にためになるだろうか。何か問題を抱えていると見られるんじゃないか?」

ソロスの締め切りは五日後で、市場から届くニュースは相変わらず悪材料だった。エクイティ・ボラティリティはさらに二ポイント上昇し、二九パーセントに達した。中南米諸国の債券も値を下げる。間の悪いことに、欧米の銀行が旧ソ連向け融資で被った損失を公表し始めた。クレディ・スイス・ファースト・ボストンとリパブリック・ナショナル・バンク・オブ・ニューヨークの二行は、新生資本主義国ロシアを熱烈に擁護してきた銀行で、そろって対ロシア取引での莫大な損失を開示した。フロリダ州ウェスト・パームビーチのⅢオフショア・アドバイザーズが、いみじくも〝ハイリスク・オポチュニティ・ファンド〟と名付けて運用していた流行のロシア債ファンドが破綻する。ニューヨーク連銀総裁ウィリアム・マクドナーは、ワイオミング州ジャクソンホール行きをあわてててキャンセルした。ＦＲＢは毎年夏の終わりにジャクソンホールで会合を開いている。腹を空かせた熊が出没したとあっては、篦鹿《へらじか》どころではない。

しだいに焦りの色を濃くして、メリウェザーとローゼンフェルドはバフェットに二度目の電話を入れた(注16)。パートナーの幾人かはバフェットを、メリウェザーに圧力をかけてソロモンを辞めさせた張本人として、あくまで許しがたく思っていた。世慣れたこの億万長者が何かにつけて説教を垂れたがるのも気に入らない。特にバフェットはいつも、数理的なモデルに侮蔑の言葉を吐き散らかし、そういうモデルは退けて、普通株を買って長期保有する単純なアプローチを守ってきただけに、なおさらだった(注17)。先に述べた通り、ロングタームのパートナーはバークシャー株を空売りし、このアービトラージ取引で約一億五千万ドルを失っている。とはいえ、バフェットもパートナーたちも、学派こそ異なるものの、出色の投資家として互いに一目置いていた。今、ロングタームはカネが必要で、カネとなれば、ビル・ゲイツは別として、米国でいちばんたくさん持っているのがバフェットだ。

バフェットが面談を承知したので、ヒリブランドは八月二十七日の木曜日に、オマハへ飛んだ。この時点で、ロングタームの自己資本は二十五億ドルまで擦り減っている。この日のニューヨーク・タイムズ紙はこんな論調だった。「市場の混乱ぶりは、われわれの記憶に残る最悪の金融危機に似た様相を呈してきた」(注18)。ヒリブランドが飛行機に乗り込む頃には、東京株が三パーセント下げて十二年ぶりの安値をつけたとのニュースが伝わっている。「あわてないで見ることが必要」宮沢喜一蔵相のコメントだ(注19)。同じ日、ロシアの株式市場が一七パーセント下落、年初来ではじつに八四パーセントの下落となる。実際、世界中の市場が下落していた。ロンドンが三パーセント、スペインが六パーセント、ブラジルが一〇パーセント、それぞれ下げている。

米国市場も、世界と歩調を合わせて値を下げた。ダウ平均が三五七ポイント、率にして四パーセント下落する。商品価格も、世界同時不況のシナリオにおびえて二十一年ぶりの安値をつけた。翌日のウォールストリート・ジャーナル紙はこれを〝世界的な追い証請求〟と呼んだ（注20）。誰もが貸した金を回収し始める。ロシアでのばかげた投機で火傷した投資家は、形式がどうあれ、リスクというリスクを拒否し、理にかなったリスクさえ取ろうとしなくなった。長期国債利回りは五・三五パーセントと、リンドン・ジョンソンが大統領だった頃以来の水準に低下する。格付けシングルAの債券――フォード・モータースなど世界の優良企業が発行する債券――でも国債に対するスプレッドが一一五ポイントまで跳ね上がった。四月と比べてフォードの信用度にどこといって変化はないが、四月のスプレッドは六〇ポイントに過ぎない。投資家は安全性のためなら、いやそれ以上に、安全な債券のもたらす心の平安のためなら、金に糸目をつけなくなった。

木曜日、バフェットはヒリブランドを空港に出迎え、自分のオフィスまで案内した。くすんだ色合いの背の高いビルに設《しつら》えたつましいひと続きの部屋で、通りを隔ててピザ屋が見下ろせる。ヒリブランドはいつも通りの理路整然たるヒリブランドだった。ロングタームの損失については隠さず打ち明けたが、どこまでも落ち着き払っている。バフェットの側に、必死の思いは伝わってこなかった。アービトラージャーは、手ひどく傷んだポートフォリオの中身を詳しく説明した。続いて、この先にはすばらしい収益機会が期待できると力説した。ヒリブランドの個人債務の大きさを考えると、たしかに今以上にひどい将来は期待しようがない。しかし、ロングタームには今すぐ資金が必要だ。そういうわけで、通常の手数料を半分にします、とヒリブランドは申し出た。

バフェットにとってこれは、物足りないどころではなかった。バフェットに言わせれば、ロングタームの手数料はもともと高すぎる（注21）。どっちみち、まったくといっていいほど興味はない。少なくとも今のところは……。お申し出はありがたいが、ご遠慮申し上げる、とバフェットは断った。

ヒリブランドがバフェットの許を辞し、グレニッチに電話した頃、事態はさらに悪化していた。木曜日一日でロングタームは二億七千七百万ドルを失った——一日の損失額としては二番目の大きさだ。自己資本は今や二十二億ドル。この三年間というもの、グレニッチの頭脳集団は誰よりも速く資産を積み上げてきた。それが今、人生を逆さにたどる恐ろしさを図らずも暴き出す映画に似て、その何倍ものスピードで資産を失っている。翌日、僥倖《ぎょうこう》が訪れた。八月二十八日、金曜日、ロングタームは利益を計上する。信用スプレッドが収縮に転じ、自己資本が一億二千八百万ドル回復した——ここ数カ月で、これだけまとまった利益が出たのは初めてだった。パートナーたちは、待ち焦がれた潮の変わり目がそこまで来たかと、わずかに希望をつないだ。

しかしパートナーたちには、ファンドとは別にもうひとつ心配の種があり、早急に手当てが必要だった。パートナーたちが所有する管理会社ＬＴＣＭの資金繰りが深刻な危機に直面していたのだ。ＬＴＣＭは合計一億六千五百万ドルを、フリート・バンク、クレディ・リヨネ、チェース・マンハッタン、ロイドの各行から借り入れていた。八月下旬、これらの銀行、特にフリートが、ファンドの成績不振は債務不履行事由にあたり、したがって銀行には返済を求める権利があると騒ぎたてた。ところが管理会社ＬＴＣＭの手元に返済資金はない。借入金（自社ビル抵当権に相当するわずかな部分を除く）は、パートナーのレバレッジを高めるためファンドに注ぎ込まれていた。実質的に、管理会社は支払い不能の瀬戸際にある。この事実が公になれば、管理会社もファンドももろともに奈落へのスパイラルに陥るだろう。

パートナーのうち、個人的な借金が気がかりなハンス・ハシュミッドなど一部は、ＬＴＣＭが持つファンドの持ち分を売って銀行への支払いにあてればいいと考えた。しかし、顧問弁護士のリカーズは、内部の投資家が今資金を取り崩せば、外部の投資家には利用できない手段を利用することになり、あとで問題視される可能性があると的確に指摘した。メリウェザーは、SECの譴責には懲り懲りしているだけに、同意せざるを得なかった。それに、パートナーが資金を取り崩しておきながら、他人に新規投資を求めるわけにもいかないだろう。損得はともかく、パートナーの持ち分はファンドに残しておくしかない。

ファンドの方も（LTCMとは別個に）、資金繰りがあやしくなってきた。八月も残り少なくなるにつれ、ファンドの決済銀行ベア・スターンズからの圧力がきつくなる。ベアはロングタームの自己資本が細っていくのを不安な目で監視していた。交渉の席でヒリブランドが押しに押したおかげで、ロングタームとベアとの間には紙きれ一枚の契約も交わされていない。これはつまりベアが、いつでも好きなときに決済を停止できることを意味する。まさにヒリブランドが恐れた通り、ロングタームの命運はベアの手に握られていた。

キャッシュをひねり出す方法のひとつに、ロングタームが別々の銀行を相手に結んでいた取引を一本にまとめるという手があった。銀行はどこも、ロングタームの取引の全体像が見えないので、その大部分がヘッジされ、互いに相殺し合っていることが分からない。それで各行から、実態より多めの証拠金請求が寄せられていた。そこでロングタームは、ばらしていた取引をひとつの銀行に一本化しようとし始めたが、これは気の遠くなるような作業だった。数えあげれば、じつに六万件という途方もない数のポジションをとっていたからだ（注22）。

かつての慎重さが、仇になった（取引一本化の問題は、その昔ヒリブランドが銀行に取引の全容を見せたくないと言い張らなければ存在しなかっただろう）。ヒリブランドをはじめトレーダーたちは、ファンドが持てはやされていればこそ秘密主義を通し、尊大なふるまいすら許されていたが、人を見下すその態度が、どこかに当たたって跳ね返り、今になって我が身をさいなんだ。ロングタームはかつて怒りを買った銀行の温情にすがらなくてはならない。さらにパートナーたちは——〝ザ・シーク〟の猛烈な反対を押し切って——二十七億ドルを投資家に返してしまった事実を、苦く噛み締めないではいられなかった。なんといっても〝強制的〟に受け取らせたのだ！ その金さえあれば目下の問題は一挙にかたづくのだが、改めて考えてみるまでもなく、投資金を突っ返された投資家が、今もロングタームに熱い視線を寄せているとはとても思えない。しかも、銀行の多くは、みずからも苦境に陥っていた。次の皮肉は、時を越えた真実だ。金策がいよいよ尽きて、いつも貸してくれる先を訪ねると（ロングタームの場合、ソロスなどの他のヘッジファンドや投資銀行、投資機関など）、たいていご同様に困っている。

パートナーたちもそろそろ、だめかもしれないと思い始めた。巧緻をきわめて構築してきたリスク・マネジメントの実験が、当然ながらそのすばらしい利益もろともに、水泡に帰そうとしていた。「八月の終わり、ぼくたちは焦っていました」ローゼンフェルドは認める。パートナーの言葉の端々に、余計な恥をさらす羽目に立ち至った戸惑いと悔しさとがにじむようになった。こういう窮地に立たされるには、みんな金持ちになりすぎていた。パートナーに昇格したばかりのモデストは、そのかいもなくなったと嘆いた。

焦りが募ってきたもうひとつの兆しは、みんながあわてて、個人資産をロングタームの災難から切り離そうとし始めたことだ。個人資産が一時、五億ドルに達していたヒリブランドは、贅を凝らした新居の工事費を、夫人の口座から払い込んだ。メリウェザーも、債権者の不気味な影から身を守る手を着々と打ち始める。保有するただひとつの不動産――カリフォルニア州の高級リゾート地、ペブル・ビーチにある二十エーカーの土地――の所有権を夫人名義に書き換えた（ウェストチェスターの地所はすでにミミの名義になっていた）（注23）。

気のふさぐ日々、息継ぎしたくなったメリウェザーは、昔なじみのビニー・マットーネに電話を入れた。ロングタームがかつてベア・スターンズと交渉する際にまず連絡をとった相手だ。ビニーはこの頃、悠々自適の身で、メリウェザーの洗練された教授たちと並べてみると、対極の見本のようなものだった。首に金のネックレスをちゃらつかせ、指に派手な指輪をはめ、黒地のシルクシャツをはおり、胸元をはだけた格好で、マットーネはロングタームに現れた。百キロはありそうな巨体。妙に落ち着いたＪＭのパートナーたちと違って、マットーネは市場を、トレーダー仲間の延長線上に見ていた。いろいろな人格があり、すぐ頭に血がのぼり、どこまでも人間くさい。

「どこまで下げた？」マットーネは切り込んだ。

「半分」メリウェザーが答える。

「おしまいだ」説明は要らないだろうとばかりに、マットーネは返した。

このとき初めて、メリウェザーが不安げな口ぶりになる。「何を言う？　まだ二十億ドルある。半分は残っているわけだし――ソロスもいる」

マットーネは悲しげに口元で笑ってみせた。「半分まで下げたら、そのまま底まで行くだろうと世間は見る。それを反映して市場はきみらの不利に動く。そして借り換えできなくなる。だからおしまいだ」

マットーネの訪問からしばらくして、メリウェザーとマッケンティは一杯ひっかけに近所のパブに立ち寄った。ＪＭもウォール街から引っ越してきたトレーダーたちも気に入っていた店だ。お決まりのジントニックをゆっくり口に運びつつ、メリウェザーは連れの顔をまっすぐに見て、まったく抑揚のない声で言った。「きみの言った通りだ」〝ザ・シーク〟が見返す。ＪＭは続けた「きみの意見を聞くべきだった」

❁

部外者がのちに、この頃のグループの一致団結ぶりについて語ることになるが、メンバーにとっては、それが趣味に合うただひとつの選択肢だった。泥沼にのめり込めばのめり込むほど、外部との接触が嫌になり、ますます結束が強まる。それぞれが抱える反感やいがみ合いは、ひとまず封印され、誰のせいだの、俺があのときどうのこうの、というような非難の応酬はなかった。口元を引き締め、決然たる足どりで、夜明けとともにオフィスに現れ、夜遅くまで働く。みずからの存在だけが、損失の拡大を食い止められると信じているかのようだった。何時間も電話にかじりつき、取引の清算を試み、元の投資家をなだめ、別口に誘いをかけ、うるさい銀行を煙に巻く。ローゼンフェルドとレーヒーは社内の士気が萎えないよう気をつけて、スタッフに声をかけた。「大丈夫だ。流動性はたっぷりある。新しい投資家も呼び入れた。規模を小さくするだけだ――リスクをとりすぎていたから」会議室にこもりっきりのことも多くなった。いつもカーテンを引き、外からのぞけないようにして、密室で徹底的に議論を戦わせる。ミーティングはいつ果てるともなく続いた。昂ぶった声が伝わってくると、スタッフは何がどうなっているのか、少しでいいから説明してくれと頼むこともあった。だがパートナーたちはろくに応じなかった。みずから雇った社員にすらひと言も漏らさない。表情をこわばらせたヒリブランドは、何も耳に入らないかのように、まっすぐ前を見て脇を通り過ぎた。

❁

八月最後の週末を迎える頃、ロングタームはソロスの持ち出した条件を達成するどころか、過去最悪の水準までずり落ちていた。しかもウォール街で資金を動かせる立場にある人間はほとんど夏休み中で、八月いっぱいニューヨークにいない。ロングタームは来る日も来る日も、数週間にわたって一日も欠かさず、数千万ドルから数億ドルずつ失っていた。それがこの週の金曜日、ひどい日々のあとにようやく、利益を計上する。一縷の望みをつないで、メリウェザーはあらためて、心当たりに順ぐりに電話を入れ始めた。

そのうちのひとり、メリルのダン・ナポリに向かって、損失はいつ止まると思うかと尋ねた。ナポリであれほかの誰であれ、答えを知るすべを持つ人間が存在するかのように。それからJMは、UBS東京のマネジャー、シシリアーノに電話した。

「誰か、きみのところで投資する人はいないだろうか。今日の価格は行き過ぎだ。先々すばらしい収益機会が期待できる」あくまで落ち着きはらって、別口で十億ドルの新規投資を受け入れる話がまとまりかけていると言い添えた。

しかしUBSはすでに、ロングターム最大の投資家だった。「二五パーセントは下げただろう」シシリアーノは尋ねた。

JMがさらりと答える。「いや、四五パーセント」

シシリアーノは仰天した。そこにあえて、ひとりで十億ドルを突っ込む投資家が、はたしているのだろうか。少なくとも、自分は突っ込まない。

八月二十九日、土曜日、メリウェザーはエドソン・ミッチェルに電話を入れた。一九九三年、ロングターム立ち上げの資金調達キャンペーンを指揮したメリルリンチ幹部だ。その後ロンドンに移り、ドイツ銀行のグローバル債券部門立ち上げに加わった。ミッチェルとドイツ銀行とで、今、ロングタームのために投資調達できないだろうか?

ミッチェルは、それはむずかしいと答えた。

友人はもう残っていない。金に詰まると、ウォール街は寒々しいところだ。

八月三十一日、月曜日、八月最後の日、それまで香港株式市場を買い支えていた香港金融庁が、突然買いの手を引いた。またひとつ、安全ネットには穴があいているという例証が増えた。香港市場は七パーセント下落し、この流れを受けて、ウォール街が大荒れとなる。ダウ平均が一気に五一二ポイント、六パーセント下落し、七千五百三十九ドルまで下げた。七月半ばの水準から一九パーセント下落したことになる。ルービン財務長官が、アラスカでの鮭釣りから戻ってきて、市場を落ち着かせるつもりで、米国経済は〝健全〟だと宣言した。これでますます暴落の謎が深まった。なにしろ新聞のどこを見ても、原因らしい原因が見当たらない。ウォールストリート・ジャーナル紙が挙げた〝期待外れだったシカゴ購買部協会景気総合指数〟というのは、冗談ともとれるほど、ささやかすぎる理由だ。同紙の論調ではむしろ、「ぎりぎりの状況になると、買い手側には回らない」という指摘こそ、真実に近かっただろう(注24)。実体経済はなるほど健全だったが、金融市場はレバレッジをかけすぎ、資産を膨らませすぎている。ウォール街全体が度を失っていた。マートン・モデルの世界の、冷静で感情に支配されないトレーダーは、そもそもいたとしても、今は見当たらない。正真正銘のパニックだった。

ロングタームがポジションをとっていた市場は、手痛い打撃を被った。エクイティ・ボラティリティが三〇パーセント台に乗せる。国債利回りが下落し、信用スプレッドがまたまた広がる。投資適格債ですら急拡大して――その日一日だけで――一三三ポイントからなんと一六二ポイントに達した。もっとも、スプレッドが開くのも驚くには当たらず、なにしろ債券市場ではその日ほとんど売買が成り立たなかった。開店休業も同然で、売ろうにも買い手がつかず、無理に売れば、莫大な損失を覚悟しなくてはならない。爆弾を投下されたようなものだ。トレーダーが端末のスクリーンをのぞき込むと、スクリーンがにらみ返すばかり。買い手の姿どころか影さえ見当たらない。「八月三十一日は、滅多にない一日でした」クレディ・スイス・ファースト・ボストンの債券ストラテジスト、カーチス・シャンボーは言う。「売買されている銘柄はほんのひと握りで、ほかはどこに行ってしまったのか、見当もつきませんでした」重い積み荷を降ろさなくてはならないファンドにとって、月の終わりの債券市場は、考えられる限り最悪の悪夢というべき展開となった。債券市場そのものが、消えてしまったのだ。

❁

八月の信用スプレッドの広がり方は、記録にある限り最悪だった（注25）。過去の例を見ると、スプレッドがここまで開くのは、景気後退の兆しだ。しかし今回、実体経済に不況の影は見られなかった。おそらく減速気味ではあっただろうが、それ以上のものではない。債券市場の暴落を引き起こしたパニックは、実体経済に関係なく、ウォール街が自作自演したものだった。行き過ぎた楽観論（そして行き過ぎたレバレッジ）が一気にはじけた結果だ。

八月、ヘッジファンド全体の四分の三が損失を計上し、なかでもロングタームの損失は最大だった。

このひどい一カ月の間に、メリウェザー軍団は十九億ドル、自己資本の四五パーセントを失った。残りわずか二十二億八千万ドル。ソロスの線は消えた——きれいさっぱり消えた。そして、ロングタームのポートフォリオはなおも危うく膨れ上がっている。この時点でファンドの資産総額は千二百五十億ドル——前回公表した総額の九八パーセントに当たり、分母の自己資本が縮んだ分、倍率は五十五倍と異常な水準になった。これに加えて、エクイティ・ボラティリティやスワップ・スプレッドなどのデリバティブ取引に、強烈なレバレッジがかかっている。このレバレッジだけは、言い訳が立たない。資産価値の下落が続けば、発生する損失で二十二億八千万ドルという薄っぺらな自己資本など瞬く間に食いつぶされてしまうだろう。それでも、レバレッジを引き下げるわけにはいかなかった。取引の規模が大きすぎるし、流動性が枯渇しているからだ。

パートナーは今、いつもと違う風景の場所に足を踏み入れていた。モデル設計者の調査が及ばない領域だ。スタビスの見たところ、パートナーたちは「理解を超えた一種のボラティリティ」にぶつかったのだった。理論のうえでは、この八月のような損失が発生する確率はほとんどない。ここまでの落ち込みは、数学者に言わせれば、例外中の例外であり、宇宙が誕生してその歴史を終える日まで、いやその歴史を何度も繰り返したとしても、一度も発生しない確率の方が高い（注26）。しかし現に、メリウェザーが投資家向けレターで自信を持って、マートン=ショールズがいかにもきめ細かく算出したファンドのリスク想定値を披露してから、わずか四年足らずの間に現実のものとなった。悲しいかな、パートナーたちの言い回しを借りれば「（各種取引の間の）相関が一に達した」のだ。賭けという賭けが、同時に裏目に出る。さいころはランダムに振られているのではなかった。少なくとも、悪意のある同じ手が振っているとしか思えなかった。

第9章　人間心理の罠

九月初め、メリウェザーは投資家に、ファンドが莫大な損失を被ったことを報告しなければならなかった。そして言葉を飾ることなく、レターを書いた。

皆様ご承知の通り、ロシア崩壊をめぐる出来事を背景に、グローバル市場で八月いっぱいボラティリティが大幅かつ劇的に上昇しました……残念ながら、ロングターム・キャピタル・ポートフォリオも純資産価値の急激な減少に見舞われています……八月に四四パーセント減少、年初来では五二パーセント減少しました。これだけの規模の損失に、私どもは衝撃を受けていますし、もちろん皆様にとっても、特に当ファンドのこれまでの変動性を考えれば、大きな衝撃に違いないと存じます(注1)。

ただし、JMのレターはファンドの将来に目を向け、しだいに明るい調子に転じてくる。疑いなく、この薔薇色の見通しはJMの本心を映したものだが、この時期、パートナーの目で見た見通しと、世間のそれとの間には深刻なずれが生じていた。レターによると、災難の種が播かれたのは一九九八年前半、信用スプレッドが拡大した時期だという。ロングタームはいつも通りスプレッド縮小に賭けた。ところが投資家が流動性の低い証券から逃避し始め、結果としてスプレッドがますます拡大した。メリウェザーの言うこの〝流動性への逃避〟のおかげで、「結果的に、ロングタームの各種取引の損失が相関するようになりました」――ねじれた論法ながら、ロングタームは〝事前〟には、可能な限り手を尽くして、そうした相関を避けてきたと言っている。

メリウェザーの分析からは、ロングタームの誰かが間違いを犯したという含みは、まったく読み取れない。例えば、投資機会がまばらになった一九九七年末に資産を圧縮しなかったことにも、触れていない。言外にJMは、部下のトレーダーではなく、思惑通りに動かなかった市場を非難していた。

メリウェザーは「すでに措置を講じて、自己資本に見合った水準にリスクを引き下げています」と投資家に請け合っている。だがこれは、かなり誤解を招きやすいコメントだ。なぜなら、ロングタームの資産売却は一向に進んでいなかったし、レバレッジは五十五倍に跳ね上がっていた。その事実に、メリウェザーはひと言も触れていない。精いっぱい好意的に解釈すれば、メリウェザーはヒリブランドとハガニに強く感化され、主要取引がさほどハイリスクだとは考えていなかったのだろう。「特に有望な取引の多くで、すばらしい収益機会が開けると見ています」とも言う。一方で、ファンドの「流動性はじゅうぶん」と断言している。たしかにそうだが、パートナーの管理会社、LTCMが深刻なキャッシュフロー不足に陥っていることについては、なんの言及もない。

ロングタームはこの親展の書簡を九月二日にファックスで送付した。ところが、投資家のひとりがこれをブルームバーグにリークする。ブルームバーグがさっそく配信したので、ファックス受信の順番が遅かった投資家は、レターを受け取る前にニュースで知ることになった。この迷惑な報道は、パートナーたちにとっては顔に冷水を浴びせられたも同然だ。ウォールストリート・ジャーナル紙は金融機関の業績悪化を伝える特集で、ロングタームの損失をトップに挙げ（注2）、オンラインの金融コラムニスト、ジェームズ・クレイマーは筆鋒鋭く、〝天才〟という言葉はアービトラージャーではなく、モーツァルトのためにとっておくべきではないかとコメントした（注3）。

ロングタームはかまびすしい報道に当惑しながら、ウォール街のトレーダーたちがそろそろ保養地から戻ってくることだし、潮目が変わると望みをかけていた。八月は、おそらく、市場の気紛れの時期だったのだ。パートナーたちは互いに言い合った。「休暇で留守だった連中が、じき戻ってくる」しかし、メリウェザーがレターを発送した翌日、ムーディーズ・インベスターズ・サービスがブラジル債を格下げする。不吉な前触れだった。金融危機の病原菌を国から国へと運ぶグローバル・トレーダーたちが、暗黙の協定に従うかのように、ブラジルへと矛先を向ける。通貨投機筋がサンパウロに売りを浴びせ、ブラジル政府は――当てにならないモスクワの例にならって――通貨切り下げはないと宣言した。今のロングタームにとって、何より避けたいものは、第二のロシア騒動だった。

当然ながら、銀行はブラジル向け融資を引き締めた。メリルリンチのハーブ・アリソン社長は九月四日、レイバー・デー前の金曜日、ミーティングを招集し、メリルの新興市場向けレポ・エクスポージャーをひとつひとつ見直した。かつてロングタームとの取引を強力に後押ししたこの人物が、わが行がロングタームのブラジル取引に融資しているのはどういうわけかと部下に問いただす。「何を言ってるんです？」部下のひとりが口をとがらせ、ボスのかつてのロングタームびいきを暗に揶揄した。「社長の方針だったでしょう！」アリソンは声をあげて笑い、これを最後にするよう一同に命じた。

銀行が浮き足立ってきたのは、ただヘッジファンドのためばかりではない。みずからのポートフォリオでも損失が膨らんでいた。ゴールドマン、モルガン、ソロモン、メリル、その他諸々、いずれも巨大な債券ポートフォリオを保有しており、それぞれ組み入れ比率が違うだけで、構成はロングタームのポートフォリオと大差なかった。銀行もやはり、米国債の空売りでヘッジをかけていて、同じように容赦ない信用スプレッド拡大にさらされていた。しかも、銀行は株価を下げている。なかでもゴールドマンは、最大級の損失を出しているうえに、弱気相場が続けば翌月に予定する株式公開に支障が出かねないと、特に神経を尖らせていた。ソロモンも同様、サンディ・ワイルはアービトラージ部門の損失のせいで、これも十月に予定していたシティコープとの合併計画にひびが入るのではないかと気が気ではなかった。ワイルの厳命が鳴り響き、ソロモンは資産売却を続けた。才気煥発なハガニはこれに憤慨して、売却を止めるためだけに、ソロモンの残りのポートフォリオを買い取ろうと言い出したことがある。他のパートナーは、ハガニは頭がどうかしたのかと思った。ロングタームの今の立場は、どう転んでも〝買う〟立場ではない。度胸のいいハガニのこと、資産売却に手を尽くそうとしないで、いわば一切を賭けに投じるスリルを密かに楽しむ心境に近いのではないかと、うがった見方をしたくもなる。ハガニはロンドンに戻ると、なべて世は事もなしといった様子で、相変わらず自転車を漕いでオフィスに通った。

ところが、パートナーたちは不気味なパターンに気がついた。ロングタームの取引だけが、ほかより大幅に下がっている。例えば、ジャンク債が上昇する局面でも、ロングタームが保有する銘柄だけが下げたままだった（注4）。同じようにスワップ・スプレッドも、英国での拡大幅がドイツに比べてずっと大きい――ロングタームが賭けていたのとちょうど逆だ。両国経済にこの差を説明する理由はこれといって見当たらない。英国のスワップ・スプレッドが八二ポイントまで拡大したのに対して、ドイツでは四五ポイントにとどまっていた。「理屈に合わない」ロングタームのトレーダーが腹立たしげにこぼす。英国で質への逃避からスプレッドが拡大しているのなら、ドイツでも同じ現象が起こるのが妥当だろう。しかし妥当であろうがなかろうが、ウォール街のトレーダー連中は、沈みかけた船を見限る鼠よろしく、ロングタームの取引から逃げ始めていた。

こうなっては、単なる偶然ではすまされない。資金を求めてうろつきまわるうちに、ロングタームはそのポートフォリオの詳細を、ときにはおおまかな全貌すら、開けて見せないわけにはいかなかった。皮肉にも、秘密第一主義のヘッジファンドが、誰もが閲覧できる公開情報となり果てている。ビニー・マットーネなら、さしずめこう言うだろう。市場は弱者の背後で手を結ぶ。さらにメリウェザーのレターのせいで、ウォール街中がロングタームの苦境を知っていた。ライバル会社は、ロングタームから売りの雪崩が押し寄せてくるのを見越して、先回りして売り始める。「みんな危険の匂いを嗅ぎとって、逃げ出しました」当時ソロモンのトレーダーだったコスタス・カプラニスは言う。「LTCMを攻撃するためではなく――わが身を守るためです」こうしてロングタームの取引に、売りに次ぐ売りが浴びせられるのを見て、レーヒーは吐き気を催した。ライバル会社がロングタームに代わって、そのポジションを清算してくれているかのようだった(注5)。ヒリブランドの言ったことは間違いではなかった。秘密を明かせば、素っ裸も同然なのだ。

メリウェザーの目に、ファンドの流動性はじゅうぶんと映ったかもしれないが、ベア・スターンズは必ずしもそうは見ていなかった。ロングタームの決済用資金――つまり、ベアが必要に応じてロングタームの取引決済に使えるキャッシュと証券――は、日に日に減っている。ベアはファンドの決済に不安を募らせた。なお悪いことに、毎日午後にロングタームの売買の結果をベアに報告していたロバート・シャスタックが、損失額を繰り返し過小評価していた。シャスタックの方で、わざとそうしたわけではない。ロングタームはデリバティブなど公開市場で売買されていない取引の多くで、評価を想定に頼るしかなかった。その〝呼び値〟――価格――は、他社のトレーダーが付ける。ここに来てライバル行は安全策をとろうと、あるいはロングタームの弱みにつけ込もうと、呼び値を切り下げている。シャスタックは想定を上回る損失額をベアに報告し直さなくてはならなかった。

ベアのクレジット・マネジャー、マイク・アリックスはそろそろロングタームに通告を発する潮時だと見た。シャスタックに、ロングタームの決済用資産が五億ドルを割り込んだら決済を停止する旨言い渡す。さらに、ベアがいかに〝胃の痛い〟思いをしているか確実に伝えるため、ベアが融資していた先物取引について別の貸し手を見つけるよう進言した。慎重を期して、ロングターム向けの余分なエクスポージャーは切るつもりだ。

ベアの圧力で、ロングタームのレポ担当マイク・ライスマンも胃が痛くなった。ライスマンはロングタームのマネー・ガイ、債券レポを使った資金調達係で、いつもこれ以上ない好条件をとってきた。ロングタームの中では、本物の変わり種に一番近いキャラクターの持ち主でもある。まだ三十三歳になったばかりで、スタンダップ・コメディアンという顔も併せ持ち、マンハッタンのゴサム・コメディ・クラブの共同経営者だった。誰かがオフィスの雰囲気を明るくしているとすれば、それがライスマンだ。だが九月に入って、レポ・マンは道化を演じるどころではなかった。ロングタームの資金繰りを誰よりもよく、患者の脈をとる医者さながらに把握しているライスマンが、月末までに新規投資を呼び込めなければレポ・ラインを外されると同僚に漏らした。レポ・ラインを外されれば、そこで命が尽きる。

スタッフにはそのうえに、個人的な心配があった。みんな個人の資産をファンドに投資しているのに、パートナーたちがどうやってファンドを救おうとしているのか、ひと言も説明がなかったからだ。従業員たちこそ物言わぬ英雄というべきで、将来を覆う暗雲が日に日に濃くなる中で、毎晩遅くまで働いた。当然ながら、パートナーたちに対しては腹を立てていた。毎日顔突き合わせて働いているのに、けっして秘密を明かそうとしない。ボスがいったん会議室のドアを閉めたら、悔しさを噛みしめて待つしかなかった。紛糾の様子が伝わってくると、スタッフの誰かがよくこう問いかけた。「いったい、どうなっているんです？」返事は決まって、「今、対処しているところだ」確かな情報がないので、従業員たちは皮肉を込めて、〝ネクタイ・インデックス〟なるものを開発した。ネクタイを締めてくるパートナーの数が増えるほど、大事なミーティングが増えていることを意味し、つまり会社の問題はそれだけ深刻になっている！

パートナーたちは実のところ、従業員の脱走を心配していた。これは無視できない問題で、なにしろ従業員に給料を支払っている管理会社ＬＴＣＭは、流動性危機のただ中にある。九月の第一週、フリート・バンクがＬＴＣＭ向け融資の繰り上げ返済を請求した。つまり、ＬＴＣＭの命は今や首の皮一枚でつながっている。フリートはいつでも、ＬＴＣＭを破綻に追い込むことができた。そうなればおそらく、ロングタームの取引相手がこれをスワップ契約のデフォルト事由と見なして、ファンド本体も破綻に追い込まれるだろう。

過去最大の危機を迎え、パートナーたちはポートフォリオからＬＴＣＭ（パートナーが個人的に保有する）に、融資の形で三千八百万ドルを移管した。この怪しげな措置で、一九九八年末まで従業員の給料を支払うキャッシュを確保でき、ＬＴＣＭは従業員を今しばらくつなぎとめる時間を稼いだ。ファンドの外部取締役は、ＬＴＣＭが破綻すればファンド本体もつぶれかねないという理由から、この融資を認めている。しかしこれは、契約上は認められるとしても、利益相反の匂いが色濃く漂う。パートナーたちはファンドから、みずからの持ち分を引き出した——厳密にいうと、借り受けた——ことになり、一方、外部の投資家は同じ機会を与えられていない。その外部投資家にパートナーたちは受託者義務を負っている。なりふり構わなくなった兆候だ。

この力業をもってしても、まだ足りなかった。フリートの脅しが目の前に迫っていることに変わりはなく、LTCMはチェース・マンハッタンの幹部デビッド・フルージを説き伏せて、フリートからの借入金、総額約四千六百万ドルの肩代わりと、チェースがロングターム向け融資残六千二百万ドルの繰り上げ返済を要求しないことで、合意を取りつけた。ローゼンフェルドはチェースの〝信じがたい行動〟に深く感謝した(注6)。しかしこれで、LTCMのチェースからの借入は一億八百万ドルとなり、ほかにクレディ・リヨネに五千万ドル、ロイズに七百万ドル――そして自社ファンドに三千八百万ドルの借入がある。

ふたたび資金を求め、メリウェザーは九月六日、レイバー・デー前の日曜日、メリルの幹部三人組に電話を入れた。メリルのリチャード・ダンはさすがに危機感を抱いて、休日を返上し、メリルのロングターム向けエクスポージャーをつぶさに調べた。この時点からメリルの心配は、自行の直接のエクスポージャーだけにとどまらなくなる。ロングターム破綻をきっかけに、みんながいっせいに出口に殺到したら、市場はいったいどんな有様になるか、ダンは想像を巡らせた。ウォール街全体が、同じドアを一度に通り抜けられるものだろうか？　メリルは不安を募らせ、セールスマンのダンレビーとクレジット・マネジャーのロバート・マクドナーを派遣して、グレニッチの実情を探らせた。パートナーたちと親しいダンレビーは、正面切って尋ねる。「おい、大丈夫か？」パートナーたちは、例によって明るい方にひと捻り加えて、問題を抱えてはいるが、流動性はじゅうぶんだと答えた。ダンレビーはのちに、パートナーたちに一杯食わされたと同僚に語った(注7)。

しかしJMをはじめロングタームは心底から、スプレッドがここまで広がった以上、黄金の一発逆転劇がすぐそこの角まで来ていると信じていた。「こんな機会がいつか訪れないかと、夢見ていました」ローゼンフェルドは言う（注8）。機会は目の前にあるのに、それをつかむだけの資金がない。JMは今、エクスタインの立場に立っていた。このままだと、どこからか別のJMが現れて、濡れ手に粟の機会をさらっていくのを眺めるしかない。念のため、メリウェザーはニューヨーク連銀のマクドナー総裁に、ロングタームが資本増強を必要としている旨を報告した。かつてJMほかソロモン幹部は、FRBへの報告の遅れを非難された。その轍だけは踏みたくなかった。

❀

八月下旬から九月にかけて、パートナーたちの意気は、資金調達の見通しを映して浮きつ沈みつ螺旋運動を繰り返した。LTCMの流動性不足という微妙な問題はわきに置いて、今投資すれば誰でも好機をつかめるという明るい見通しの方を熱心に語った。JPモルガンのメンドーザは、この時点でも二億ドルの調達を請け合っていた。涼しい顔で、顧客リストにある有力投資家の名前を挙げる。ゼネラル・エレクトリック会長ジャック・ウェルチの名もあった。とはいえメンドーザは、ほかのさまざまな問題に気を取られて、LTCMのことから気持ちが離れがちだった。彼がロングタームびいきであることに疑いはなかったが、最大の盟友なのか、ただの同情的な詮索好きなのか、パートナーの間でも意見が分かれた。それはさておき、パートナーの机の上にも、光り輝く名前が名刺ケースにぎっしりと詰まっている。マイロン・ショールズはパソコン業界の大物マイケル・デルと連絡をとり、デルは調査チームを送り込んでファンドのブックを調べさせた。デルのほかにも、テキサスの資産家バース一族など見込み客に次々と接触する。外から眺める限り、この売り込みキャンペーンは一九九三年の立ち上げ時に似ていた。

ただ、本人たちは気づいていないようだったが、かつてパートナーたちが醸し出し、人々を酔わせた熱気は、今回失われていた。まばゆいばかりの経歴はあっても、魔法の力はすでにない。そして魔法の力がなくなれば、ロングタームはその辺の金詰まりのファンドと変わりない。出版界の大御所ジフ兄弟を射止めようと、メリウェザーはロングタームの異例に高い手数料を当初の三年間——たったの三年間——割引すると申し出た。おそらく、こうした手練手管はその昔なら功を奏しただろう。しかし今、JMが申し出た単なる期間限定の手数料割引特典は、ジフ兄弟の耳には思い上がりと響いた。ウォール街の花の色は、かくのごとく移ろいやすい。投資家は高額を要求するマネジャーには値下げを求め、さて値下げしたと見るや、あっさり立ち去る。

さらに幾人かのパートナーは、大型ヘッジファンド運用会社タイガー・マネジメントを率いるジュリアン・ロバートソンを訪ねた。ロバートソンはこのとき、円投機の失敗で被った損失二十億ドルの公表を控えていたところで、もうひと山張る気分ではなかったかもしれない。それはさておき、抜け目のない南部人ロバートソンは興味を示さなかった。ロングタームの腕前を自分より上だと見なくてはならない理由はまずないと思えた。パートナーたちはまたしても、手ぶらで家路につく。これだけ輝かしい推薦状を携え、これだけ豪華絢爛たる顧客リストを順に当たって、これだけ戦果があがらない例は、滅多にないだろう。

もとからの投資家も、あらためてきびしい目を向けてくるようになった。ピッツバーグ大学の財務部長マーロン・ピースは、グレニッチに飛んで、学界のヒーローと呼ぶべき地位にあるマートン、ショールズと面会する。ふたりは最近の損失については固く口を閉ざし、今後の利益機会については声高に語った。天性のセールスマン、ショールズは、ロングタームは九月中に十億ドル、年内にもう十億ドルを調達できると、自信のほどを口にした。だが、ピースは追加投資を断った（注９）。

「夢遊状態に釣り込まれていました」ロングタームのある投資家の顧問を務めていたスタンフォード大教授ウィリアム・シャープは言う。しかしここに来て、ぱっちり目が醒めた。かつてスタンフォードで同僚だったショールズから、追加投資を求める電話を受け、警戒の構えをとる。顧客である富豪の中国系米国人は、三千万ドルを投資しようとしていた。教授はリスクが大きすぎると意見した。そこで、まず一千万ドルを投資して、ロングタームが別に大口投資家の獲得に成功すれば、さらに一千万ドルを上乗せするということにした。あとは預託口座に振り込むばかりになっていたが、ショールズは契約を先送りした。ロングタームは、少額を取り込んでも意味がないことを知っていた。

大口資金を求めて、メリウェザーは引き続き、メリルのハーブ・アリソン、ドイツ銀行のエドソン・ミッチェル、チェースのドナルド・レイトン副会長、ＵＢＳの資産運用部門責任者ゲーリー・ブリンソンに誘いをかけた。こうした面々、ウォール街の百獣の王たちなら、わけもなく大金を捻り出せる。しかし百獣の王を、穴から呼び出せるだろうか？　パートナーがいくら輝かしい見通しを描いてみせても、バンカーたちには火種を嗅ぎつける嗅覚が備わっている。ロングタームの憔悴が濃くなるにつれ、バンカー側には様子見の余裕が生まれてきた。日を追うごとに〝滅多にない好機〟は値下がりする一方だった。

見通しとは逆に、ロングタームの市場は沈没し続けた。リスク・アービトラージのスプレッドが一九八七年の暴落以来の水準に達する（注10）。新規株式公開はタイヤの軋《きし》る音とともに急停止し、ゴールドマン・サックス幹部の背中に寒気が走った(注11)。格付けB格債のA格債に対するスプレッドは一年前の二〇〇ポイントから五七〇ポイントまで拡大し、短期の株式指数保険(つまりエクイティ・ボラティリティ)の価格は倍に跳ね上がった(注12)。「まるで恐怖という名の毛布が、市場を上から覆っているようだ」あるオプション・トレーダーがウォールストリート・ジャーナル紙に語っている(注13)。海外市場でも、価格を見る限りまぎれもないパニックだった。エマージング市場債券指数の米国債に対するスプレッドは一年前の三〇〇ポイントから、なんと一七〇〇ポイントまで上昇している(注14)。アラン・グリーンスパンは不吉にも、この混乱した世界にあって米国だけは繁栄のオアシスだと考えるわけにはいかないと釘を刺した(注15)。市場は資産内容がどうあれ、ひたすらリスクを避けようとしている。

そしてロングタームは、世界中でリスクをとっていた。どのアービトラージ取引でも、リスクの高い方の資産を買い、どの国でも、特にハイリスクな債券を買っていた。これまで何千回となく繰り返してきた同じ賭けが、ことごとく裏目に出始める。

九月十日、木曜日。ひどい一日だった。スワップ・スプレッドがさらに七ポイント広がったのをはじめ、各市場でスプレッドが拡大する。ついていないときはついていないもので――それとも、未来の暗示だったのか――グローバルスターの通信衛星十二基を積んだロケットが、打ち上げ後たちまち軌道をはずれて墜落した。ロングタームはたまたま、グローバルスター債を保有していた。パートナーたちはもう少しで笑ってしまうところだった。天さえ、われらに背を向ける。リスク管理ミーティングで、テーブルを囲むトレーダーが順に取引の結果を報告した。ひとり残らず損失に終わったことがはっきりした時点で、マリンズが自嘲気味に言った。「せめてもう一度、利益が出せないものだろうか――一日でもいいから」九月に入ってから、一日も出ていなかった。ただの一日も。こうなっては、完全に市場のストライキだ。誰も彼もが売りに回り――ロングタームだけが取り残された。

破格の取引規模が災いして、ロングタームは身動きがとれなくなっていた。周りの雑魚どもが、手当たりしだいにポジションを崩していくかたわらで、なすすべもなくたたずんでいる。ピラニアの群れに取り囲まれた肥満体の鯨という趣だ。ポジションのあきれるばかりの大きさが、パートナーの両手を二重三重にしばっていた。巨額のポジションの――例えばスワップの――ごく一部でも売ったが最後、値崩れを引き起こして、残り全体の価値が下がってしまう。さかのぼってソロモン時代から、ハガニは同僚に勧めてポジションを倍に、ことによると四倍に引き上げさせてきた。今、ハガニの目の前で、規模が価格を半分に、さらには四分の一に押し下げている。

十日の夕方近く、パートナーは、これを超えたらいよいよだと思っていた一線を超えてしまったのを知った。自己資本が残り二十億ドルを切っていた。その日遅く、メリウェザーは恐れていた電話を受け取る――ウォーレン・スペクター、ベア・スターンズ執行副社長からだ。ロングタームの決済用資金が五億ドルを割り込んだという。ただし、その日はふたたび回復して引けた。どうやら、ロングタームの取引相手の一部が、支払いを遅らせ始めたようだとメリウェザーは説明した。破綻しかけた会社にいそいそと支払うやつはいない。しかし、スペクターはすでに聞く耳を持っていなかった。言葉少なく、日曜日に査察チームを派遣してロングタームのブックを調べさせる、とJMに告げた。断れば、月曜日、ロングタームの取引決済を停止する。

翌日、九月十一日、メリウェザーはコーザインに電話した。ゴールドマンCEOは、結婚記念日を祝うベネチア旅行から帰国の途上だ。JMの用件は簡単だった。ロングタームは緊急に大金を調達しなければならない。十億ドルでは足りなくなった。望みをつなぐには、少なくとも二十億ドル必要だ。次に

JMは、ニューヨーク連銀総裁、マクドナーに二度目の電話を入れ、ロングタームが破綻回避に向けてどんな手を打っているか、律義に現状を報告した。

日曜日、ベアの査察チームが到着し、ロングタームはきわめて神妙にこれを迎えた。一夜にして顧客の鑑に変じて、ブックを開き、サンドイッチの中身をひとつひとつ取り出して見せる。ここに至ってはごねる気も失せたのか、ヒリブランドが辛抱強く取引ごとに説明を加えた。メリウェザーとローゼンフェルドがその間ずっと同席し、ベアの脅しを真剣に受け止めているロングタームの姿勢を示す。アリックスはこのふるまいに心を動かされたが、ロングタームの取引の規模には息を呑んだ。翌日、経営委員会ミーティングのあと、アリックスはふたたびシャスタックに連絡し、ベアにとって五億ドルが絶対の下限であることを改めて伝えた。ロングタームがもう一度これを超えたら、幕が下りる。

ロングターム最大の投資家となっていたUBSの心配は、ベアにも増して深刻だった。デリバティブの帝王、旧スイス銀行のデビッド・ソロが——遅きに失したのだが——新生UBSで途方もない損失が発生しかけていることに気づく。ワラント契約を分析した結果、うまくいっても八パーセントそこそこのリターンのために、UBSが巨大なリスクを引き受けていることがはっきりした。今となってはリターンなど、永遠に望めないだろう。「オプションのヘッジだの、ボラティリティだの、プレミアムだの、盛んに説いていますが、すべてばかばかしい」九月十四日、至急マーク付きで、元スイス銀行ヘッドで今はUBSのCEOマルセル・オスペルに電子メールを送信する。合併相手に当てつけて、そっと耳打ちするかのような文句を添えた。「この取引はUBSグループの取締役会が承認したものであり、そのメンバーの多くは、ただ今の取締役会で同じテーブルを囲んでいる人たちです」

その間、週明けの月曜日、メリウェザー、ローゼンフェルド、レーヒーの三人で、リーマン・ブラザーズを訪ねた。リーマンの債券部門を仕切っていたジェフ・バンダービークは、開口一番、ロングタームがかなり困っているという噂を聞くが本当かと訊いた。「質問にお答えする前に、そちらの非公開株部門を通じて資金調達する案について話をさせてください」毛筋ほども悪びれず、ＪＭは切り出した。「ロングタームは昨年、一部資本を返還しましたが、今、二十年に一度の好機を目の前にしています」客を迎えた側は、ロングタームの厚かましさに舌を巻いた。とはいえ、のしかかる圧迫はおのずと顔をのぞかせる。メリウェザーはポートフォリオについて説明するようローゼンフェルドに言っておきながら、ローゼンフェルドが説明しかけると、いらだたしげに遮った。息子同然の信頼厚いパートナーに、こんな短気を起こすことは滅多にない。リーマン側はまるで話に乗らなかった。

❁

ロングタームはじつは、ひとつ非常口を持っていた。一九九六年にチェースを軸とする銀行団から獲得したリボ融資枠だ。設定額は九億ドル（当初は五億ドル）で、ロングタームが必要なときに引き出せるスタンドバイ型だった。こういう信用枠はふつう、借り手の状況が著しく悪化した場合、〝重大な変更に関わる条項〟と呼ばれる条項によって、自動的に打ち切られる。ところが、ロングタームと取引したくて気がはやっていたチェースは、この〝重大な変更に関わる条項〟を盛り込まないまま契約を結んでいた。ただし会計期間の締め日に、ロングタームの自己資本が半分以下に減少していれば、解約できることになっている。銀行団は、ロングタームが巨額の損失を被った以上、融資義務はすでにないと大合唱を始めた。しかし、前回の〝会計期間〟の締め日は七月三十一日で、ロングタームはまだたっぷり自己資本を持っていた。したがって厳密にいえば、銀行は引き続き契約にしばられていた。チェースのずさんな文書作成のおかげで、銀行団は支払い不能の会社に九億ドルを融資しなければならなくなった。ところがパートナーの間で、借りるべきか否か、意見がまっぷたつに分かれた。マリンズの考えは、否だ。ファンドがつぶれるとすれば、銀行を道連れにする必要がどこにあるだろう？　これ以上借入を重ねたら、事態がもつれるばかりだ。ＪＭ、ホーキンス、モデスト、それにノーベル賞コンビは、この意見に賛成した。ヒリブランド、ハガニ、レーヒー、ローゼンフェルドは、リボ融資枠を使う案を強く推す。ほかにどうやって、ベアへの決済用資金を補充できるというのか？　クラスカー、マッケンティ、シャスタックも、引き出しに賛成した。弁護士のリカーズは、ロングタームがあらゆる可能性を追求しなかった場合、投資家に背任行為として訴えられる恐れがあると指摘する。「現時点で決めることはないだろう」ＪＭの言葉を最後に、議論は打ち切られた。今現在のところ、まだ必要ではない。

パートナーたちにはまだ、ゴールドマン・サックスとコーザインがいた。コーザインは今や、九月も半ばにさしかかったこの頃、ロングタームの希望の星となっていた。背が高く、髭面で、いつも金融業界には場違いな男と見られた。イリノイ州南部の農場に生まれ、大学時代はバスケットに精を出し、幼稚園で同じクラスだった女の子と結婚した（注16）。一九七五年、メリウェザーのソロモン入社に一年遅れて、ゴールドマン債券部に配属される。じきに有能なトレーダーとなったが、メリウェザーほど名声を轟かすことはなかった。そのメリウェザーに対しては、素直に賞賛の目を注ぎ、ゴールドマンにも同じようなアービトラージ部隊をつくりたいと考えていた。ゴールドマンで出世階段をのぼっていきながら、気取らない呑気な性格に変わりはなく、三つ揃いが当たり前の世界にあって、肘当て付きの着古したセーター姿で名を馳せた。

ウォール街最後の非上場の総合投資銀行ゴールドマン・サックスは、ロングタームと似たところがいくつかある。まずパートナーたちは秘密主義で、何十年にもわたって、異例なほど親密な関係を保ってきた。社風は至って慎み深い（ブロード・ストリート八五番地にある本社のロビーは誰が見ても、ゴールドマンの威勢と釣り合うものではない）。つい最近まで、優良法人顧客に提供するサービスの手厚さで知られていた。長期的な関係を重んじるリレーションシップ・バンキングの使徒として、敵対的買収を軽蔑し、自己勘定トレーディングすら、顧客との間に利害の衝突が起こりかねないとの気高い前提に基づいて敬遠してきた（注17）。ところが、一九八〇年代から九〇年代初めにかけて、こうした客間向きの細やかな心遣いは、わきへ押しやられる。スティーブン・フリードマンと、のちに財務長官として名を売るロバート・ルービンのコンビが主導権を握り、自信満々でトレーディング業務に進出、ゴールドマンのバンカーたちは白い手袋を脱ぎ捨て、顧客との利害の衝突は当たり前となった。一九九四年の債券市場暴落で、ゴールドマンは——ロングタームと同様、ボラティリティの統計的モデルにしたがってリスク上限を設定していた——屋台骨に響くほどの巨額の損失を被った。ここで、レバレッジで膨らませたそのポジションを他社のトレーダーに正確につかまれているのを知り、脱出しようとすれば莫大な損失が避けられないことを悟る（注18）。パートナーたちは群れをなして逃げ出し、慎重派のコーザインが、一九九四年秋に会長に就任、パートナーシップを立て直し、事業を立て直すという難題を押しつけられた。業績は回復したが、パートナーたちは——やはりロングタームと同様——自己資本不足を痛感する。これが今回の株式公開の理由だった。その間、コーザインは利幅の厚い自己勘定トレーディングにいっそう力を入れた。

かつて、メリウェザーと手を組む話に心を動かされたこともあったが、いまは強者の立場でこのライバルと交渉できる。コーザインは資本提供に同意した。ただし条件がある。コーザインはパートナーの保有する管理会社株の半分と、ロングタームの取引戦略を自由にのぞく権限と、ファンドのエクスポージャーに上限を設ける権利を要求した。温和なこのバンカーが提案したのは、実質的な買収にほかならない。ただし、ゴールドマンとその顧客の資産から十億ドルを工面すると言い、さらにロングタームがもう十億ドルを調達するのを支援することを約束した。それに、ゴールドマンが後ろ盾についたと発表するだけで、出血は止まるだろう。メリウェザーはいやとは言えなかった。

両社は急いで話をまとめ、条件として、ゴールドマンは資金を調達し、ロングタームは、慣例的な手続きとして、査察を受け入れることで合意した。ゴールドマンはロングタームの資本流出がこれ以上進まないうちに、すばやく事を運ばなくてはならなかった。九月十四日の週明け、ロングタームは山積みのファイルを提出し、ローゼンフェルドとマートンに四人のスタッフを加えた一隊をブロード・ストリートに派遣した。マートンは両社の合併が生むであろう戦略価値の詩的側面に光沢を添える存在だ。待ち構えていたゴールドマンのチームが、アービトラージャーたちに雨あられと質問を浴びせた。続いてゴールドマンの社外法律顧問、サリバン&クロムウェルの弁護士が半ダースほど現れ、ロングタームの面々を、情け無用の尋問の餌食にした。

グレニッチでは、ゴールドマンの探偵団が、オフィスに自由に出入りする許可を得て、社内を上から下までひっくり返した。ロングターム側がチームの顔ぶれを確かめるいとまもなく、大勢がてんでにファイルを引っ掻き回す。チームの中心はジェイコブ・ゴールドフィールドという、ひょろりと背が高く、英才なのはいいが癇にさわるトレーダーだった。目撃者によると、わが道を行くこのゴールドフィールドは、ロングタームのポジションを、ファンドがあれほど大事に守ってきたポジションを、ロングタームのコンピューターから特大のラップトップに直接ダウンロードしているようだった（のちにゴールドマンは否定している)。その間、ニューヨークにいるゴールドマンのトレーダーが、そっくり同じポジションをいくつか売っている。その日の取引が終わる頃、ロングタームのポジションは大幅に値を下げていた。そこで、ロングタームのオフィスにいたゴールドマンのトレーダー数名が、トレーディング・デスクにぶらりとやってきて、ポジションの買い取りを申し出る(注19)。恥知らずな二股芝居を演じたゴールドマンは、投資銀行が金儲けのためにどこまで悪辣になれるかを示した。ＪＭとパートナーたちにしてみれば、彼らのまさに目の前で、ゴールドマンがロングタームをレイプしたようなものだった。

ゴールドマン部隊が侵攻を開始したその月曜日、エクイティ・ボラティリティはなんと三二パーセントに上昇した。火曜日には、三三パーセントに達する。一ポイント上がるごとに、ロングタームから四千万ドルが流出した。ポートフォリオのべた一面で同じ展開となった。ロングタームの取引は――ロングタームの取引だけ突出して――情け容赦もなく売り叩かれ、デンマークのモーゲージ債から、フォルクスワーゲン株、ステーション・カジノズやスターウッドなどジャンク債に至るまで値を下げる。シェル・トランスポートのロイヤル・ダッチに対するスプレッドは、当初の八パーセントから一四パーセントという壊滅的な幅に拡大していた。イタリア債の確実な取引でさえ、前年はほぼ年間を通じて利益を出したのに、やはり損失に傾き始めた。

世界中のあらゆる資産クラスで、相場はグレニッチのヘッジファンドに背を向けて進んだ。顧問弁護士のリカーズが同僚に説明した際の言い回しを借りると、〝ＬＴＣＭ死刑執行相場《デス・トレード》〟だ。今や相関係数が一に達していた。さいころを振っても振ってもぞろ目が出る。数学者はこの事態を予想していなかった。彼らが想定するランダムな市場では、値動きは正規分布になる――生まれてくる子羊が黒か白か、投げたコインが裏か表か、ポーカーの手がジャックポットかワンペアか、という類の確率と同じ通常のパターンを描く――はずで、来る日も来る日もまた次の日も、すべての取引で途方もない損失が出続けることなどあり得ない。

教授たちは、誰の目にも明らかな事実を、つまり市場では尻尾がいつも膨れるという――彼らもよく知っていた――事実を、無視していた。人、人、人が群れるニューヨークのトレーディング・フロアから遠く離れ、ガラス張りの宮殿に閉じこもるうち、教授たちはトレーダーなるものが、ランダムに動く微粒子どころか、ヒリブランドのような機械的な理論家ですらなく、じつは欲と恐れとに突き動かされる人間であって、極端な振るまいに走ったり、急に気が変わったり、群集につきものの行動をとる存在であることを忘れ去っていた。そしてこの一九九八年の夏の終わり、債券トレーディング市場の群集は、極端におびえやすく、特にハイリスクな信用には怖気をふるっていた。教授たちは、これをモデルに組み込んでいない。ただ市場とは冷徹な予測が可能なものと、ありもしない性質を頼みにプログラムを組んでいた。生身のトレーダーを操る、禿鷹そこのけの、がっついた、何はさておきわが身を守ろうとする本能を忘れ去っていた。人間性《ヒューマン・ファクター》という要因をないがしろにしていたのだ。

メリウェザーは、FRBのピーター・フィッシャーに苦情を申し出て、ゴールドマンなどライバル行が、〝フロント・ランニング〟と呼ばれる内部情報を利用した取引でロングタームを不利な立場に追い込んだと激しく抗議した。ゴールドマンがこの九月中旬、きわめて活発に売買していたのは確かで、スワップとジャンク債でロングタームと同じポジションを売ったという噂がウォール街中に流れていた。

ゴールドマンのジャンク債トレーダーみずから、自慢気に吹聴していたともいわれる。

　だがこれは、ゴールドマンだけに限ったふるまいではけっしてなかった。この頃、ロングタームのポートフォリオの中身は広く知れ渡っている。ソロモンも、ロングタームのポジションを数カ月にわたって売り続けてきた。ドイツ銀行はスワップを手仕舞い、ＡＩＧは、それまでエクイティ・ボラティリティなど見向きもしなかったのに、急に買い始めていた。なぜ、突然興味を示したのか？　ロングタームの弱みにつけ込むこと以外に、理由があるだろうか？　ＪＰモルガンとＵＢＳもボラティリティを買っていた。こういう動きの一部は、明らかに、人を食い物にするのが目的だろう。仕組みは単純で、ウォール街が誕生した頃から行われている。つまり、ロングタームを嫌というほど痛めつけてやれば、じきに降参して、ショート・ポジションを買い戻すだろう。すると、同じポジションをとっていた者は、濡れ手に粟のぼろ儲けにありつける。

　ただし、追い剝ぎめいた取引とはいっても、ふつうに想像されるほどひどくはなかったし、のちにグレニッチ側が被害妄想的に言い立てた規模に比べれば、ずっと控えめだった。窮地に追い込まれ、袋小路から世の中を見るようになったためか、パートナーたちはつい陰謀説に飛びつきたがった。それで説明がつけば損失を他人のせいにできるのだから、なおさらだろう。自分のことにばかりかまけていたアービトラージャーたちは、当然のように、他の銀行も頭の中はグレニッチ一色だったに違いないと考えた。

　しかし、実際のところ、九月半ばのこの頃、ウォール街の銀行が第一に案じていたのはロングターム・キャピタルのことではない――案じていたのはわが身である。どの銀行もロングタームと同じ取引をかなり抱えており、そういうポジションから脱出するのは、みずからの身を守る行為だった。なかでもゴールドマンは含み損の出た取引をいやというほど抱え、しかも数週間後に株式公開を控えて、損失を食い止めようと躍起になっていた。

銀行がわざとロングタームの弱みにつけ込んで儲けようとしたのか、それともグレニッチから押し寄せてくる売りの波を見越してわが身を守ろうとしただけなのか、ここで問うてみても仕方がない。動機がどちらであったにせよ、表れた行動は同じだ——ロングタームの取引から、大挙して逃げ出した。ロングタームのあるトレーダーは、同じ学界の出身で当時ドイツ銀行にいた親友が、ロングタームのポジションを投げ売りするのを目にした。他社のトレーダーには、ロングタームが倒れれば、地響きが起こるのが見えていた。「ゴリラが売りを迫られているなら、その前に売ろうとするのが当然です」ロンドンに勤務するゴールドマンのあるトレーダーは言う。「一線がどこに引かれているか、ちゃんとわきまえています。違法ではありません」

米国の株式売買だけは例外で、よそにはないインサイダー取引規制法が制定され、明確な規制が課されているが、そのほかでは、個人的な情報を利用する取引はいつも行われている。ソロモンやゴールドマンなど、自己勘定の債券トレーディング部門を持つ投資銀行は、〝顧客フロー〟の情報を利用していることをおおっぴらに自慢していた。これは要するに、ソロモンなりゴールドマンなりが、顧客の売買の方向をつかんだ段階で、ふつうは同じ方向で——顧客よりも早く——売り買いすることをいう。だからこそ、ゴールドマンの歴代経営者は自己勘定トレーディングに手を出そうとしなかった。利益相反の可能性が大きすぎるからだ。しかし一九九八年の時点では、ゴールドマンといえば攻撃的な、情け容赦ないトレーディングで知られ、紳士の銀行というポーズなどとうの昔に捨て去っていた。

言うまでもなく、ゴールドマンにしろ他の誰かにしろ、投資銀行業務で顧客との接触によって得た情報を利用したとなれば、理屈のうえでは、詐欺防止法に問われることになるが、こういう罪は立証がむずかしい。コーザインは、発言を見る限り、ゴールドマンのトレーダーが「市場でとった行動が、ＬＴＣＭに打撃を与える結果につながったかもしれない」ことは否定していない。「われわれは自分自身のポジションを守る必要がありました。その点について、謝罪するつもりはありません」のちに、そうコメントした。

ただコーザインは、ゴールドマンがロングタームと通じる機会を得た結果、そうでなかった場合とは違う形で取引を行ったという説は強く否定している。当時のゴールドマンの四半期決算がどんなふうだったかを考えれば、ゴールドマンが不穏当な利益を得たと非難されるいわれはないと、口を歪めて付け加えた（注20）。

❁

ロングタームは完全に、心優しきライバル銀行のなすがままだった。取引の内容が複雑すぎ、特殊すぎたからだ。例えば、エクイティ・ボラティリティを売買していたのは、わずか数行――ＪＰモルガン、ソロモン、ＵＢＳ、ソシエテ・ジェネラル、バンカース・トラスト、モルガン・スタンレー――に過ぎない。いずれもロングタームのポジションが大幅なショートであることを知っており、ロングタームが遅かれ早かれ、買い戻してポジションを解消しなければならないことも知っていた。だから、ディーラーたちは意地でも売らない。切羽詰まってロングタームがソシエテ・ジェネラルに、ポジションを少し売ってもらえないかと頼んだところ、このフランスの銀行はとんでもない高値を吹っかけてきた。市場レートに一〇パーセント・ポイント上乗せしろという。法外には違いないが、エクイティ・ボラティリティにはほかに買い手がいない。価格が膨れ上がるのは当然である。

ふつう、自由市場はこういうバブルを自分で始末する。例えば一九八〇年、ハント兄弟が銀市場を独占しようとして、短期的に一オンス五十ドルまで価格を吊り上げたことがある。しかし、このときは、世の人が屋根裏部屋を引っ掻き回して、しまい込んであった銀器を探し出し、そして世界中の鉄屑業者がそれを炉で溶かし始めた。そういう銀が市場に流れ込んだ結果、価格は一オンス五ドルに戻り、ハント兄弟は破産を申請した。だが、エクイティ・ボラティリティは珍種だ。屋根裏にボラティリティをしまっている人はいないので、余分な供給口がどこにもない。「エクイティ・ボラティリティは究極の踏み上げ相場になっていました」事情に詳しいロングタームの社員は言う。「ディーラーの数は四社から五社です。どこも絶対に売ろうとしませんでした」

⊛

損失が膨れるにつれ、パートナーの中核グループと周辺との間にあった軋轢が、醱酵の日々を経て苦酒に変わっていった。当然のように、下位パートナーたちは、ヒリブランドとハガニのせいでひと財産が吹っ飛んだと考えた。ホーキンスとヒリブランドは、もともと大の親友というわけではなかったが、しだいにとげとげしい態度をとり合うようになり、ショールズとヒリブランドはろくに口も利かなくなった。不幸に見舞われたパートナーたちは、ヒリブランドとハガニの投資上の指示だけでなく、わが物顔にふるまう無神経なやり方に怒りを覚えた。ショールズの目から見ると、秘密主義のヒリブランドは真の意味でのパートナーではなかった。ヒリブランドはほかのパートナーを信頼していない。皮肉なことに、それは銀行がこれまで漏らし続けてきたのと同じ不満だった。マッケンティはしだいに休みがちになっていた。パートナーたちの絶望を象徴するように、背中の痛みで身動きできないと訴え、メリウェザーが警告に耳を貸さなかったことに恨みを募らせた。

ささくれだった神経と、被った損失の大きさを考えれば、パートナーとて人間である以上、多少は感情的になって当然だろう。彼らは財産を失っただけでなく、名声もふいにしようとしていた。メリウェザーは、かつて輝いていたキャリアに、二度までも災厄の跡を刻むという耐えがたい屈辱と向き合っていた。しかも部下のトレーダーたちは、これから何をやろうにも、ロングターム一大盛衰記で演じたそれぞれの役割で知られることになるだろう。ローゼンフェルドは、グループの中では誰よりも喜怒哀楽が豊かで、誰よりも会社の運営に打ち込んでいただけに、はた目にも気の毒なほど打ちひしがれていた。少なくとも心痛に耐えられなくなったとき、悲鳴をあげることを恐れてはいなかった。

ローゼンフェルドを教えたマートンも、やはり狼狽していた。もっといえば取り乱し、正気を失っていた。ロングタームの破綻で、現代ファイナンス理論の地位――そのために身を捧げてきた――が台無しになるのではないかと案じて、涙ぐむ場面もあった。マートン教授は結局のところ、すばらしく人間らしかった。ショールズも同様に、ロングタームが破綻すれば、ノーベル賞に泥が塗られたと考える人間が少なくないことを承知している。折も折、前からの予定で故郷のオンタリオ州ハミルトンを訪問し、地元出身のノーベル賞受賞者として栄誉を称えられた。聴衆はロングタームの窮状など知る由もなく、主賓の神経の昂ぶりようは、見るに耐えなかったに違いない。故郷で過ごした若き日々をなつかしく振り返って、ショールズはあやうく泣き崩れるところだった(注21)。

マリンズの将来にも暗雲が垂れ込めていた。かつてはアラン・グリーンスパンの後継者になる自分を思い描いたこともある。今となっては、かなわぬ夢だ。

それでも、どこまでも続くぬかるみの中、パートナーたちはおおむね、感情を身体の内側に押しとどめていた。腹の中で沸き立つ怒りを、表面にあふれさせることは滅多になかった。みんな辛抱強く働き続け、怒鳴り声をあげたり、あからさまに指を立てたりはしなかった。実際、状況を考えれば、目をみはるべきチームワークだ。グループの絆の太さ、特に中核メンバーの結束の固さを物語る一例だろう。口の内で不平を鳴らしつつ、仕事の手を休めようとはしなかった。誰かひとりを非難するとすれば、少なくとも下位パートナーの目から見れば、それはメリウェザーだった。もっときびしく、手綱を締めるべきだったのだ。そして誰も、JMのことを悪く言いたくはなかった。

メリウェザーはメリウェザーらしく、感情を包み隠していた。ローゼンフェルドによると、怒りかけたところすら見たことがないという。十五年間、ただの一度も……。「でも、ゴルフ場で誰かにティーを踏まれたりしたら別です」ローゼンフェルドはそう言って笑う。メリウェザーはどうやら、ばか話に興じるわずかな瞬間をとらえて、自分を解放しているようだった。一日十五時間、週に七日間、働き続けて極限まで張り詰めた神経が、ふいにふざけた気分に襲われることがある。ある晩、午前二時頃、JMはレーヒー、ローゼンフェルド、リカーズといっしょに座っていた。全員が疲れ果てて朦朧としながら、もしうまく事が運んで生き延びられたら、会社の名前を変えようと話し始めた。JMは口の端を歪めて言った。「『ノー・ヘアカット・キャピタル・マネジメント』っていうのはどうだ」一同、大爆笑。JMのユーモアは、いつもみんなを元気づけた。またあるときは、容赦ない売りの手口に恐れ入ったかのように、口笛を鳴らした。「スイス人にはひどく受けが悪いらしい」UBSをはじめとするスイス系の投資家のことだ。「このぶんでは、二度とスイスの地は踏めないな」楽しげに言い添えた。「飛行機を降りたとたんに、逮捕だ！」

ゴールドマンのバンカーは、出資先を探すうち、メリウェザーが明かしていなかった事実にぶちあたった。ゴールドマンが顧客リストの中で特に有望と見ていた投資家、例えばバフェット、ソロス、マイケル・デル、サウジアラビアの王子アルワリード・ビン・タラール・ビン・アブドル・アジズ・アル・サウドなどは、みんなロングタームから打診を受けて、すでに断っていたのだ。コーザインは、少々どころではなく腹を立てた。事態はぎりぎりまで切迫している。情報の出し惜しみをしている場合ではないはずだ。

ロングタームは依然、毎日数千万ドルの損失を出していた。取引を一本にまとめる作業に必死に取り組んでいたが、なかなか先に進まない。ベアの引いた一線を守ろうと、ポジションをさまざまに入れ替えてもみたが、積み上がる損失に不利な値入れが重なって、じりじり下限に近づいていく。取引先の銀行にポジション投げ売りを試みるも、メリル、ゴールドマンともに興味を示さなかった。一件当たりの投資額が大きすぎたのだ。

❁

九月半ば、パートナーは相場を反転させる三つの幸運を、天に祈っていた。議会がＩＭＦ支援拡大を承認しますように。ＩＭＦがブラジル救済を承認しますように。グリーンスパンが金利を引き下げますように。三つのうち、グリーンスパンが最も決定的で、最も予想しにくい。

ＦＲＢはその頃、信用スプレッド拡大に神経を尖らせ、ニューヨーク連銀はロングタームの窮状について何度も報告を受けていた。そのうえに九月十一日、ルイジアナ州選出下院議員、共和党のリチャード・ベーカーが、ヘッジファンドが上場銀行の経営を圧迫している事実を述べ、グリーンスパンの注意を喚起している。モルガン出身のスタッフから内部情報を得ているベーカー議員は、鋭く問題を突いた書簡の中で、こう警告した。「私の見たところ、規制の対象とならず、しかも多くの場合、高いレバレッジをかけているヘッジファンドが、規制の対象である金融機関の株価急落の一因となっている可能性があります」危機は今や、公の問題になった。九月十五日、ジョージ・ソロスが下院銀行委員会に向けて、ロシア経済の崩壊をきっかけに世界的な信用収縮が起こっていると注意を促した。ソロスは、銀行が「ひな菊の花輪のごときデリバティブ取引の連鎖」を助長したと非難している。この言い回しの着想はロングタームとの秘密の交渉から得たようだ。

翌九月十六日、グリーンスパンが同じ委員会の前に立つ。利下げは論外だと述べて、市場の期待を微塵に砕いた。信じがたいことに、グリーンスパンはここでも、ヘッジファンドなどのよからぬ投資家が引き起こすリスクを軽く見ている。ＦＲＢ議長のお人好しには、どうやら底がないらしい。「ヘッジファンドはその貸し手から、きびしく規制されています」と言い切っている。ロングタームの貸し手が、暴走するこのヘッジファンドに貸し続けた事実を考えれば、救いがたいほど現実に疎いか、知っていながらわざと知らぬ顔を決めこんでいるのか、どちらかとしか考えられない。少なくともルービン財務長官は、強気相場が続けば、バンカーたちの節度の観念が緩むのは避けられないことを認めている。委員会でこう発言した。「好決算が五年、六年、七年と続くと、信用を供与する側が、やや慎重さを欠くようになる傾向があります」（注22）。

金融の世界は往々にして、詩的なまでに公正である。向こう見ずな輩には、特に手ひどく罰を与える。ロングタームの貸し手は、かつての甘い姿勢が今日の危機を一段と深刻にしていることに気づき始めた。ふつうの顧客がデフォルトを起こした場合、貸し手は証拠金の上乗せ分という余裕金で対処できるが、ロングタームの場合、落ちるだけ落ちて最終的にゼロになる。銀行がヘアカットなしで融資に応じたおかげで、ロングタームは糊しろを余すことなくファンドを運用してきた。今、ロングタームがデフォルトに陥れば、あとには何も残らない。

さして意外ではなく、貸し手はみずからが招いたこの顛末に戦々恐々となった。「ロングタームが問題を起こそうなどとは、考えてもみませんでした。リスク管理の専門家として知られていた連中ですから。リスク管理を教え、設計した当人ですからね」メリルのリスク・マネジャーで、アイルランドでパートナーと大いにゴルフを楽しんだダン・ナポリは言う。「なにせ、相手はノーベル賞受賞者ですよ！」皮肉な話だが、すこぶる優秀な一団でなければ、ウォール街をここまでの危機に陥れることはできなかっただろう。最高に優秀でなければ、融資を受けられなかっただろうし、まねする者も出てこなかっただろうし、結果的に、こういうバブルが生まれることもなかった。

ロングタームを取り巻く信用のネットが引き締められる兆しが、はっきりと表れ始めた。バークシャー・ハサウェイとの合併手続き中だった保険会社ジェネラル・リは、ロングタームの〝呼び値〟に――つまり、取引の値段をどの水準とするかを巡って――毎日のように異議を申し立てた。ジェネラル・リ傘下でロングタームとの円スワップに融資していたデリバティブ子会社のロンドン・オフィス責任者トニー・イリヤは、真夜中の東京に電話をかけてスタッフをたたき起こし、支払いを促した。

ＪＰモルガンすら、一方の手でグレニッチに資金調達を約束しながら、もう一方ではロングターム向けエクスポージャーを洗い直し、デフォルトに備え始めた。「顔向けできないことになりそうでした」モルガンのある幹部は洩らす。デリバティブ契約では相手が破産しても担保差し押さえを制限されない。ロングタームが破産を申請すれば、ファックスがいっせいに唸り始め、五十社ほどの取引相手がこぞって請求権を主張する光景が見られるはずだった。実際、ロングタームの七千件に上るデリバティブ契約のうち一件でもデフォルトに陥れば、自動的に残り全体のデフォルト事由となる。想定元本は約一兆四千億ドルに達していた。破産申請を〝計画〟しただけでデフォルト行為と見なされそうな、ぴりぴりした雰囲気が漂う。ロングタームの弁護士は、破産という言葉をおくびにも出さなかった。子どものゲームのように、真意を見え見えのオブラートでくるむ。例えば、質問するときはこう言った。「仮に大損をしたファンドがあったとして、申請すべきだと思いますか？」そういう芝居めいた努力の一方で、メリウェザーは残された時間はあと一週間もないことを知っていた。

◎

ソロモン・スミス・バーニー――ロングタームの遠祖――は、救済運動から距離を置いていた。だが、九月十六日、水曜日、急に行動を開始する。株式部門リスク管理責任者ロブ・エイドリアン、デリバティブ取引の責任者アンディ・コンスタン、マーク・ワイル――サンディ・ワイルの息子――の三人をグレニッチに送り込んだ。ゴールドマンをはじめとする銀行の総合ミーティングに参加するつもりだった。ところが、ソロモン隊が到着したのは四時過ぎで、ミーティングは終わっていた。エイドリアンは社内が妙に静かなことに気がつく。ドアというドアは閉じられ、トレーディング・フロアはがらんとしていた。ハガニが一行を部屋に案内し、未解決の議題はひとつだけです、といきなり切り出した。「金が必要なのです」(注23)。

ハガニは、すでに公然の秘密となっていたポートフォリオの中身を説明しようと申し出たが、ワイルは父親のアービトラージ嫌いを承知しているだけに、余計な情報を目にしてソロモンの立場を危うくすることは避けた。一行は、ニューヨークにとって返す。

翌日、ソロモンはさらに上級の役員を送り込んだ。スティーブ・ブラック、トーマス・マーラス、ピーター・ハーシュの三人だ。このときには、ハガニの顔にも、ショックを受けているらしい様子がうかがえた。この五営業日のうちに、ロングタームは五億三千万ドルを失っていた。金額も金額だが、たたみかける勢いがまたすさまじい。九月十日、木曜日、一億四千五百万ドルを失い、九月十一日、金曜日、一億二千万ドルを失った。週が明けても止まらない。九月十四日、月曜日、五千五百万ドルを失い、九月十五日、八千七百万ドルを失う。九月十六日は特別ひどかった。一億二千二百万ドル。聖書の中の災厄に似て、息をつく間もなかった。ハガニは損失について、病状を説く医者を思わせる口調で、誰か他人の身に起こったことのように語り続けた。この男は、ロングタームの分散投資が役に立たなかったという事実を受け入れられないでいた。八月の損失は納得できる。しかし、九月の——相場が戻るはずの九月の——損失の前では、途方に暮れるばかりだった。米国のスワップ・スプレッドはなんと八三ポイントに達している。英国では、あろうことか、八八ポイントだった。ロングタームは双方で巨額のポジションをとっており、これだけで社を破産に追い込むにじゅうぶんだった。ハガニは口をきわめてウォール街を罵り、特にゴールドマンが、寄る辺ないロングタームを食い物にしたと言い募った。

パートナーたちはゴールドマンに対して、かんかんに怒っていながら、一方で白馬の騎士を夢見て、救世主としてあてにしてもいた(注24)。ローゼンフェルドをはじめ数名が毎日のように電話をかけ、そのたびに焦燥が増していく。ゴールドマンは最初、楽観的に見ていたが、まだ十億ドルの工面がつかず、その間にロングタームでは、二十億ドルではなく四十億ドルが必要になっていた——ちょっとした金額だ。メリウェザー、ヒリブランド、ローゼンフェルド、それにマートンが加わって、九月十七日木曜日の朝、ゴールドマンに催促に出向いた。コーザインと、ジョン・セインという細身で骨ばった身体つきの財務責任者が、四人を迎える。

ローゼンフェルドはずばりこう言った。「あなた方がわれわれの最後の望みです」

同じ木曜の午後、メリウェザーはマクドナーにロングタームの窮状を報告した。皮肉なことに、ロングタームはその日、利益を出していた。九月に入って初めてだ。もっとも、雀の涙というべき六百万ドルだった。あまりに少なすぎたし、遅すぎた。ロングタームの自己資本は十五億ドルまで落ち込んでいる。考えてみれば、ロシアのデフォルトから数えて一カ月しか経っていなかった。一カ月の間に、ロングタームは自己資本の十分の六を失ったことになる。ウォール街でも最大級の破綻劇だ。

金曜日、ゴールドマンからロングタームに連絡が入った。かけてきたのはセインで、ロングタームが必要としている金額を投資できる人間はごく限られているという。バフェットならかなり期待できるし、ソロスもいけるだろう。しかし、ロングタームはふたりにはすでに打診しているし、そればかりかゴールドマンの顧客リストをほとんどひとり残らず当たっている。ゴールドマン投資銀行部門のピーター・クラウスは、ちょうどその日の朝、バフェットに電話を入れていた。バフェットはもう一度、ヒリブランドに伝えた通り、興味がないと言った。ほかにも同様に断られた。そういうわけで、セインはもう見込みはないと踏んでいる。腹の中の思いをあえて口にすることは控えた。どう見ても、ロングタームはじき沈没する。

❁

しかし、ゴールドマンは努力を続けた。クラウスとバフェットはその日、何度か話し合いを重ねた。バフェットが引っかかっていた最大の問題は、ロングタームの複雑なパートナーシップ構造が気に食わないことだった。各種のフィーダー・ファンドにはまるで興味がなかったし、LTCMの入り組んだ詳細にいたっては、知りたくもない。数十年前に自分のパートナーシップをたたんだ経験があり、そのせいもあって、他人のパートナーシップなどに用はないと思っていた。ただし、ロングタームのポートフォリオ——今や無残に売り込まれている——を買い取るだけでいいというなら、メリウェザーやその部下や、つまりその会社がくっついてこないというなら、話に乗らないでもない、とバフェットはクラウスに告げた。この案を叩き台に、バークシャーとゴールドマンと、おそらくは保険会社のAIGも入れて、共同でロングタームの資産を買い取る方向で話を進める。合間にクラウスは、このわずかな進展をコーザインに報告した。その日一日、ゴールドマンはバークシャー＝ゴールドマンの共同買収案をはじめ、ファンド救済策の検討に明け暮れた。

ロングタームでは、しだいに事態が切迫していった。ベアから、五億ドルを切った時点で決済を停止するという意向を簡潔に伝える書面が届いた。明らかに最後通告だ。ならば、チェースと相談しなくてはならない。法的には、いつでも借入枠から引き出せると考えていたが、パートナーたちはチェース側の言質を取っておきたかった。ロングタームのバンカー役マリンズが、デビッド・フルージに電話を入れる。フルージは一度、フリートからの借入を肩代わりして、ロングタームのためにあえてリスクを負ってくれた。もう一度、頼めないだろうか？

バンカーのバンカー、フルージとしては、チェースをはじめ銀行団がもし融資をしても、おそらく回収できないことを承知している。しかし断れば、契約違反で訴えられる恐れがある。しかも、ロングタームが破綻するとなると、ウォール街全体に打撃が波及するはずで、それも怖かった。ウォール街は大事な客だ。ウォルター・シップリー会長に電話して、こう伝えた。「ほかに方法はないと思います」

そうこうするうちに、ロングタームの市場はふたたび下落に転じた。なんと、エクイティ・ボラティリティが三五パーセントまで上昇する。米国スワップ・スプレッドは八四・五ポイントに拡大。まだまだ開きそうだった。モーゲージ・スプレッドはさらに七ポイント拡大し、ジャンク債では五ポイント広がった。ダウ平均は二一八ポイント下げ、日本株は一九八六年以来の安値をつけた。

金曜の晩、ローゼンフェルドはJPモルガンのピーター・ハンコックに電話をした。ローゼンフェルドと同じママロネックの住民で、子どもが同じ学校に通っている。いつも冷静なアービトラージャーが、この時はかなり動揺していた。ベアの決済停止予告を受けて呆然自失の体で、ロングタームは翌週いっぱいもたないだろうと打ち明けた。クレジット・ラインを絶たれようとしている。しかも、ポジションを巡って風評が流れていて、ますます窮地に追い込まれていた（多くは根も葉もない噂か、あるいは盛大な尾ひれがついていた）。

ふと思いついて、ローゼンフェルドは電話の向こうにいるモルガンのバンカーに、ゴールドマンのセインと連絡をとってもらえないかと口走る。知られている限りではこれが、誰かが銀行に協調体制を組むよう頼んだ最初だ。ハンコックとセインはその晩のうちに連絡を取り合った。

ゴールドマンで救済作戦の先頭に立っていたクラウスは、この金曜日の晩、夫人と取引先と一緒に、ニューアークの演奏会にベートーベンを聴きに行っていた。幕間、席を外して公衆電話を探し、オマハの番号を回す。クラウスとバフェットは、買い物を巡ってなにやら数字をメモし合った。バフェットは旅行に出かけるとかどうとか言い、クラウスはベートーベンに戻って、夫人にも取引先にも何も言わなかった。バフェットは続いて、じきバークシャーの保険子会社となるジェネラル・リのジョゼフ・ブランドンに電話した。「崩壊寸前の会社がある。おそらくだめだろう」億万長者はこう釘を刺した。「担保を入れない、追い証を払わない、そんなやつの言い訳は聞く必要ない。言い訳は聞かなくていいぞ」それからシアトル行きの飛行機に飛び乗り、ビル・ゲイツの一行と落ち合った。二週間の休暇をとって、アラスカを中心に西部の自然公園を回る予定だった（注25）。

このときから、バフェットによるロングターム救済という夢が現実味を帯びてきた——七年前、偶然にも、ソロモンを救済したケースと同じだ。ただし、コーザインはFRBにも一枚噛んでもらうつもりだった。コーザインがマクドナーに電話を入れ、マクドナーが他の主要行CEOに連絡する。バンカーたちは口々に、ロングタームの経営悪化が市場全体を圧迫していると訴えた。しかもロングタームが破綻したら、システムを揺るがす深刻な影響が予想される。

こうした不安を踏まえてコーザインは、ゴールドマンからFRBに、ロングタームのポートフォリオについて説明しようと申し出た。メリウェザーはFRBへの報告には同意したが、当然ながら、ロングタームが直接説明したいという。そういうわけで土曜日、中銀出身のマリンズがマクドナーに電話を入れ、FRBをグレニッチに招いた。

マクドナーは、言うまでもなく、ここしばらくロングタームについて思案を巡らせてきた。いずれ介入しなければならないと承知していた。一方で、介入すれば、ＦＲＢが非難の的になることも承知している。規制当局とは、半ば保護者、半ばゴッドファーザーである。世間の注目を浴びる立ち回りは避けたかった。連銀の権力は控えめに振るってこそ、最大の効果を発揮する。ただ単に、これこれするぞと脅したり、言うことを聞くようなだめすかしたりといったやり方だ。マクドナーとしては、ウォール街の民間銀行のリーダーに指揮させて協調体制を組ませ、解決策を探る方法が理想だった。ニューヨーク連銀理事会議長ジョン・ホワイトヘッドとふたりで、誰にそれができるかを話し合う。ひと昔前なら、シティバンクのウォルター・リストンや、ゴールドマンのガス・レビーが、ウォール街をひと束にまとめてくれただろう。一世紀前なら、言うまでもなく、初代ＪＰモルガンがこの役を完璧に演じていた。だが今日、誰にこの役が務まるだろう？　マクドナーとホワイトヘッドは、同じ意見だった。誰にも務まらない。ウォール街にバンカーは大勢いるが、ＪＰモルガンはひとりもいない（注26）。

そうとなれば、ＦＲＢは説明を聞きに行くと言っただけで、行動を起こすともなんとも伝えていないが、マクドナーはまず、最初の一手を打つ腹を固めた。

ミーティングは日曜に設定された。だが、マクドナーは前夜、ロンドンに飛ぶ予定が入っている。マクドナーはあえてロンドン行きを決行し——キャンセルすれば市場が動揺するだろう——、副総裁のピーター・フィッシャーを名代としてロングタームへ送り込むことにした。マクドナーは出発前に、グリーンスパンとルービンの双方にざっと現状を説明し、ロングタームが資金調達に失敗したことを伝えた（注27）。

しかし、ゴールドマンはなお粘っていた。折しも、スイスを拠点とするＵＢＳのデリバティブの帝王デビッド・ソロが、友人の結婚式でニューヨークに来ていた。コーザインはソロの行き先を探って捕まえ、ロングターム救済の資金調達にUBSも参加する気はないかと尋ねた。「結構ですが、UBSはロングターム最大の投資家であることにお気づきですか？　われわれの利害は必ずしも一致しないと思いますよ」この事実を知らなかったコーザインは、いらだちもあらわに受話器を置いた。いまだに正体のつかめない会社を救おうと奔走することに、もう疲れてきた。

コーザインは土曜日、バフェットとも話をした。ただし、先方がアラスカ・フィヨルド地帯の谷間から、携帯電話の回線接続に成功した間だけだ。「クルーズ周遊の最中だったようです」コーザインは当時を振り返って言う。「癇癪を起こしていました。すぐに接続が切れるので、二時間も三時間も話し込むわけにはいきません」(注28)。本人によると、それほど自然を鑑賞する趣味があるわけではけっしてなく、ビル・ゲイツに押し切られて参加した旅行だった。「岸に寄って箆鹿《へらじか》を眺めようとしている連中の傍で、衛星通信回線をつなごうとしていたわけだ。いやはや、ひどい接続だった」(注29)。

接続が悪くとも、バフェットは要点を呑み込んだ。ゴールドマンには喜んで委細を任せるが、状況のいかんにかかわらず、自分の投資先をLTCMに管理させるわけにはいかないし、ジョン・メリウェザーとの関わり合いは、一切御免こうむる。そこで、ぶつりと接続が切れた。

第10章　ＦＲＢにて

「市場は……機能を停止する恐れがありました」（ニューヨーク連銀総裁、ウィリアム・マクドナー）

連邦準備制度が創出されたのは一九一三年のことで、理由はいくつかあるが、基本的には、一般の人々が民間銀行に金融市場の番人役を任せてはおけないと思うようになったからだ。ＦＲＢを創設するまで、政府にはこれといって国内の景気循環を抑える手段がなかったし、周期的にウォール街を襲う危機に際しても、ほとんどなすすべがないのが実情だった。そのつど政府のほうから民間バンカーを訪ね、助けを請わなくてはならなかった。やがて〝革新の時代〟を迎え、信義を疑い規制を信じる時代の風に吹かれて、人々は公益を代表する銀行の創設を望んだ。以来、ＦＲＢは公僕として在りながら、民間銀行に寄り添い、ウォール街と足並みをそろえて務めを果たしてきた。その役割は微妙だった。ＦＲＢの目的は銀行業界を規制することで、守ることではなかったからだ。市場の機能を保護しなければならない一方、監視の対象である銀行と近すぎる――保護者めいた――存在と見られてはならない。

連邦準備制度の中で特に目につきやすいのは、ワシントンにある連邦準備制度理事会だろう。世間が注目する短期金利の調整がここで行われる。理事会議長は米国のインフレ・ファイターの元締めであり、広い意味で米国経済の守護神ともいえる。アラン・グリーンスパンは一九八七年から現職にあり、おそらく歴代のどの議長よりも尊敬を集めている。在任中に米国経済が呈した未曾有の繁栄ぶりのおかげだ。公の場で発言するときの、そのまわりくどく往々にして真意を測りかねる話術に磨きがかかって、米国経済を護る神官めいたイメージが、ますます増幅する結果となった。

一般に考えられている以上に、グリーンスパンはＦＲＢの各地方連銀に、特にニューヨーク連銀に頼っている。ニューヨーク連銀の役割はさまざまだが、ワシントンが遠く市場を観察するときの潜望鏡としての役割もそのひとつだ。齢六十四、牛を思わせる体躯をしたニューヨーク連銀総裁ウィリアム・マクドナーは、日頃から民間バンカーと意見を交換し、耳にした情報を神官めいたボスに報告している。副総裁のピーター・フィッシャーは、一九九八年当時四十二歳、ハーバード・ロー・スクール卒業後まっすぐＦＲＢに入った官僚だ。ＦＲＢの運用部を預かり、四千五百億ドルの政府証券ポートフォリオを管理している。グリーンスパンが金融を引き締めたいとき、あるいは緩めたいとき、実際にはフィッシャーとその部下が指示を実行して証券を買い増したり売り増したりしている（注1）。

百九十センチを超す長身で、縮れ毛に白髪の目立ち始めたフィッシャーは、ロングターム危機が起こるずっと前から、ヘッジファンドに注目してきた。その見方によると、ヘッジファンドとは経済がある方向に移行している兆しのひとつに過ぎない。つまり、貸付や投資など、かつて商業銀行が一手に引き受けていた業務が専業化される傾向にある。例えば一九八〇年、中南米諸国の債務返済が中断されたとき、被害を受けたのはひと握りの大手銀行だけだった。ところが一九九〇年代になると、メキシコのデフォルトの被害は数百にのぼるヘッジファンドやミューチュアル・ファンド、その他のトレーダー――

従来の銀行に代わって、新興市場に資金を提供する役割を引き受けていたグループ——に広がっている。ヘッジファンドに対するフィッシャーの見方は、大枠において、ロングタームは本質的に銀行であるというマートンの考えと異なるものではない。

とはいえ、ロングタームは銀行ではない。そして、FRBにヘッジファンドを監督する権限はない。仮にフィッシャーがロングタームに——ロングタームに限らずヘッジファンドに——ポートフォリオの開示を求めても、ロングタームは理論上これを拒否できる。しかし実際のところ、フィッシャーは定期的にヘッジファンドのトレーダーと意見を交わし、一部とは率直に市場観を語り合っており、ヘッジファンドの方もFRBの監督権限を暗黙のうちに了解していた。そして日曜日、フィッシャーは招待を受ける。

八歳の息子と六歳の娘が参加するサッカーの試合を観に行く予定をキャンセルして、フィッシャーはニュージャージー州の郊外、中流の家々が並ぶメープルウッドから、はるばるグレニッチを目指して、部下のディノ・コスが運転するジープの助手席に乗った。ロングタームのオフィスで、その昔ゴールドマン・サックスでルービンの相棒だった財務次官補ゲーリー・ゲンスラーと、もう一名のFRB官僚と落ち合う。

オフィスはひっそりしていた。サンのワークステーションが稼働している気配はない。マリンズが客人を、パートナーたちの待つ会議室に案内した。フィッシャーは通りかかった部屋のひとつで、ジェイコブ・ゴールドフィールドをはじめゴールドマンのチームがロングタームのファイルに顔を埋めている姿を目にした。

手短に挨拶をすませ、ヒリブランドが役人たちの前に、社員ですら大半は目にしたことのない極秘の文書をモニターに表示させた。〝リスク・アグリゲーター〟と呼ばれる文書だ。ロングタームが外から見て理解しにくいのは、ポジションの多くが複数の取引で成り立っているからにほかならない。しかも、デリバティブのポートフォリオは、無数の契約が絡み合い、互いに相殺し合う構造になっていた。リスク・アグリゲーターは、このポートフォリオを単純化して、市場別にエクスポージャーをまとめたものだ。

フィッシャーは、レントゲン写真を眺める病理学者を思わせる顔つきで、文書に目を通した。説明に耳を傾けるうち、患者は危篤状態だと気がつく。リスク・アグリゲーターは各市場のエクスポージャーをそれぞれ一行で表し、それをさらに分野別に分けて枠で囲っていた。例えば、最初の枠、アカウント〝LT００３〟は、〝USD（FI／US）〟つまり米ドル建て確定利付き証券のグループだ。最初の行にはこうある。

USD_Y-shift...2s-10s @45 ...-2.80...5y-sh...14.00

これはロングタームが、期間二年から十年の財務省証券で、当初のスプレッドを四五ベーシス・ポイントとして、イールドカーブがフラットに近づく方向でどれだけエクスポージャーを抱えているかを示している。スプレッドが五ベーシス・ポイント変動するたびに、二百八十万ドルの利益（あるいは損失）が発生する。一年間の予想ボラティリティは、五ベーシス・ポイントの五倍とされ、つまり、このモデルによると、ロングタームの一年間のエクスポージャーは最大で千四百万ドルとなる。

次の行には、

USD_Z+D-shift

とあった。これは短期金利の変動に対するエクスポージャーを示す。フィッシャーが目をみはったのは、五行目だった。〝米ドル・スワップ・スプレッド〟の行で、ここでは、ロングタームのエクスポージャーは二億四千万ドルとなっていた。しかしこれは、スワップ・スプレッドのボラティリティが過去平均の年間一五ポイントの範囲に収まることを前提としている。現在、年初来のスワップのボラティリティはすでに四〇ポイントに達しており、この前提は、まるでお笑い草だった。全部で二十五項目が――一ページだけで――並んでいた。リスク・アグリゲーターは十五ページまである。全額を想像するとめまいがしそうだ。

国際取引のページに進み、ヒリブランドがフィッシャーにひと続きの項目を示した。英国の債券とスワップ、デンマークのモーゲージ、ニュージーランドのスワップ・スプレッド、香港の債券、そのほかスウェーデン、スイス、ドイツ、フランス、ベルギーでもいくつかポジションをとっている。イタリア、スペイン、オランダの債券もあった。

項目は続く。次は株式関連の取引だ。フィッシャーは株価指数ボラティリティの項目の膨大さに息を呑んだ。次は新興成長市場向けで、ブラジル、アルゼンチン、メキシコ、ベネズエラ、韓国、ポーランド、中国、台湾、タイ、マレーシア、フィリピンと続く。ロシア向けには三つの項目があり、ひとつは〝ロシア・ハードカレンシー・ディレクション〟とあった――ロングタームが方向性に賭ける取引、つまり、まったくの投機に踏み込んでいたことを意味する。

フィッシャーは最初、これだけ多様な取引が、同時に値を崩すのは不思議な現象だと思った。しかしポートフォリオをじっくり眺めるうちに、啓示のごとく、ふいに了解した。ロングタームの取引は一本の糸でつながっている――ある事実の前に、相関していた。ロングタームは〝世界中いたるところで、同じスプレッド取引を行っている〟のだ。ゲンスラーもこれに似た感想を抱いていた。危機の最中、相関係数はいつも一に達する。どこかで地震が起きれば、市場という市場が震えるものだ。なぜ、ロングタームはそんなことに驚いたのか？

リスク・アグリゲーターがすむと、パートナーたちは別の文書を取り出して説明を始めた。ロングタームのエクスポージャーをカウンターパーティ別に分類したものだ。理論上、カウンターパーティは担保で保護されている。しかし実際に、ロングタームがある日突然破綻すれば、カウンターパーティはそれぞれが——いっせいに——売りに走り、当然、担保価値は急落する。しかも、スワップ契約のカウンターパーティはいわゆる丸裸《ネイキッド》になり、相手側のいなくなった取引の片側に取り残されることになる。これらが相手のいなくなったスワップ・ポジションを解消しようと我先に駆け出せば、取り付け騒ぎ同然のパニックになる。仮にそうなれば、ロングタームの試算では、カウンターパーティ上位十七社——メリル、ゴールドマン、モルガン、ソロモンなど銀行——で、合計二十八億ドルの損失が発生する。

フィッシャーは二十八億ドルという数値を、頭の中で吟味した。「通常の市場であれば、その程度かもしれない」だが、市場はすでに、かなり荒れている。このうえに騒ぎが起これば、本物の暴走に陥りかねない。胸の内で、予想損失額を三十億ドルないし五十億ドルに引き上げた。ただし、それすらも憶測に過ぎない。崖っぷちに立っているのはロングタームだけではなかった——ウォール街全体の存在がそこにある。損失がどこまで積み上がればシステムが軋み始めるのか、重みに耐えられなくなる限界点がどこかにあるのか、誰にも分かりはしない。聞けば聞くほど、事態は深刻と思えてきた。「心配なのは市場の下落ではありません」フィッシャーはつぶやいた。「市場が取引を止めるのではないか、それが心配です」

客人が事態のあらましをつかんだところで、なんらかの解決策を探る話し合いに入った。ゲンスラーが言う。一九九〇年には〝ジャンク債の帝王〟ドレクセル・バーナム・ランベールの破産申請が、事実上ジャンク債市場のパニック鎮静化につながった。

しかし今回は、とリカーズが説明する。破産申請では何も収まらないでしょう。かえってカウンターパーティを、担保処分へと駆り立てる合図のベルになってしまう。しかも、ドレクセル危機に絡んでいたのは債券だけで、デリバティブではなかった。ロングタームの問題はこれよりはるかに複雑だ。重なり合うスワップ契約をひとつひとつ解きほぐすのは無理だと、フィッシャーは見てとった。それにロングタームに買い手を見つけるのも、無理な相談だろう。エクイティ・ボラティリティなどというポジションに、誰が手を出すものか。「これまでにないパラダイムか」げんなりした顔でゲンスラーが言った。

パートナーたちは特に、ベア・スターンズがかけてきた圧力に動揺していた。ロングタームに必要なのは、ひと息つく時間だとフィッシャーは判断する。双方で意見を出し合ったのち、アービトラージャーと官僚は、ひとつのプランをまとめた。これから四日後、つまり木曜日、銀行がロングタームを訪問し、秘密厳守を条件に、ポートフォリオを閲覧する機会を与えられることにしてはどうだろう？各行とり急ぎ検討して、次の日曜日、資産の入札に参加する。月曜日に市場が開く頃には、ロングタームは事実上姿を消している。

しかし、このプランにはひとつ難点があった。ロングタームの自己資本が十五億ドルしか残っていないことを、リカーズが指摘する。ベア・スターンズへの決済用資金などを差し引くと、フリーキャッシュは四億七千万ドルしか残らない。ロングタームは一日に数億ドルずつ失い続けている。このままいけば、木曜日までもたないことはほぼ確実だ。

日曜の午後四時だった。あと数時間で東京市場が開く。六時間を費やして話し合い、何ひとつ解決していなかった。官僚たちは隣の小部屋に移り、ゲンスラーが財務省に電話する。中間選挙が六週間後に迫っていた。これまでのところ、経済は政府が特に得点を稼いでいる分野だ。ここに来て金融メルトダウンなど、もってのほか。会議室に戻り、フィッシャーが言った。「みなさんは冷静だし、われわれも冷静だが、ワシントンは悲鳴を上げています」メリウェザーに握手の手を差し出す。ＪＭは、何が起ころうと、適切に対処したいと言った。「感謝します」フィッシャーが答える。「事前に報告してくれたのは、あなたがたがはじめてです」

同じ日曜の午後、コーザインはバフェットと話をした。先方はまだアラスカのフィヨルド巡りの最中で、ロングタームと言われても気が乗らないらしい。その晩、コーザインはフィッシャーに電話をして、民間の救済策をあてにしないよう伝える。フィッシャーの頭を占めていたのは〝来週の日曜まで、どうもたせるか〟だ。ここで初めて、銀行が手を組んで救済団を組織するプランを明かした。バフェットとの買収計画に悲観的になりかけていたコーザインは、これに賛成した（注２）。

ＪＰモルガンも、同じ方向で考え始めていた。東京とロンドンのアナリストが一昼夜かけて、先にゴールドマン、次にＦＲＢが見たのと同じファイルをダウンロードし終えている。おもしろいことに、アナリストはロングタームの取引がさほどエキゾチックでないのを意外に思った。大きいだけで、特殊ではない。ただロングタームは債券取引業者《ボンドハウス》だと思っていたので、株式取引の規模にはびっくりした。

モルガンはふたつのシナリオを描いていた。ひとつは、ロングタームを破綻させる。この場合、銀行という銀行が担保を押さえにかかり、モルガンの試算によると、主要行で一行当たり五億ドルから七億ドルの損失が発生する。もうひとつは、モルガンがロングタームのポートフォリオの主要部分を買い取る。しかしこの場合には別の問題が予想された。ポートフォリオの中身を知っているのはモルガンだけではない。どこであれ単独で買い取れば、ロングタームと同じ立場に立つことになり、ウォール街中から集中砲火を浴びる。したがって、買い取るなら、全員で買い取るしかない。

モルガンと同じ考えに行き着いていたコーザインは、日曜の午後、メリルのコマンスキー会長に電話した。半分はロシア系正統派ユダヤ教徒、もう半分はアイリッシュ・カトリック、そして生粋のブロンクス育ちのコマンスキーは、その夕刻、ローシュ・ハシャナ（ユダヤ教の新年祭）の準備をしていた。「ＬＴＣＭがいよいよ危ない。あと一日、二日で破産だろう」コーザインはこう切り出して、ゴールドマンからグレニッチに部隊を送り込んでいる事情を話した。ただし、ポートフォリオを特別にのぞいた部分は伏せておく。またゴールドマンとバフェットが、買収を企んでいる最中であることも黙っていた。

コマンスキーは安息日だからと言って電話を切り、信頼厚い副官ハーブ・アリソン社長があとを引き継いだ。コーザインはその日ゴルフに出かけていたのだが、夜十時半、アリソンと電話がつながった。少しずつ、ウォール街のトップバンカーたちが、互いに連絡を取り始めた。ウォール街の銀行が、後先を顧みず、やみくもに貸し込み、尊大な客のご機嫌をとろうと空しい努力を重ね、手に手を携えて引き起こした大失態だった。銀行はまず本能的に、ロングタームの亡骸からぶん捕れるだけぶん捕ろうと目論んでいたが、そうすれば、もろともに奈落に引きずり込まれる恐れがあることがしだいに見えてきた。ひとりまたひとり、バンカーの本性とまるで相容れない行動を取らねばならないと、見極めをつける。ここは手を組んで解決するしかなさそうだった。

九月二十一日、月曜日、またひどい一日が幕を開ける。米国のスワップ・スプレッドが八七ポイントまで上昇し、英国では九五に達した。国債のオン・ザ・ランとオフ・ザ・ランのスプレッドは——どちらも同じ安全そのものの米国政府債だ——一九ポイントと、目を疑うばかりの水準に広がる。わずか一カ月前まで、ごく当たり前の六ポイントだった。価格が現実離れの色を帯びてきた。トレーダーはロングタームに関わりがあるものはなんでも、それが些細な噂に過ぎなくとも、売り始めたようだ。銀行はロングタームに不利な形で〝時価評価を悪用〟し、なんにせよ残っているうちに、つかめるだけの担保をつかもうとしていた。ソロモン・スミス・バーニー幹部スティーブン・ブラックが東京のスタッフから聞いた噂によると、ゴールドマンはロングタームのポジション、特にスワップ・ポジションの「尻の毛までむしり取った」という。ゴールドマンによると、ソロモンも欧州で同じ所業に及んだ(注3)。

正午近く、ある小型の取引で、エクイティ・ボラティリティが一気に三パーセント・ポイント上昇し、三八パーセントに達した。このときのオプション市場のボラティリティは壊滅的といっていい。毎月のように暴落が起こってもおかしくない水準だ。ローゼンフェルドの目に、これはまったくばかげた騒ぎと映った。ボラティリティが上昇しているのは、ただ単に、ロングタームは叩き放題だとトレーダーが了解しているからで、それ以外に理由はないと思えた。この時点では、おそらくその通りだったろう(注4)。明らかな価格操作でロングタームは一億二千万ドルを失っている。ビニー・マットーネが予言した通り、ロシア危機に足をすくわれたロングタームは、飢えたトレーダーどもの手でとどめを刺された。

ロングタームは月曜日、合計五億五千三百万ドルを失った。図らずも一カ月前の同日の損失額と同じである。ただ痛手からいうと、この月曜日の損失の方がずっと痛い。これで自己資本の三分の一を食いつぶし、残り十億ドルを切ってしまった。資産総額はまだ一千億ドル以上ある。つまり、デリバティブを除いても、レバレッジが百倍を超えている――投資の歴史上、特筆すべき数値だ。このうえに資産の一パーセントでも失えば、自己資本は吹っ飛んでしまう。

損失額は取引が終了するまで分からないが、パートナーには早くから、いよいよ今日だと察しがついた。顧問弁護士のジェームズ・リカーズが、ベアの執行副社長ウォーレン・スペクターに電話を入れ、決済を停止すれば訴えると脅した。ロングタームに失うものは何もなく、ベアもそう承知していた。次にリカーズはチェースに電話して、リボルビング枠から緊急に五億ドルの融資実行を求める。

数分後、二十四行からなる銀行団から、悲鳴が沸き起こった。リカーズと、ロングタームの会計監査役ブルース・ウィルソンが、銀行にはほかに選択肢はないと言って頑張る。しかし、銀行が折れるのと、ロングタームが息絶えるのと、どちらが先だろう？ 信念の人、チェースのフルージは都合すると言った。そのうえ、他行に向けて、同様に融資する義務があるとの見解をテレックスで伝えた。ロングタームは四億七千五百万ドルを、ほとんどその日のうちに受け取る（クレディ・アグリコールだけはあくまで渋った）。借入金で自己資本が増えるわけではないが、ベアへの決済用資金は手当てできる。これでおそらく、二、三日は時間を稼げるはずだった。

FRBではフィッシャーが、ゴールドマンのコーザインとセイン、メリルのアリソン、JPモルガンのダグラス・ワーナー会長と電話で連絡をとっていた。やりとりを終えてフィッシャーは、民間の資金調達が失敗に終わることを確信する。それ以上に、市場はパニックの一歩手前にある。フィッシャーの頭の中で、三行がなんらかの協調行動をとる図が、しだいにはっきりしてきた。アリソンとコーザインはこの日一日中話し合った。アリソンは、いわゆるトレーダー人種と比べて穏当派で、自然と協調案に傾きがちだった。コーザインは、バフェットのカードを袖に隠したまま、調子を合わせたが、こちらは予備策としてそうしたに過ぎない。同じ月曜日、コーザインは保険会社ＡＩＧのモーリス・グリーンバーグに電話を入れ、バフェット＝ゴールドマンの買収計画に参加するよう口説いている。ＡＩＧにはこの案件に欠かせないデリバティブの専門知識があるし、二枚板より三枚板の方が頑丈だ。旅先のバフェットはまた連絡がとれなくなっていたが、バフェットはすでに明確に戦略を描いてみせた。ポートフォリオを買い取り、確かな手に渡ったことを世間に納得させて、値が戻るのを待ち、しかるのち、売る。

ＪＰモルガンでは、メンドーザ、債券部門責任者ピーター・ハンコック、株式部門責任者クレイトン・ローズなどが集まって、単独でいくかどうか協議していた。

どういうわけか、かつてロングタームを世に送り出したメリルが、三行のうち情報戦でいちばん出遅れていた。アリソンは月曜日、巻き返しを図る。午後にはグレニッチにヘリコプターを飛ばして部隊を送り込み、ロングタームが実際どこまで危ういのかを探らせた。ローシュ・ハシャナの祭日をオフィスで過ごしていたヒリブランドとローゼンフェルドが、ポートフォリオを取り出して客人に説明する。この時点で、ロングタームのポートフォリオをまだ見ていないという人がいただろうか？　メリウェザーは相変わらず見事に落ち着きを保って、気品すら漂わせ、「市場を読み違えていました」と失敗を認めた。

しかしＪＭはまだ、ロングタームの取引は健全だと見ていた——この一過性の危機を、一時的な流動性危機を乗り切りさえすれば、利益を生む。ファンドだけはなんとしても助けたかった。腕にかき抱くべき恋人を目の前にしながら、嵐に阻まれて飛行機を着陸させられない男の心境だ。だが、追い証請求やら、トレーダーどもの集中砲火やら、根も葉もない噂やら、ゴールドマンの傭兵部隊やらが……。

メリルのチームは、ロングタームの取引の途方もない規模に唖然とした。特に、株式とヨーロピアン・スワップ（アメリカン・スワップと比べて流動性が格段に低い）が尋常ではない。「かなり大型のポジションですが、そう認識していましたか？」メリルのリチャード・ダンが尋ねる（注5）。アービトラージャーたちには通じないらしかった。メリルの一行はまた、どこにでも出没するゴールドマンのトレーダー、ゴールドフィールドの謎の存在にも首をかしげた。ラップトップに覆いかぶさるように背中を丸め、メリルのスタッフと目を合わそうとしない。

❁

ロンドンの月曜夜――グレニッチはまだ昼間――UBS役員アンディ・シシリアーノはみずから出向くことに決めた。コンコルドに飛び乗り、ビクター・ハガニと出くわす。ニューヨークに到着したふたりは時差ぼけで眠かったが、どちらもひと寝入りする気はなく、同じリムジンでグレニッチに向かった。社ではJMとローゼンフェルドとノーベル賞コンビが、会議室で訪問客をさばいている。ゴールドマンのチームが、海岸堡を築いた侵攻軍よろしく、まだ社内をうろうろしていた。会議室には追い詰められた負け犬のメンタリティが充満していた。パートナーたちは、ゴールドマンのトレーダーが携帯電話を片手にニューヨークとやりとりしていた様子を飽かず語り続けた。もちろん、会話の内容までは分からない。それでも罠にはめられたと思い込み、その思いにとり憑かれている。ゴールドマンの話がすむと、今度は怒りの矛先をベア・スターンズに向け、あたかも唐突に通告を突きつけられたかのように、事実と異なる含みを持たせてまくし立てた。さんざん人を愚弄してきたことはすっかり忘れて、みじめな男たちは、なぜ友人たちがいなくなったのかと不思議がった（注6）。

ローゼンフェルドはポートフォリオを開いて、これで百回目のように思いながら、取引ごとに見通しを説明した。ただひとりの部外者であるシシリアーノは、自分がそこにいることに誰も異議を唱えない事実に気づいて、愕然とする。ロングタームに隠すべき秘密などなくなっていた。シシリアーノはむしろ、妙に歓迎されすらした。かつて退け、今は渇望している外の世界との橋渡し役としてだ。パートナーたちはシシリアーノに援助を請い、取引の理論的裏付けを宣伝してくれるように、なんでもいいから資金獲得に力を貸してくれるように頼み込んだ。まだ売り込むつもりでいるのだ。しかし、彼らの言い分には、かすかに妄想めいた匂いが漂っていた。酸っぱくなった牛乳がやがて凝固するように、仕返しというテーマが、水面下で泡立ち始めている。新たに資本を注入して、毀《こわ》れた城壁を繕うことさえできれば、価格はいずれかちりと収斂し、人を食い物にした汚い風見鶏どもは、膝をついて助けを乞うだろう。

この頃、市場の噂はわずかでも値が下がるたびに、それをグレニッチの売りのせいにしていた。だが、マスコミは不思議なほどに沈黙を守っている。メリウェザーの九月二日付レターをすっぱ抜いた日を最後に、暴走ヘッジファンドに関してひと言の報道もなかった。ウォール街の評論家たちは、クリントン大統領のモニカ・ルインスキー醜聞を巡る議会証言ビデオの公開を控えて、それどころではなかった。巷では、これが相場を押し下げている原因と言われていた。フィッシャーに言わせれば、女性スキャンダルとウォール街の足踏み状態とはなんの関係もない。死体さながらに市場にのしかかっているのは、ロングタームだった。

銀行との対話から、フィッシャーはこう結論を下していた。ウォール街は救済参加にやぶさかではないが、互いに油断のならない間柄で、競い合うのが本性でもあり、あえて旗振り役を務めたくはない。そうなれば、FRBの出番だ。コーザインも、相変わらず賭けのヘッジとして、同じ考えに行き着いていた。ゴールドマンによる単独買収が失敗に終わった場合、ルール無用の乱闘になるのは避けたい。FRBの錦の御旗のもとで、協調体制に加わるシナリオの方がはるかにありがたかった。ハーブ・アリソンも、中立地帯を設けて各行で足並みをそろえる方法を推した（注7）。時が迫っていると見て、フィッシャーは三行をFRBの朝食ミーティングに招く。

フィッシャーは、自分もマクドナーも、ロングタームの損失を懸念しているわけではないと断言していた。それどころか、他行が被るはずの損失についても懸念していない。十七行で三十億ドルから五十億ドルという試算が正しいとしても、一行につき三億ドル程度ならまず耐えられるだろう。耐えられなかったとしても、民間銀行が自行の株主資本をリスクにさらしただけの話だ。連邦準備制度が助けを求められる筋合いはない。

フィッシャーが懸念していたのは、もっと広い範囲の〝システミック・リスク〟だった。ロングタームが破綻し、貸し手が泡を食って我先に担保処分に走れば、一部の大手銀行だけでなく、金融システム全体に影響が及ぶ恐れがある。グリーンスパンはのちに〝市場の渋滞〟という言い方で、市場が大混乱の果てに機能を停止する——トレーダーがトレーディングを停止する——イメージを描き出した（注8）。マクドナーも同じ路線で恐怖を描いている。いくつもの市場で、大勢のプレーヤーが損失を被れば、売りが売りを呼ぶ雪崩現象が起こり、金利が極端に乱高下して、さらに損失が膨らむ。「市場は……一日あるいは数日、ひょっとしたらもっと長期間、機能を停止する恐れがありました」（注9）。

大恐慌時代を最後に、米国は本物のメルトダウンと呼べる危機を経験していない。ただし市場が勢い余って危ういところまで迫った例は、何度かある。それでも金融ハルマゲドンの恐怖は作家の想像力を刺激するらしく、極端な例では天災パニックや大型コンピューター暴走ものと肩を並べる数の作品を生んでいる。理論上〝システミック・リスク〟が実態を伴う脅威なのかどうか誰にも分からないのだが――この言葉自体、曖昧で定義が定まらない――当局は当然ながら、警戒し過ぎといっていいくらい警戒している。フィッシャーが客を迎える準備を整えていた頃、アジアは不況には至らずも不振にあえいでおり、ロシアはどう見ても不況への坂道を転がり落ちている最中で、第三の大陸、南米も崖っぷちに立っていた。米国では、信用スプレッドの大幅拡大が示す通り、貸し手が信用を引き締めている――古典的な信用収縮の兆しだ。前日の九月二十一日、米国債利回りは五・〇五パーセントまで低下した。ウォールストリート・ジャーナル紙が取材したあるエコノミストによると、「国債は、今日の不安感をそのまま表す指標」だった。つまり、国債以外の債券を保有する不安感を表す指標だ(注10)。

株式市場はスイスからブラジル、シンガポールまで軒並み下落していた。もしここでフィッシャーが、ウォール街から一歩足を引いて眺めたなら、米国経済はまだまだ堅調であることに気づいただろう(この点で一九二九年秋とは異なる。ウォール街で大暴落が起こったこのとき、米国経済はすでに景気後退期に入っていた)。実際、米国民の大半は金融危機――ルービン財務長官によると過去半世紀で最悪の危機――が存在していることすら知らない(注11)。だが、ＦＲＢの胸の内には、たしかに存在していた。

❁

フィッシャーの客人――メリルからコマンスキーとアリソン、ゴールドマンからコーザインとセイン、ＪＰモルガンからメンドーザ――は、朝七時半に到着した。各ＣＥＯのご機嫌を株価から推し量ることができるなら、この日の客の気分は鬱《うつ》そのものだったに違いない。メリルの株価は五十四ドル。七月までは百八ドル、ちょうど半分だ。モルガンも四〇パーセント以上、下落している。ゴールドマンはまだ上場を果たしていない。つまり、おそらく誰よりもふさぎ込んでいたのはコーザインだろう。こういう市場環境で、株式公開などできるはずもなかった。

フィッシャーは先の日曜日にロングタームを訪問したこと、そして〝システミック・リスク〟を懸念していることを説明した。バンカーたちは同意を示す。メリルリンチは当時、呆然自失に近い状態だった。ロングタームについてではなく、自行の債券トレーディングで底無しの損失が出ていたからだ。今まで意識して避けてきただけに、アービトラージ取引がこれほど崩れやすいものとは思っていなかった。モルガンは、他に比べればまだましだったが、やはりひどい四半期となりそうだった。ゴールドマンは八月、九月の二カ月で十五億ドルという、あいた口がふさがらない（ロングタームの隣に置けば別だ）ほどのトレーディング損失を計上しようとしている。そういうわけで、フィッシャーがシステムの危機を訴えたとき、客人たちは、なにもグローバル資本主義経済における微妙な問題に思いを巡らせるまでもなく、それぞれわが身を顧みるだけで、素直にうなずかずにはいられなかった。

各行がそれぞれ案を出した。まずコーザインが、ゴールドマンには別に投資家の候補――〝ミスター・ビッグ〟――のめどがあり、その人物が舞台袖で待機していることを明かした。ＪＰモルガンのメンドーザは複雑なスキームを提案した。銀行のうちロングタームに融資しているところは、その債券取引を〝頂戴〟し（つまり懐に入れ）、出資しているところは、株式取引を山分けできることにすればどうだろう。個人的にロングタームに投資しているコマンスキーは、この方法では話が複雑になりすぎ、時間がかかりすぎると見た。コマンスキーとアリソンは、コンソーシアムを組んで資本注入する単純な案を推した。

しかし、どんな方法をとろうとも、ロングタームの自己資本流出が続く限り、効果はおぼつかない。各行ともトレーダーに命じて、ロングターム狙い撃ちを止めさせなくてはならない、と誰かが言った。コマンスキーがどら声をあげる。「ヤッピー連中に、座っておとなしくしてろと言ってやることだ」コーザインへの当てこすりだったかもしれない。コマンスキーはのちに、この発言についてはよく覚えていないとしながら、ゴールドマンのトレーダーが「ロングタームのポジションをひとつ残らず」自社コンピューターに取り込んだという噂は聞き及んでいたと語った。ゴールドマンはもちろん、噂を否定している。いずれにしても、ゴールドマンのトレーディングを巡って、一同胸に思うところがあった。

「事実として確認したという人は、ひとりも知りません」コマンスキーは言う。「それでも、ひとつの問題としてそこにありました」(注12)。

バンカーたちは九時半頃、いったん話し合いを打ち切って、次のステップを決めた。まずふたつの部隊をロングタームに送り込み、モルガン案の可能性を探らせる。ひとつはロングタームの債券ポジションを調べ、もうひとつは株式ポジションを調べる。さらにもうひとつ部隊を用意し、アリソン指揮のもと、メリルリンチに戻ってコンソーシアム案を詰める。また、ロングターム最大の出資者ＵＢＳにも声をかけることで合意した。

メリウェザーはバンカーの一隊を落ち着き払って迎えたが、ヒリブランドはげっそりとやつれて神経過敏に見えた。損失が、個人的にも莫大なレバレッジをかけていたトップ・トレーダーを打ちのめしていた。この頃になると、査察に訪れる銀行とロングターム側との面談は、筋書き通りの慣れ切った情景となり果てていた。パートナーたちは渋面をさげた花婿候補を迎えるのにうんざりしていたし、それ以上に、市場の動きが速すぎて、バンカーたちにはポートフォリオの正確な値打ちがどうしても評価できない。ある程度割り引いて保守的に評価すると、いくつかの取引では、ゼロに近くなってしまった。ハガニは銀行の評価額のあまりの低さに傷ついたようだった。メリルのバンカーに非難めいた口ぶりで言う。「ご足労には感謝しますが、適正な評価とは思えません。投資ならわれわれの流儀を学んでください」岸辺の救助隊員に向かって指図を試みる溺れかけた男といったところか。心の奥底では、沈むはずがないと信じていた。

しかし、ロングタームは火曜日、さらに一億五千二百万ドルの損失を被り、自己資本は七億七千三百万ドルとなった。ベア・スターンズ会長ジミー・ケインがフィッシャーに忠告する。キャッシュ残高から見て、火曜日は大丈夫だろうが、水曜日はむずかしいかもしれない(注13)。あと二十四時間で、何ができる? モルガン案はつぶれた。コーザインも内心、〝ミスター・ビッグ〟の出る幕はなくなったと思った。あとはアリソンが頼みだった。

五十五歳のインベストメント・バンカー、アリソンは、ブローカーからの叩き上げが大半を占めるメリル経営陣にあって異色の存在だった。典型的なメリル・マンといえばコマンスキーだ。人好きのする性格、がっちりした体軀、元ブローカーで、大卒の資格こそないが花形セールスマンだった。アリソンはといえば、イエール大学で哲学を専攻、スタンフォード大でMBAを取得と、はるかに秀才タイプである。細身で、髪が薄くなりかけ、眼鏡をかけた彼は、稼ぎ頭というよりも実務の人であり、本人の野心はさておき、完璧なナンバー・ツーだった。正真正銘の切れ者だけに、ディールをばらして効率よく組み立て直すのが得意だ。火曜昼過ぎ、遠く自由の女神を望む会議室にこもって、アリソンほか精鋭数名がプランを練りにかかった。午後四時、四行首脳とフィッシャーが電話会議のラインでつながった頃には、四分の三ページばかりの簡単な概要の形で、コンソーシアム組成プランがまとまっていた。

ウォール街の銀行がこぞって協力しない限り、プランに成功の目はない。しかも、とアリソンはフィッシャーに言った。各行をまとめるには、ＦＲＢの肝煎りで招集をかけて会議を開催するしかない(注14)。フィッシャーは同意した。ＦＲＢがどれか特定のアプローチを支持することはないとあくまで言い張りながら、メリル案の後押しに動き始めた。夕方六時近く、部下に手伝わせて数名がかりで、メリル、ＪＰモルガン、ゴールドマン、ＵＢＳをはじめロングタームの主なカウンターパーティ十数行に電話して、当日夜八時から、ＦＲＢで緊急会議を開催する旨通達した。ロンドンで世界の金融監督機関を前に、デリバティブの危険性をテーマに講演を終えたマクドナーと電話がつながった。ロンドンに夕闇が降りる頃、マクドナーはニューヨーク行きの飛行機に飛び乗った。

主要四行の首脳は、七時にフィッシャーのもとに集まった。アリソン案は十六行に二億五千万ドルずつの拠出を求めている。先の話し合いでセインは、どうしても合計四十億ドルが必要だと主張した。それ以下だと、売りを浴びる。しかしこの点を除いて、バンカーたちの意見はことごとく対立した。拠出は出資とするのか、それとも——特に痛い思いをした銀行が提案するように——一時的な融資とするのか？　ロングタームのパートナーはそのまま留任するのか、クビになるのか？　留任するなら、誰がファンドを管理する？　コーザインは、パートナーたちにファンド運用を任せるべきではないと強く主張した。八時二十分、主要四行はまだ話し合っている。その間に他行のＣＥＯが到着し始め、役員会議室の扉の前で、とんだ待ちぼうけを食わされた。

フィッシャーはいったん議論を中断して、分厚い木の扉を開き、客人を招き入れた。息を呑むばかりの顔ぶれ、ウォール街の精髄がそこにいる。フィッシャーは目の端でひとりひとり確認した。ソロモン・スミス・バーニー会長のデリック・モーン、チェース社長のトーマス・ラブレック、ベア・スターンズ会長のジミー・ケイン、クレディ・スイス・ファースト・ボストンCEOのアレン・ウィート、モルガン・スタンレー・ディーン・ウィッター会長のフィリップ・パーセル、さらにリーマン・ブラザーズと英国のバークレーズから上級経営陣……。主要四行からは、コマンスキー、アリソン、コーザイン、セイン、ワーナー、メンドーザ、ローズ、デビッド・ソロが来ている。十二行が二十五名のバンカーを送り込んでいた――全員が男性で、全員が中年だ。首回りに肉をたっぷりつけた当のバンカーたちですら、互いの面識はあるにしても、同じ大物がこれだけ大勢、これだけ緊急の招集に応じて、こういう場所に集まり、柔らかい皮張りの椅子に窮屈そうに尻を沈めつつ、会議室の壁に並ぶ金縁の肖像画から醒めた目で見下ろされている光景は、あまり見たことがなかっただろう。

フィッシャーは、給料からいえば客人たちのそれに比べて雀の涙の官僚ながら、一同の視線を一身に浴びていた。今危機に瀕しているという〝公益〟を代表できる唯一の人間だからだ。弁じたのは、ほんの数分だった。FRBは壊滅的な清算パニックを回避するため――システムを救うため――民間の話し合いから解決策を見出せるのではないかと期待している、と言った。その他の点では中立を貫き、具体的なことにはわざと触れなかった。アリソンによると、「まるで会場を貸しただけ」のような口ぶりだ。もちろんフィッシャーの行動にはそれ以上の意味がある。FRBはウォール街の首脳を毎日、役員会議室に招待しているわけではない。それはCEOたちも承知している。

部屋を見渡し、トーマス・ルッソはまず畏怖の念に打たれた。これほどのメンバーの一員であることに、束の間の満足を覚える。話し合いが始まり、このリーマン法務部の責任者は、ある皮肉な思いにとらわれた。「人の上に立つと、下の実務をどこまでつかんでいられるのだろう？」日々抜かりなく目を光らせることに熟練したＣＥＯたちは、誰ひとり、こういう危機に対処するすべを知らなかった。

アリソンが手短にプランを説明すると、主要銀行は口々に賛成を唱えた。コマンスキーはこう言う。「それだけのカネがあれば、とは思うが、そうするしかないだろう」ロングタームに破綻されて、メリルの巨額のトレーディング損失がいよいよ手に負えなくなってはたまらないと、わざわざ言い添えることはしなかった。気が気でないのは他行も同じだ。しかしリーマンは、主要行と同額の拠出を求められることに異議を申し立てた。各行がエクスポージャーに比例して出せばいいのではないか？　その方法では複雑になりすぎる、とセインが言い返す。なにしろ時間がないのだから。各行とも自行に有利な立場を確保しようと立ち回り始めていた。チェースのラブレックはベアに矛先を向け、危機を加速させた当事者として非難した。ベアが今も引き金に指をかけていることを知っている。ベアはロングターム向け決済業務で年に三千万ドルを稼いでいたし、個人的にもファンドに投資しているケイン会長は、さっきから目立って口数が少なかった。

そのうちバンカーたちから、ロングタームに対する恨みつらみが噴き出し始める。グレニッチの連中はこの四年間、ウォール街との間に一線を引きつつ、どの銀行からも、最良の取引だけをつまみ食いして、しかも鼻持ちならない優越感を隠そうともしなかった。今のパートナーたちの姿はさながら、えせ預言者だ。一杯食わされたような気分だった。よくもまあ、ころりと信じ込まされたものだ。何人かが、パートナーは全員クビにすべきだと言った。なぜ、彼らに金を出してやらなくてはならないのか？　アリソンとコーザインは途中何度も中座して、メリウェザーに会議の進行状況を伝えた（密約の可能性を避けるため、電話には必ず二社以上が同席した）。怒りが自分に向けられていると聞いて、メリウェザーは誇りを傷つけられたらしい。「私にできることなら、なんでもする」力なくつぶやいた。

ゴールドマンのセインは、ロングタームの内情に誰より詳しかったので、ポートフォリオのリスクについて説明した。各行は投資をすべて出資形式とすることで合意したが、主要四行は別にして、いずれも確約を避けた。大半にとって、ロングタームが破綻したところで損失はせいぜい二億五千万ドル程度だ。つぶれかけた会社に、なぜ追い貸ししなければならないのか？　アリソンは反論した。破綻の余波はけっしてばかにできず、ロシア危機のあとよりひどいことになるかもしれない。ロングタームには一千億ドルの資産があり、デリバティブで一兆ドルの想定元本があることを、忘れては困る。

しかも、ロングタームの株式ポジションはいわば伏魔殿だった。投資家の中には、オプションで保険をつけない限り株は買わないという人がいる。そしてロングタームは文句なく最大の保険供給源だった。ロングタームがなくなると、投資家が株に手を出さなくなる可能性がある。バンカーはひとり残らず、株式市場がこれ以上崩れる光景だけは見たくなかった。フルージは部屋に恐怖が充満してくるのを感じた。そして、その日が誕生日だったことを思い出し、誕生日を会議室に缶詰にされて過ごす情けなさを噛みしめた。

十一時近く、フィッシャーの提案で、いったん解散して翌朝十時に再開することになった。アリソンと同僚のトーマス・デイビスはオフィスに戻り、草案を修正する。ぽつぽつと、細部を確認するため、メリウェザーに電話を入れた。メリウェザーもグレニッチで夜通し待機している。午前一時頃、アリソンはコーザインとメンドーザに修正案を報告した。水曜日になって、あけてびっくりという事態は避けたい。午前三時、パリ市場が開く頃、フランスに本社を置くロングタームのカウンターパーティに修正稿をファックスする。それから帰宅した。翌日は、各行の確約をとりつけなくてはならない。そんなことができるだろうか（注15）。一日で四十億ドルを調達した人間など、今までひとりもいない。

メリルは同時に、緊急に弁護士が必要なことに気がついた。メリルの顧問法律事務所スカデン・アープス・スレート・ミーガー＆フロムのパートナー、フィリップ・ハリスは、立ち上げ期の資金調達でロングタームと関わったことがある。ただし、専門は投資ファンドなので、救済買収のスペシャリストがひとり欲しかった。午前二時半、ハリスは同じパートナーのＪ・グレゴリー・ミルモーに電話して、スカーズデールの自宅で寝ているところを叩き起こした。語り口が穏やかで、髪はすっかり白く、金縁眼鏡をかけたミルモーは、破産を専門とする弁護士だ。「事件が持ちあがって」ハリスは言った。「きみの手が必要になった」

ミルモーは、朝一番に出頭すると請け合った。

「それが」と、ハリス。「今すぐ必要なんだ」

ミルモーはシャワーを浴び、身支度をして、愛車のボルボに飛び乗った。やがて人影の消えたマンハッタンへと滑り込む。三時半頃、スカデンが本拠を構える、煌々《こう》と明かりの灯った黒い高層ビルにたどりつき、仕事にとりかかった。

❁

連銀ビルの外壁は、吹き抜けのバルコニーに届くほど高く、設計者はことによると、宮殿の様式美と要塞の堅牢さ、二重のイメージを伝えたかったのかと想像することもできる。正面では、物売りの屋台とストレッチ・リムジンが路上で陣取り合戦を繰り広げる。リムジンは狭い小路をのろのろと走った。ロンドンから戻ったばかりのマクドナーは、水曜日の朝早く姿を現した。欧州諸国の中央銀行首脳に電話して、危機が発生したと通知する。フィッシャーはベア・スターンズのジミー・ケインから電話を受け取った。ベア・スターンズは、いかなる救済策にも参加しないという。フィッシャーは柔軟な対応を訴えた。ケインは取りつく島もなく、「この件を成立させたいなら、銀行をアルファベット順に当たらないことです」

午前十時、バンカーたちがふたたび顔をそろえた。この日、水曜日の会合はさらに人数が増え、全部で四十五名ほどもいた。名前を挙げれば、そのままウォール街のパワー・ブローカー名士録ができあがる。サンディ・ワイル、コマンスキー、コーザイン、チェースのラブレック、JPモルガンのワーナー、クレディ・スイス・ファースト・ボストンのウィート、リーマン・ブラザーズのリチャード・フルド会長……。これだけでも壮観だが、仕上げにスイス、英国、フランスの銀行五行の幹部と、ニューヨーク証券取引所理事長のリチャード・グラッソの顔も見えた。グラッソが呼ばれたのは、ロングタームがエクイティ・ボラティリティで桁外れの取引を行っていたからだ。ドイツ銀行のエドソン・ミッチェルは電話で参加した。ぞろぞろと役員会議室に足を踏み込れたとき、バンカーたちは、マントルピースを飾る古めかしい置時計の上に、ジョージ・ワシントンの肖像画が、マクドナーの歴代前任者に並んで掛かっているのを目にした。カーテンが引かれる。縁取りが黒い優美なマホガニー製のテーブルは、これだけの人数を迎えるには小さすぎたのか、ひとまわり大きな間に合わせのカバーがかかっていた(注16)。

役員会議室はそれ自体が実は建て増しで、FRBが一九三五年に買い取ったものだ。好況期に事業を拡大した隣接ビルの持ち主が、この年に売却に同意した。冗談に、FRBはこの土地が欲しいあまり株式市場の大暴落を画策したのだといわれる。棘のある冗談だ。というのも、FRBが一九二九年前半の投機的な株の信用買いブームを抑えきれなかったことは、今日に至るまで痛恨の失策と見なされてきた。適切に対処してさえいれば、暴落は回避できたかもしれないし、暴落が回避できていればおそらく、その後の大恐慌も回避できた。今回の危機は——規模は劣るにしても——同じレベルの問題であり、だからこそマクドナーは、ロングタームの件では先手を打とうとしているのだ。

ところが、役員会議室にマクドナーの姿はなかった。連銀総裁はこのとき主要四行首脳と控え室に潜んでいた。他行を国連総会とすれば、四行はいわば、さまよえる安全保障理事会だ。その日は朝から気温が高く、他行のＣＥＯたちは、待たされるのに慣れていないだけに、じきに焦れ始めた。

十時二十五分、頑強な体軀を揺らして、六十四歳のシカゴ人マクドナーが突然姿を現した。銀髪から地肌が透けて見え、眉が濃く弓形を描いている。午後一時まで会議を延期すると告げた。「奥の手があった」と意味不明のことを言い、それ以上の説明を避ける。ＣＥＯたちは呆気にとられ、途方に暮れた。のちに聞いたところでは、四行との会談が始まって十分ほど経った頃、コーザインとセインがマクドナーをわきに呼び、意外な新展開を明らかにしたという。バフェットが買収の腹を決めたのだ。「われわれは、この件では仲間かと思っていた」ソロが声を荒らげた。だがマクドナーにしてみれば、天の配剤とも思えるこの知らせを見過ごすわけにはいかない。ＦＲＢを巻き込まない形で解決できれば、その方がずっとありがたかった。念のため、その日モンタナの牧場にいたバフェットに電話で確認した。バフェットは、たしかにオファーを準備中だと請け合う。会議室ではＣＥＯたちが、酢でも飲まされたような顔で席を立ち始めた。ゴールドマンが裏で取引していたと知って、むかっ腹を立てている。コマンスキーですら、いささか念の入りすぎたヘッジだと思った。

ゴールドマンのインベストメント・バンカー、クラウスがオファー文書を作成している間、バフェットはメリウェザーに電話した。「ジョン」聞き違えようもない甲走った声。「ポートフォリオ買収のオフォーがじき届くはずだ。わたしの名前もそこにある。買い手はわたしだと、承知しておいてもらいたい」メリウェザーはそうですかとだけ答えた。

ゴールドマンが文面を仕上げるまで、小休止が訪れた。ようやく十一時四十分、メリウェザーはファックス機から一ページの文書を抜き取る。内容はこうだった。バークシャー・ハサウェイ、AIG、ゴールドマン・サックスの三社は、ファンドを二億五千万ドルで買い取ることを希望する。承諾されるなら、さらに三十七億五千万ドルを即日注入する用意がある。うち三十億ドルはバークシャーが出資する。

バフェットの申し出は、年初まで四十七億ドルの価値のあったファンドを、二億五千万ドルで買い取ろうというものだった。ロングタームはその日、またも損失に見舞われ、五億五千五百万ドルに値を下げている。しかしこの、呆れるばかりに擦り減った純資産価値を斟酌しても、バフェットの言い値は明らかに低すぎる。パートナーたち——数週間前までひとり当たり数億ドルの個人資産を持っていた——は破産するだろう。そのうえ、クビになる。しかも、ほかを当たって天秤にかける暇を与えまいと、十二時三十分までに返答するよう時間制限が設けられていた。あと一時間もない。メリウェザーはファックスをリカーズに渡した。「さて、どうしよう?」

メリウェザーの目に、このオファーは格別苦いものを含んでいたに違いない。JMはゴールドマンとAIGの、ロングタームを狙ったトレーディングに激しく憤っていた。実際、打ちのめしておいて、安く買い取る片棒を担いだも同然だ。しかもこれは、JMのキャリアに刻まれた一大トラウマの再演でもある——社を失い、職を失って、あとをバフェットが引き継ぐ筋立てだ。それでも、パートナーたちは慎重に文書を検討した。その日も同席していたUBSのシシリアーノは、その真剣さをよく記憶にとどめている。シシリアーノの目に映った彼らは、何よりも市場全体の崩壊を避けるために、すっきりした解決方法を探ろうとしていた。バフェットのオファーは、少なくとも、その点では合格だ。

残念ながら、リカーズが問題を見つけてしまった。文書は誤って、LTCMの資産買い取りを申し出る文意になっている。LTCMとは、バフェットが欲しくもないという管理会社だ(注17)。ゴールドマンの顧問弁護士サリバン・M・クロムウェルのジョン・ミードが、バフェットが欲しがっているのはファンドのポートフォリオだとリカーズに説明する。ポートフォリオの資産——株式だの債券だの——は、当然ながらいつでも売却できる。だが、デリバティブ契約はそうはいかない。相手側の同意が必要になるからだ。しかもバフェットの条件の中に、ポートフォリオの資金源は現状通りとするとの一文があった。リカーズから見ればこれは、バフェットはポートフォリオ会社を買い取らなくてはならないことを意味する。つまり、ケイマン籍のパートナーシップ、ロングターム・キャピタル・ポートフォリオ（LTCP）である。しかし、LTCPとは、ロングタームの独創的かつ複雑なフィーダー構造のハブに過ぎない。このハブを保有するのは、八本のスポークとゼネラル・パートナーであり、リカーズによると、パートナーシップ協定の変更なしには絶対に売却できない。協定の変更には、各スポークの投資家の同意が必要となる。要するに、リカーズに言わせれば、このオファーは出来損ないだった。

ただし、別な形式をとれば、そうとも限らなかった。バークシャー・グループが、現在の構造のまま、ファンドに投資するという単純な方法をとれば、うまくいくかもしれない。その場合にもバフェットは、筆頭投資家として、思いのままにパートナーをクビにできる。

しかし、ミードにオファーを変更する権限はなく、バフェットはといえば、どこへ雲隠れしたものか連絡がつかなった。実際、バフェットのオファーは、いかにも稚拙すぎたといわざるを得ない。これまでの例でいうと、複雑な取引を一枚の契約書にまとめあげる手腕は、バフェットの魔法のひとつとされてきたし、今回のオファーも――全部で五段落しかない――その面目躍如たるものがある。ただ、ロングタームを相手にするには単純すぎたといえるだろう。あるいは、曖昧すぎた。これではロングターム特有の微妙な細部に太刀打ちできない。しかも、バフェットの考えを文書にまとめたらしいインベストメント・バンカー、クラウス本人も、どういうわけかロングタームの構造にまるで不案内で、オファーを骨抜きにしてしまった。

ゴールドマンの顧問弁護士ミードに残された選択は限られている。十二時二十分、ミードがリカーズにオファー撤回を伝え、リカーズはJMのオフィスに戻って言った。「バフェットがオファーを引っ込めた」メリウェザーはすかさずマクドナーに電話した――文字通り最後の望みだ。「分かった」と、マクドナー。「銀行を集めよう。戻ってくるかどうか、分からんが」

のちに、JMはマクドナーに任せた方が有利と踏んで、バフェットのオファーをわざとつぶしたのだという説がささやかれた。これが本当だとすると、JMはこの刻々と状況の変わる混乱したドラマの全貌を、てのひらを指すように把握していたと考えるしかない。メリウェザーが法的な不備を解決しようと試みなかったのは事実だし、こうした込み入った詳細は、いったん大筋で合意が成立すれば、あとにどうにかなることも多い。しかし、バフェットという人物も、そう融通のきく性質ではない。水曜正午の時点でJMは、何にせよ文書に含まれない条件で、バフェットの事後承諾をあてにするわけにはいかなかった。あるいは、条件のきびしさや、かすかな個人的不信感などの要因が、バフェット案をあえて追わない理由になったのかもしれないが、いずれにしてもJMは、コンソーシアム案を成立させる望みをわずかでも繋ぐには、ＦＲＢにボールを返さねばならないこと――しかも直ちに返さねばならないこと――をはっきり理解していた。

バンカーたちは、仏頂面をさげて、午後一時に戻ってきた。ゴールドマン主演の幕間寸劇のおかげで、互いの間に横たわる根強い不信感を改めて意識している。そこに座っていること自体、おもしろくなかった。ロングタームなどとは、なんの縁もないはずだ。モルガン・スタンレーのパーセル会長は、ロングタームが破綻したところで、モルガン・スタンレーにはほとんど影響しないと見ていた。サンディ・ワイルは自社のアービトラージ部門をたたんだばかりだ。そのうえになぜ、よその面倒をみなければならないのか？　ワイルは戻ってくることすらしなかった（代わりにデリック・モーンとジャミー・ディモンが出席した）。クレディ・スイス・ファースト・ボストンも、うさんくさげな顔を並べる。チェースのラブレックは、参加するとすれば、先に実行した協調融資の返済が条件だと言った。アリソンとコマンスキーは引き続き前向きだったが、ここに至って、だめかもしれないと思い始めた（注18）。

バンカーたちはシステム崩壊の可能性を論じ合ったが、いっこうにらちがあかない。システム崩壊とは議論のためのテーマであって、現実に二億五千万ドルを注ぎ込む対象ではなかった。リーマン・ブラザーズなどありていに言って、それどころではない。リーマンは大丈夫かとウォール街に噂が流れ、調達金利が急上昇していた。リーマン会長のディック・フルドはコーザインに、ゴールドマンのオファーが撤回されたのは価格の問題かと、正面から尋ねた。もしそうなら、なぜコンソーシアムが上乗せしなければならないのか？　コーザインは法的な問題だと答えた。周りのＣＥＯたちは苦々しげに聞いている。誰が信用できるというのだ？　マクドナーはほとんど口を利かない。

ここで、アリソンが舞台に立った。勘定が商売のこの男は、ひとりひとりに意見を求め始める。バンカース・トラストは賛成……バークレーズも賛成……。

部屋中の目が、ケインを射た。相棒のスペクターの隣にうつむき加減の巨体が鎮座している。ベア・スターンズCEOはこう言った。「今朝の電話で、われわれは参加しないとお伝えしてあります」重い沈黙が座を支配する。それから、いっせいに、説明を求める声が噴出した。ケインはますます依怙地になって、ベアは決済機関としてかなりのリスクを負っている、とだけ答え、口をつぐんだ。話にならない、と全員が思った。ベアは五億ドルを押さえているではないか——どこよりもリスクから守られている。「ひとりだけ別な目で世界を見ていて」ある出席者の辛辣な言葉だ。「自分の利益しか頭にないのです」たちまちにして、私営企業の申し子たちが、社会主義的な熱狂に沸きかえる。モルガン・スタンレーのパーセルが真っ赤になってわめいた。「ウォール街の大手行が参加しないなどということは、認められない！」(注19)。ベアが暗黙の協定を破ったかのような騒ぎだった。アリソンは、いつかつけを払うことになる、とまじめな顔で宣告した。

マクドナーが、ベアのふたりを自分のオフィスに差し招いた。「黙っていては始まらない。コマンスキーなど本気で怒っている」そのコマンスキーが入ってきた。頭から湯気が立ちそうだ。ケインと向き合って、メリルCEOはがなりたてた。「いったい、何を考えている！」ケインがかわす。「パートナー契約を結んだ覚えはありませんな」コマンスキーがリンドン・ジョンソンばりの腕でつかみかかったのを見て、スペクターが間に割って入り、百キロを超すコマンスキーの巨体をともに支えた。

何かがケインの神経に引っかかった。一同から不信の目で見られているというかすかな含みがそこにある。「会議室に戻って、ベア・スターンズとは長年の付き合いだが、あれは恥知らずな会社だと言うがいい。こちらはこう答えよう。決済機関として、後ろ指をさされるような特別な情報は何ひとつ持っていない。ただ参加しないと決めたに過ぎない」双方部屋に戻って、それぞれの言い分を述べたてた。

それから、論点はロングタームへと移った。コーザインは、パートナーたちはお払い箱だという。「あの連中に用はない。そもそも彼らが引き起こした不始末だ」メリウェザーに対する同情論は特になかったが、クレディ・スイス・ファースト・ボストンのアレン・ウィートは、メリウェザーをクビにするのはまずいだろうと言った。ウォール街がこれだけの金を注ぎこむ以上、ファンドを運用する人間が必要だ。その場合、グレニッチの連中以上の適任者はいない。

コーザインはあくまで、少なくとも全権はコンソーシアムで握るべきだと言い張った。ＪＭをはじめパートナーをクビにする権利も含めてだ。パートナーたちをファンドにしばりつける契約を交わしたうえで、取引の上限を定めたきびしい管理体制を敷く必要がある。コーザインは極端から極端へと飛んだ。さっきまで手を組もうとしていたＪＭに、今度は手錠をはめようという。だがコーザインは誰よりも、ロングタームの欠点を見抜いていた。ロングタームには監督する人間、トレーダーの上に立つ人間がいない。コーザインは、監督権を与えられない限りゴールドマンの出資はないと言って、メリウェザーに電話を入れ、条件を呑むかどうか問いただした。呑まないなら、降りる。

コーザインの様子には、ただならぬ緊迫感が感じられた。会議の最中に、コーザインの副官セインの携帯電話が鳴る。会話の内容は聞き取れないものの、苦しい心中は表情から見て取れた。ゴールドマンは巨額の損失を計上している。株式公開は暗礁に乗り上げ、パートナーたちは不機嫌だった。コーザインの顔つきは、ふたつの軍勢にはさまれた男のそれを思わせた。

コーザインだけでなく、全員が代わる代わる席を立っていた。欧州勢は本国に電話し、米国組は本社の様子を確かめる。トレーダーに連絡した者もいただろう。会議の内容が、少しずつ洩れていった。ロングタームは、電源をオフにして息を潜めている。相場は下げ続けていて、特にエクイティ・ボラティリティは、さっき四一パーセントを付けたところだ。今となってはそれも、どうでもいいといってよかった。営業は停止している。取引はストップし、電話もようやく鳴り止んだ。誰もかけてくる者はいない。ここ数週間にわたってパートナーたちが話し続けてきた相手は、全員FRBの会議室にいた。

パートナーたちは、ガラス張りの会議室に待機していた。ぽつぽつと、アリソンかコーザインがJMに電話で質問してくるので、わずかながら展開をたどることができる。部屋の外では、一般社員がテレビの前に集まって、数週間にわたってガラスの向こうで繰り広げられてきた物語の一端でも明らかにならないかと、期待して見入っていた。午後三時頃、CNBCが、現在FRBで進行中の事態を驚くほど詳しく報道する。部屋から出てきたハガニに、レポ・マンことライスマンが声をかけた。「あんたたちの救済が決まりそうだよ」ハガニは礼を言って、通り過ぎた。

FRB会議室では、金額を詰める段階に入っていた。アリソンは当初、十六行が二億五千万ドルずつと見積もっていた。しかしフランス勢は、一行当たり一億二千五百万ドル以上は出せないという。リーマンも一億ドルが限界だと頑張った。ベアはゼロ。アリソンはソロモン・スミス・バーニーとシティコープを二行と勘定していたが、シティはもうじきソロモンを買収するのだからと、出席していなかった。フルージはシティもここにいるべきだと言い、デリック・モーンは余計なお世話だと言い返した。

四時。見通しはますますきびしい。四十億ドルははるかかなたにあった。アリソンは、やむなしと見て、割当を三億ドルに引き上げた。コーザインがうろたえる。ゴールドマンの他のパートナーに電話して、合意を得なければ……。モルガン・スタンレーのピーター・カーチェスが鼻を鳴らした。「どういうことです？　ボスはあなたでしょう」降りようとしているのではないかと一同勘ぐったが、ウォール街のリーダーには尽くすべき分があることを、コーザインはよくわきまえていた。歴史意識がさほど高くない彼のパートナーたちには、これがない。彼らは、ゴールドマン自身が資本を求めているこの時期に出資することには反対だった。しかも、組織を分断する派閥抗争に気をとられている。アリソンの目に、コーザインはいかにも苦しげに映った。人をこんな窮地に追い込んだ無責任なＬＴＣＭに憤慨しつつ、しかもパートナーにこってり絞られながら、なすべきことをなそうと努めていた。セインと油断なく目配せを交わし合う。やがて、携帯電話のスイッチを切ったセインがコーザインに耳打ちした。コーザインは情けなさそうに一同と向き合う。「パートナーたちは大反対です」

支援はおぼつかなくとも、コーザインは話を進めた。この時点で、十一行がそれぞれ三億ドル、フランス勢とリーマンの分を加えて三十六億五千万ドル。これにロングタームにわずかに残った自己資本を加えれば、全部で四十億ドルに届くはずだ。このうち、ロングタームの元来の投資家の持ち分に、どの程度を割り当てればいいだろう？　やる必要はないとの声もあったが、アリソンはロングタームのパートナーたちになんらかのインセンティブを与えるべきだと考えた。結局のところ、彼らが銀行のカネを運用することになるのだから。

もうひとつの問題は、投資の期間だった。バンカーたちはなるべく早く回収したかったが、コンソーシアムは暫定措置に過ぎないと市場に受けとめられれば、またトレーダーの狙い撃ちが始まるだろう。信認を得るためには、持続力が必要だ。そこで三段階の目標が設定された。まずファンドのリスク水準を引き下げ、次に、新規の出資者に資金を返還し、最後に――あくまで最後に――利益計上を試みる。バンカーはどこも、無傷で解放されさえすれば恩の字だと思った。

五時十五分、アリソンがメリウェザーに電話で条件を伝えた。ロングタームは、十四行からなる新たな〝スポーク〟から、三十六億五千万ドルを受け取る。かわりに、銀行団はファンドの九〇パーセントの持ち分を得る。元来の投資家の持ち分は一〇パーセントとする。現在価値は約四億ドルだ。ただし、そのうちパートナーのシェアは、それぞれの個人債務とLTCM向け債務に全額吸収されるものとする。要するに、パートナーたちがロングタームに投資していた個人資産——一時は十九億ドルあった——はすべて失われた。大半はわずか五週間で消えたことになる。細部を詰めるのはこれからだったが、これで少なくとも向こう三年間（コンソーシアムの予定期間）、手数料をカットされ、管理・運用の自由をきびしく制限されることがはっきりした。

コマンスキーの考えでは、ライバル銀行は高潔に務めを果たした。もっとも、救済の対象はメリウェザーばかりではなく、わが身にも及んだことは言うまでもない。銀行は要するに、三億ドルという確定したリスクを選び取り、計り知れない損失という可能性に過ぎないリスクを事前に封じ込めたことになる。バンカーたちのギャンブルの虫が——ここにきてようやく——収束した兆しである。

七時過ぎ、銀行団は蟻のごとく集まった報道陣に発表文を配布した。これがのちに、思わぬ方向で事態に影響する。これでいかにも決定案らしい印象を世間に与えてしまったからだ。だが、この複雑な取引は、実際はそうではなかった。

マスコミは当然ながら、救済策を指揮したFRBの役割に焦点をあてた（注20）。翌日のニューヨーク・タイムズ紙は、FRBは〝大きすぎてつぶせない〟の原則を拡大解釈して、ハイリスクで投機的なヘッジファンドに適用したと論じた。この記事は、公的資金が投入されていないという事実には触れておらず、FRBはたちまち劣勢に追い込まれる。暗黙のうちにではあっても、FRBが民間の、規制の対象外にあるファンドの責任を肩代わりしたとほのめかした論調だけに、広く物議をかもした。財務省の元高官が他紙でこう発言する。「ジョージ・ソロスが問題を起こしたら、どうするのか？」(注21)。ウォールストリート・ジャーナル紙は社説で、今回の救済は投資失敗の招いた状況から民間投資家を保護する、ここ十年来のパターンを継承するものと論じた。前例が増えるたび、投資家がますます大胆になり、さらに失敗を重ねる結果になる(注22)。

救済劇の翌日には早くも、政府による調査を求める大合唱が起こり、ロングタームだけでなく、ヘッジファンド全体の監査が議論された(注23)。ヘッジファンドがいかに有害かを裏書きするように、ＵＢＳがしおらしくロングターム向け投資の全額償却を発表する。マティス・カビアラベッタがＵＢＳ再生の望みを託した〝戦略的関係〟は、結果的に七億ドルの買い物となった。

評論家たちは、傲慢不遜だったロングタームの失墜を、意地悪く喜んだ。スーパーリッチなトレーダーも、難解極まる数式も、名声赫々たるノーベル賞コンビも、もろともに地に堕ちた。フィナンシャル・タイムズ紙のロンドン版はこうコメントしている。「（デビッド）マリンズにとって危機対応が天職なら、このたびはさぞ幸せだったことだろう」(注24)。全般的な反応は、無理もないことだが、ＦＲＢが『ライアーズ・ポーカー』のヒーローの救済に駆けつけたことに怖気を振るうものだった。

メリウェザーにとっては、別の種類のおぞましさがある。ソロモンの国債不正入札事件以来、メリウェザーの活動の一切は、少なくともその胸中では、かつての名声とキャリアを修復することに捧げられてきた。それが今――さらにひどい形で――そっくり再現されようとしている。内気なうえにも内気な男が、世間の注目にさらされ、ウォール街に巣くう傲慢、強欲、山師的な愚かしさの権化として、呆れるばかりに誇張された姿で描かれた。メリウェザーとその献身的アービトラージャーたちは、システム全体を脅かした歴史的な破綻劇の作者だった。カメラクルーが大挙してグレニッチに押しかけ、テレビ局のヘリコプターが、閑静だったオフィスの上空で唸りをあげる。倫理上の嫌疑だけは晴らせたものの、それ以外の点でこの九月の終わりは、メリウェザーにとって考えられる限り最悪の悪夢だった。彼はその中で例の超人的な冷静さを保っていたが、冷静さの裏にあったのは、わが悲劇に対するある種の無関心ではないかとも思える。公式な発言としてはただ、一文からなるコメントを広報を通じて発表し、コンソーシアムの資本注入に月並みな感謝の言葉を述べただけだった。

実際のところ、コンソーシアムは磐石どころではなく、銀行団には早急に解決すべきやっかいな問題が山のようにあった。まず、JMとそのパートナーたちの処遇と、彼らをどこまできびしく監督するかの問題がある。次に、ファンドの危うい財務基盤にまつわる問題もあった。銀行団の買収案は、ロングタームに融資しているいくつもの貸し手から例外なく債権放棄を取り付けることを前提としている。銀行団の表情が硬いのは、資本を注入したあとでも、一件でもデフォルトが発生すれば、連鎖反応が起こって、ファンドはあえなくつぶれると分かっているからだ。

しかも、各行はそれぞれ、ファンドを徹底的に調べて――その過程で理解して――みずからの取締役会を納得させないことには交渉を進められない。そのうえで、契約を交わさなくてはならなかった。これをすべて月曜日、払込予定日の九月二十八日までに終わらせる――あと五日しかない。通常なら数カ月かかる作業だが、ロングタームの命をつないでいるのは首の皮一枚だ。「超特急でした」ロングタームの顧問弁護士シンプソン・サッチャー&バートレットのトム・ベルは言う。「買収成立か、資金が尽きるかの競争です」

メリルの顧問法律事務所スカデン・アープスが当然のようにコンソーシアムの代理人に起用された。

メリルはゴールドマンの顧問事務所サリバン&クロムウェルを共同顧問とするよう申し入れたが、用心深いゴールドマンは、自社の担当顧問が他社に雇用されるのを警戒した。とはいえゴールドマンは、サリバンのジョン・ミードを交渉に同席させるという。これで力関係に微妙な対流が生まれた。物腰穏やかなスカデンのパートナー、ミルモーが、コンソーシアム全体を代表する役割を負うのに対して、ミードはゴールドマンだけのために交渉する。白髪の目立ち始めた四十六歳の訴訟弁護士ミードは、輪郭の柔らかい丸顔に二重顎という外見とは裏腹に、容赦なく押しまくるタイプだった。のっけから強硬姿勢をとって、ミルモーを促し、契約ではロングタームのパートナーを出来る限り制約し、コンソーシアムの利益を守ることを確認させる。これは銀行団にとって幸いというべきで、その頃パートナーたちは、市場で失ったものを交渉で勝ち取るつもりでいた。信じがたいことに、メリウェザーとその部隊は早くも次のヘッジファンド設立の構想——再起するならそれしかない——を描いている。失敗した取引と同様、ロングタームも過去に葬り去れるものと思っているかのようだった。

一方、ロングタームのトレーディング・フロアでも嵐が起こり始める。パートナー同様に財産をすった従業員が、一気に怒りを爆発させた。今やファンドはつぶれ、説明を求めているのに、パートナーたちがなお先々の話をしようとしないのは、虚勢もはなはだしいと思えた。若手トレーダー、マット・ゼームズは、近く結婚を控えているというのに出資金を失い、あるパートナーの部屋に押しかけてわめいた。「誰も質問に答えてくれない！」別の社員は新聞の報道で、パートナーたちがどれだけ多くを隠してきたかを知って、激怒した。彼はデビッド・モデストに詰めよった。「俺たちには何ひとつ教えないつもりか？」

スカデンは金曜日、払い込み期限の三日前、交渉を開始した。各行から七十名の弁護士がメリルの役員会議室に詰めかける。まず明らかになったのは、交渉の土台となるべき合意が、じつは存在していないことだった。合意と呼ぶには、意見の割れている問題が多すぎる。弁護士たちが話し合っているうちに、市場はまたも下落し、ロングタームの自己資本は四億ドルとなった——年初来九一パーセント減少したことになる。

ミードの残した会議メモによると、銀行はパートナーたちの（さらにLTCMの）負債が障害となって救済策が転覆する展開をかなり恐れていた。ロングタームは「一部パートナーの個人債務と、LTCMの債務のうちパートナーシップ向け三千八百万ドルの返済に約一億二千二百万ドルのキャッシュが必要」だった。またこのメモを見る限り、銀行は引き続き資本拠出に極端に神経質になっていた。JPモルガンは三年後の返還を約束する保証を求めた。チェースはリボ融資枠から融資した五億ドルについて、払い込み日の翌日の返済を求める。バンカース・トラストとドイツ銀行は、ファンドを運用する〝監視委員会〟に席を求めた。モルガン・スタンレーとゴールドマン・サックスは、銀行団のうち一行でも訴えられた場合の連帯保証を求める……。月曜までにまとまる話ではない。

メモにない事実をいえば、ミードは他社の弁護士の要求を全部足しても及ばないほど多くの問題を提起している。このゴールドマン顧問弁護士は、JMとパートナーが日常業務の監督権を剝奪されること、投資家訴訟に対する免責保護を無効とされること、あくまで無限責任とされることを求めた。そのうえ、救済銀行は将来における行動についても、賠償責任から保護されることを強く求めた。旧政権をクビにするだけでは飽き足らず、ギロチン台を引っ張り出すつもりだ。

金曜の夕方、引き比べて冷静なミルモーは、ふた晩ほとんど徹夜した末に、契約の基本案をまとめていた。コンソーシアム（〝監視パートナーI〟と呼ばれる）は三年間にわたって資金を投資する。パートナーの手数料は削減され、管理会社の五〇パーセントは一ドルと引き換えにコンソーシアムに移管される。

メリウェザーおよびパートナーは引き続きファンド運用の日常業務にあたるが、監視委員会のバンカーに報告する義務を負う。監視委員のバンカーはグレニッチに常駐し、それぞれ出向元銀行との関係を絶つ。最終的な権限は、銀行の代表からなる取締役会にあるものとする。

パートナーたちは、土曜日の早い時刻に基本案のコピーを受け取った。たちまち怒りの声が上がる。これでは年季契約の奴隷ではないか。ボーナスもなければ成功報酬もなく、賠償責任に対する免責保護もなければ、新規巻きなおしの自由もない。スーパーリッチの特権的な暮らしに慣れていただけに、給料のために、それもたかだか二十五万ドルのために働く生活など考えられなかった。バブルの国に長く暮らしてきたせいで、こういう事態を招いた数日前までの出来事――目の前にあった破綻――も忘れ去っている。水曜日、ＪＭは〝感謝の意〟を表し、土曜日、一同はサインを拒否した。自分たちに有利なことはひと言も書かれていない。

この抗戦の構えは、真剣な脅しでもある。コンソーシアムは、パートナーたちがサインしない限り投資できない。そして、コンソーシアムはすでに、投資することを世間に発表してしまった。逆にパートナーたちは、もはや失うものはないといっていい。その気になればいつでも、ファンドを吹っ飛ばし、個人破産を申請して保護を求め、ウォール街に戻って年俸七桁の職にありつくこともできる。彼らはそうほのめかした。リカーズは最終案はもっとましになっているはずだと言って、どうにか全員の頭を冷やした。それから連れ立って、スカデン・アープスに向かった。

ミッドタウンにオフィスを構えるこの高級法律事務所は、三十三階の大会議室ふたつと面談用の個室をいくつか割り当てて、弁護士とバンカーの襲来に備えていた。土曜日の朝の段階では、百四十人の弁護士がせかせかと出たり入ったり、大混乱の一歩手前の騒動を演じつつ、気が遠くなるほど複雑なロングタームの資産、債務、組織構造、管理会社を理解しようとしていた。

スカデンの弁護士が、第一会議室で各行顧問弁護士の質問を受けた。天井まで六メートル近くもある洞窟さながらの部屋で、さっそく〝弁護士の間〟と命名される。会議を取り仕切るミルモーが言った。「用意してきた議題を私に投げてください」各行の弁護士たちは、言われた通りに議題を投げつけた。

ミルモーは苦しい板ばさみに遭っていた。事実上コンソーシアムを主導するメリルは、なんとしても取引を成立させたいと思っている。交渉のうえでは、弱い立場だ。契約書をまとめるにあたって、十四行を納得させ、さらにパートナー全員を納得させ、七十四時間以内に成立させるとなれば、いきおい妥協案に傾かざるを得ない。時計の針が進むにつれ、銀行側弁護士の目に、ミルモーはグレニッチに譲歩し過ぎのように見えてきた。あるとき、コンセンサスを探るうちに、この温和な弁護士が言った。「LTCMの要求を容れたいと思う」

ミードが鋭く返す。「彼らが要求などできる立場だろうか？　月曜には破産しようというのに」神経を逆なでするこの男は、ミルモーの作業を一段とむずかしくしたが、しだいに発言力を強めて、自分の有利に事を運んでいった。

メリウェザー、ハガニ、ローゼンフェルド、レーヒー、シャスタック、それにリカーズが、正午頃スカデンに姿を現した。バンカーたちの白い眼が二列に並んだ通路を通り抜けるという苦行に耐えたパートナーたちは、礼儀正しく、悔い改めた罪人といった様子で、力なく感謝の言葉を口にした。立場の逆転は鮮やかで、かつて余裕しゃくしゃくだったアービトラージャーが、仕立てのいいスーツで身を固め、チノパン姿のバンカーと弁護士たちの隣に立っている。しおらしいパートナー一行は第二会議室――適正評価《デュー・ディリジェンス》の間――に案内され、バンカーたちから雨あられと質問を浴びせられた。大半は事実の確認だ。銀行もファンドをもっとよく理解しないうちは、契約できなかった。かつて極度に秘密主義だった連中が、いつになく協力的になり、まるで大昔どこかに埋めた宝物を掘り出そうと焦《じ》れている男のように、質問に答えた。パートナーは午後遅くスカデンを辞した。

時間は押しに押していて、大きな論点の大半はまだ解決していなかった。ミードはパートナーたちに、申し述べた内容を個人的に保証することを求めた。また今回注入される資金（銀行の資金）について訴訟に対する保護を求め、さらに、パートナーたちの会社間融資が気に入らないとして、清算を求めた。

パートナー側の要求もある。バンカーがグレニッチに常駐する形での監督は受け入れられない。向こう三年間の留任を誓約させる項目――誓約を破れば持ち分を没収するという条件付き――も不満だった。手元に残ったパートナーの持ち分のうち一部は、訴訟に応じるために利用したい。

そのうえ、銀行団はＬＴＣＭをどうにかしなければならなかった。この管理会社はいまも支払い不能の状態にある。ゴールドマンは、あくまでパートナーたちにきびしく、あっさりたたんでしまえと提案した。しかし、ＬＴＣＭはチェースに――かなりの金額の――借入があり、ゴールドマンの妙案を採用すれば、チェースもいっしょに途方に暮れなくてはならなかった。フルージはゴールドマンの言い分にかっとなる。急に、「われわれは失礼する」と言い出した。メリルのバンカー、トム・デイビスはあわてアリソンに電話し、救済が空中分解しそうだと伝えた（注25）。今にも、もっと悪い方へ展開しそうだった。

問題が多すぎてとても間に合わないと踏んで、メリルは予備体制を整えた。ロングタームとのレポ契約のデフォルト通告にサインして、急ぎケイマンに送付し、ロングタームの現地代理店に至急配送する。週末の残りを使って、世界中のメリル役員が清算手続きの説明を受けた。ロングタームが破綻すれば、他のヘッジファンドも倒れるとメリルは見ていた。その先がどうなるかは想像するしかなかったが、メリルは少なくとも、市場がパニックに陥れば資金調達の道が絶たれ、資金調達の道が絶たれれば、ブローカーは長く生き延びられないことを承知している。その権勢をもってしても、メリルは脅えていた。

土曜遅く、スカデンの社名に名を連ねるパートナー、ジョゼフ・フロムが、ミルモーに電話して様子を尋ねた。報告を聞いて、眉をひそめる。「わが社の顧客との関係を一度に四分の三までぶちこわしかねない初のケースだ」フロムは言った。「しくじってくれるな」

弁護士たちは、スカデン側が用意した二十五名を含めて、潮が引くように近くのホテルへと引き揚げていき、あとには食べかけのサンドイッチやら、紙コップやら、冷めたコーヒーやら、この法曹界版ウッドストックを盛り上げた名残の品々が散乱していた。ミルモーは草稿を練り続ける。修正を加えるうち、周りを囲んでいた人垣がしだいにまばらになり、意見を差しはさむ低い声も途絶え、眠りの浅い猫のごとく、プリンターが唸る音が聞こえてきた。午前四時を回った頃、なんとかまとめろというフロムの訓戒を耳の底に聞きながら、自分のオフィスにたどりつき、グレーの布製カウチに倒れ込んで眠りに落ちた。

日曜朝、アリソンがスカデンに乗り込んできた。ふたつの大会議室にはさまれた小部屋に陣取る——〝バンカーの間〟だ。午前も半ば過ぎた頃には、書類の散らかった四角い机を囲んでバンカーが鈴なりに集まっていた。アリソンはここで、もう一度救済策を救うつもりだ。

パートナーたちもふたたび姿を見せた。メリウェザーほか数名が、一方の会議室に並んで座っている。だがヒリブランドだけは、自分の弁護士を連れて隅に引っ込んでいた。絶望的な負債を抱えたこの男は、救済策を退けて、破産を申請し、負債から逃れられないだろうかと考えている。もちろんそうすれば、ファンドもつぶれる。あとは野となれ……。

この異様なふるまいを見て、バンカーたちは改めて、そこにいなければならない悔しさを思い出した。パートナーを個人的に助けたくなどない。救済に協力しているのは、ただただ恐怖心からだった。ロングタームが今つぶれれば、救済策を発表してしまったあとだけに、市場に与えるダメージはさらに——ずっと大きくなるとアリソンは見ていた。そのうえ、メリルの威信もかかっている。そしてロングタームの弁護士は、どうしても契約をまとめたいアリソンの心情を、はっきり見抜いていた。あえてぎりぎりの要求を、巧みに投げ込んでくる。「コンソーシアムが言います。『きみたちにとって、われわれの代わりはいないはずだ』」ロングタームの弁護士ベルは言う。「われわれはこう返しました。『そちらにとっても、われわれの代わりはいないでしょう』」あまり顧みられることのない事実だが、貸し手もまた、借り手にしばられている。

日曜の大半を費やして、バンカーたちは、フルージとともにコネティカットからわざわざ来ていたチェース副会長ウィリアム・ハリソンを中心に、必要な債権放棄の取りつけに奔走した。最大の難関は、ロングタームに融資している野村証券、リパブリック・バンク、イタリア外為局だ。それぞれが債権放棄に同意しない限り、話を進められないと言い張って、バンカーたちは食い下がった。

次の難所は、クレディ・リヨネだった。LTCM向け融資五千万ドルの返済を求めている。メリルのリチャード・ダンが、日曜の夜になっているパリに電話をかけ、先方の幹部経営陣に異例の協力要請を試みたが、不発に終わった。西側世界全体が機能を停止しようとも、仏銀リヨネはわがカネを回収したがった。チェースはまたしても、管理会社LTCM救済という実を取るため、名を捨てなくてはならない。LTCMはこのとき、一億四百万ドルの繰り延べ手数料収入を見込んでいた。チェースはこれを、みずからを除く他行への債務返済に充てることに合意した。クレディ・リヨネの融資やLTCM内部融資などがこれで返済される。チェースだけは引き続き、支払い不能のLTCM向けに一億八百万ドルの融資残を抱えることになった。

保護者も同然のこの献身的な決断で、あるいは危機を乗り切ったかと思えたが、ゴールドマンがそうはさせなかった。日曜の夕方、爆弾を投じる。ゴールドマン社内弁護士のロバート・カッツがこう発表した。ゴールドマンは、チェースが五億ドルの協調融資返済請求を取り下げないなら、コンソーシアムから脱退する。ポートフォリオに資本を注入することで、チェースが返済を手にするのは納得しかねる。目的はロングターム救済であって、チェース救済ではないはずだ。これはじつは、前日からバンカーたちの胸にわだかまっていた問題で、ゴールドマンが憎まれ役になって声をあげたのを、これ幸いと見た者は多かった。

昨日に続いてフルージは、あいた口がふさがらなかった。いつもいつも高潔にふるまうのにも疲れてきた。他行のバンカーたちも、ゴールドマンの言い分には内心うなずきつつ、この程度の問題で救済プラン全体を覆そうとするやり方には驚いた。リーマンの弁護士ルッソがカッツに向かって言う。「はったりか」相手は口の端で笑った。チェースは、ならばこちらが脱退するとはっきり応じた。カッツがのちに語ったところによると、この時点で「交渉は一切」行われなかった。時刻は午後七時。

週末をハンプトンズの豪奢な海辺の別荘で過ごし、ニューヨークに戻る途中のコーザインから、携帯で会議室に連絡が入った。コーザインから改めて、チェースが引かない限りゴールドマンは投資しないと聞かされ、我慢の限界を試され続けていたフルージが、爆発する。「ほかに言い方がないから言わせてもらう。おまえら全員、くそでも食らえ！」コーザインは、ロングアイランド高速の渋滞に巻き込まれていた車中で、聞き流した。パートナーたちと始終小競り合いしているおかげで罵倒には慣れている。そのパートナーたちはまた、コンソーシアム反対に傾いていた。

コーザインと話したあと、カッツが言われた通りを繰り返した。「今晩は返事できません」これでゴールドマンも退場。カッツによると、ゴールドマンの経営委員会が月曜朝六時三十分から会合を開き、そこで決めるという。今度は、ソロモン・スミス・バーニー幹部スティーブ・ブラックが噴火する番だった。ゴールドマンの本当の狙いは時間稼ぎで、日本市場で十二時間取引してから決めようとしているだけではないか。「言語同断だ！」

皮肉なことに、コンソーシアムの何より手に負えない問題は、ロングタームとの間ではなく、銀行同士の間に起こっていた。バンカース・トラストのフランク・ニューマン会長は、ゴールドマン、メリル、チェースが本題を離れてさまざまな談合にふけり、バンカースをのけ者にしたのに憤慨してミーティングの席を立っていた。それに、例の悪質なフロント・ランニングの問題が絶えずつきまとっていて、また最悪のタイミングで頭をもたげてくる。サンディ・ワイルからアリソンに電話が入った。トラベラーズ会長は、ゴールドマンのトレーダーがまたやったという噂に、頭から湯気を立てている。アリソンがカッツを脇へ呼び、密かにコーザインと電話で話した。ゴールドマン役員はいずれも噂を否定した。アリソンがカッツに言う。「一行でも抜ければ全体がつぶれる。これが原因でつぶれてもいいと、本気でそう考えているのか?」

アリソンは、コーザインがはったりをかましているとは思わなかった。コーザインのパートナーたちの頑固さを考えれば、脱退はじゅうぶんあり得る。だが二行の意地の張り合いとなると、なんとはなしに先が読めた。チェースが条件を呑みさえすれば、ゴールドマンは輪の中に戻ってくるだろう。誰だってゴールドマンのわがまま息子にはかなわないことになっている。ハリソンとフルージはやむなしと判断した。チェースが折れる。ロングタームは五億ドルを握った手を放さずにすんだ。コーザインはパートナー数名から意見を聞いて、支持を取りつけたと——おそらくは早すぎる——判断を下す。午後九時頃、ゴールドマンはコンソーシアムに復帰した。

銀行団はこれから、チェース主導の協調融資団二十三行から債権放棄を取りつけなくてはならなかった。それとは別に、野村証券、リパブリック・バンク、イタリア外為局もある。これをかたづけないことには先に進めなかった。しかも、コンソーシアムの一行、仏銀パリバが、まだ最終的に合意していない。アリソンは部屋中飛び回って、誰がどの銀行にコネを持っているか聞いて回った。それから一同で手分けして、どこであれ人間が起きている時間帯の地域に、電話をかけ始める。真夜中近く、アリソンは帰宅した。

グレニッチでは、リカーズが食いつきそうな顔で受話器を握り、スカデンと交渉している。途中で、ハガニが会議室から飛び出し、錯乱でもしたようにわめいた。「覚えていろよ――いつか買い戻してやる！」買い戻すのはいいが、そのカネは？　リカーズにしてみれば、そう聞きたかったろう。真夜中過ぎ、リカーズはパートナーにボーナスを認めることで、コンソーシアムの合意を取りつけた。三時に眠りに就く。何もかも詰めはこれからだったが、月曜朝十時、契約は成立すると見ていた。

ところが、フリート、リパブリック、ノバ・スコシアの三行が、債権放棄をつっぱねた。この抵抗組と親しい関係にあったシティバンク副会長ウィリアム・ローズとハリソンが、月曜の午前中いっぱい交代で電話をかける。ハリソンは熱を込めて説きに説いた。月曜日中に、どうしても成立させたかった。

スカデンでは、バンカーが一方の会議室を占領し、パートナーがもう一方に陣取った。こちらには守衛が見張りに立っている。アリソンがその間を行ったり来たりして、ときにメリウェザーを拉し去り、パートナーの地位待遇を確認した。ハガニが通路でソロモン・スミス・バーニーのブラックと出くわし、こう漏らす。「こんなことになるなんて、信じられない」ハガニは、ロングタームの取引はいずれ一気に回復すると見ていた。それがじきに、パートナーではなく、銀行のものになろうとしている。ブラックは目の前の男を哀れに思った(注26)。

十一時頃、メリウェザーが使者をたてて、パートナー一同、騒動を引き起こしたことを詫び、コンソーシアムに協力したい旨、アリソンに伝えた。だが、グループはまだ分裂していた(注27)。大半はサインするつもりになっている。全員、精も根も尽き果て、針の筵《むしろ》から降りたかった。ヒリブランドは、引こうとしない。

そして、ロングタームはこの日も損失を出していた。バンカーはベアの動きを注視する。月曜いっぱいもつかどうか、微妙なところだった。この胃に悪い監視体制のさなか、ゴールドマンが運命に屈し、予定していた株式公開をキャンセルする。コーザインにとっては重ねて凶兆だ。ロングタームに三億ドルの拠出を約束したところへ、みずからの資金調達が頓挫してしまった。

そのうえ、気分を害してふくれ面をみせていたバンカース・トラスト会長フランク・ニューマンが、出ていった。この不安げなバンカーは、なんとここでコンソーシアム脱退を宣言する。月曜日、午後三時。

アリソンは、今度はニューマンを相手に電話にかじりついた。譲歩の玉も残りわずかになっていたが、ひとつ捻り出す。〝監視委員会〟の席をバンカースに差し出した。ニューマンはぐっと唾を飲んで、救済に復帰した。

午後五時、コンソーシアムは、パートナーが将来訴訟を起こされた場合、〝元の出資金〟を引き出す権利を認めた。五時半、解雇されたパートナーは持ち分を没収されないことを認める。本人の意思で退職する場合は、没収される。メリウェザーは、かたづかない顔で、「それでもみんな、出ていって新しくファンドをつくる自由を認められるまで、サインしないでしょう」今やこれが彼らの目標になっていた――ロングタームから自由になることが。

パートナーたちが脱走を企てているとすれば、銀行はけっして三十六億五千万ドルを注ぎ込みなどしない。アリソンはＪＭを脇へ呼んで、それを文書に盛り込むことはできないと説いた。パートナーはそれぞれ三年間の留任を約束しなければならない。市場は本当に〝長期的《ロングターム》〟だと認めない限り、コンソーシアムを信用しないだろう。だがいずれ、とアリソンは踏み込んだ。いずれ時が経てば、自由に出ていけるようになるかもしれない。ＪＭは、これを約束と受け取った。これで手に入れられるものは、すべて手に入れた。

債権放棄の合意が成り、ＦＲＢが目を光らせて、通常六時半で閉まる電子送金システムの稼働時間を延長させる。十四行から総額三十六億五千万ドルの送金があるはずだった。

パートナーたちはサインに臨もうとしていた。会議室の隅でひとかたまりになってたたずんでいる。大聖堂並みの空間の底で、肩をすぼめたアービトラージャーの小さな群れは、いよいよちっぽけに見えた。ヒリブランドが契約書を読んでいる。弁護士でなければ、とても理解できる代物ではない。余白にもびっしり手書きの修正が書きこまれ、棒線で文章が削除され、つなぎの矢印が上へ下へと伸びていた。この契約書自体、三日間の混乱ぶりを目に見える形で表現しているようだ。リカーズのほか数人の弁護士が、文意を説明しようとするが、ヒリブランドは耳を貸さず、自分で読もうとした。目の前がかすんで、読むに読めない。涙が頬を伝い落ちた。サインしたくない。ヒリブランドは泣き声で言った。何もいいことは書いていない。借金から自由になる望みもないまま、誰かの年季奉公人になるより、破産を申請する方がましだ。メリウェザーが彼を脇へ呼び、グループ全体のこと、ほかはみんな同意したこと、ヒリブラントの同意も必要なことを言って聞かせる。それでもこの、かつて誰の助けも必要としたことがなく、社員食堂の運営費の割当にすら抗議し、しかし今は借金を返せなくなった男は、いやだと言った。アリソンが言葉をかける。救済を通じて金融システムの信認を取り戻そうとしているのであって、誰かを破滅させようとしているわけではない。ＪＭが引き取った。「ラリー、ハーブの言うことを聞いた方がいい」ヒリブランドはサインした。ロングタームは、銀行十四行に買収された。

エピローグ――敗者復活

「結果として下降スパイラルに陥り、売りが売りを呼んでポジションが下落、リスク管理モデルや最大損失予想モデルに組み込んだ水準をはるかに超える予想外の極端な水準まで落ち込んだ」（LTCM内部メモ、一九九九年一月）

ロングターム破綻はパートナーたちにとって悲劇だった。わずか数カ月前、飽くことを知らない強欲さに駆られて、外部投資家に無理に資金を返還していたおかげで、破綻の打撃は事実上パートナーだけで受け止めた。ウォール街の魔法使いたちは十九億ドルの個人資産を失った。なかでも究極の自信家トレーダー、ラリー・ヒリブランドは、かつて五億ドル近い個人資産を蓄えていたのが、ある朝、目覚めると破産していた。デボラ夫人の資産に頼って暮らす身の上となり、個人破産の屈辱を免れるためには、クレディ・リヨネに猶予を懇願して、二千四百万ドルという巨額の借金を働いて返すしかなかった。他のパートナーも大半は、個人資産の九〇パーセント以上を失っている。個人資産とはつまり、ファンドに投資していたすべてだ。FRBがあとを押し、ハーブ・アリソンが指揮した速やかな救済策のおかげで、パートナーの大半は今も、平均的な米国人と比べればはるかに大金持ちだ。ハイファイナンスは勝者に報いるところが厚いが、二十世紀も黄昏になると、不思議と敗者も保護するようになった。パートナーは（ヒリブランド夫妻も含めて）相変わらず豪奢な邸宅の住人だ。もっとも、スーパーリッチとして暮らす日々は過ぎ去った。しかし、もともと金遣いが荒いわけではない彼らにとって、それ以上に辛かったのは、歴史的な損失のおかげで、社会的に無責任な相場師というレッテルを世間から貼られ、ウォール街の同業者の間で勝ち得ていた名声を台無しにしたことだろう。とはいえ、倫理的なスキャンダルは何もなかった。財産はすったが、正直にすったのだ。

ロングタームの番頭役エリック・ローゼンフェルドは、宝物のように大事に集めてきたワインのコレクションをまとめて競売に出した――一部はメリルリンチのコンラッド・ボルドスタッドの手に渡る。〝監視委員会〟メンバーであるこの男は同じように、ローゼンフェルドのポートフォリオも引き継いだ。ローゼンフェルドにとってワイン以上にこたえたのは、金持ちでもなんでもない妻の親戚が、彼に言われるままに投資して損をしたという事実だった。だが彼は、こうした打撃に気丈に耐えているようだ。ソロモン・ブラザーズの元同僚ビル・マッキントッシュが電話して、何か力になれることはないかと尋ねると、ひねった答えが返ってきた。「カネを送ってくれれば、それでいい」

なかにはふさぎ込んだり、名誉回復に躍起になったりするパートナーもいた。トップ・トレーダーのひとり、ハガニは、ファンドがあっという間に、無残に崩れ去った日々の記憶が脳裏から離れなくなっていた。かなりの部分まで、みずから繰り返し主張して、無謀な取引に向かわせた結果である。「個人的な悲劇です」才気煥発なハガニのある友人は言う。「毎日、それが頭にあって、いつまでも消えないのです」

ロングターム破綻の報を、全国のマスコミがこぞって取り上げた。パートナーたちへの同情論はほとんど見当たらない。タイム誌は彼らを〝第一級の秀才にして一文なし《ブライテスト・アンド・ブローケスト》〟と呼び、「衝撃の中にも激しい怒り」と評した。失敗した天才は格好の見出しのネタとなる。「金持ちは愚行も許される」と、サンフランシスコ・クロニクル紙は嘲笑した。マートンの地元のボストン・グローブ紙も同じ論調だ。

「〝長期的《ロングターム》〟問題に（疑惑の）緊急措置」マスコミは当然、ウォール街の大物救済にFRBが絡んだ点を、あからさまな不公平として取り上げた。フィラデルフィアのインクワイア紙は辛辣な見出しで問う。「ヘッジファンド破綻のつけを一般投資家に――公正な措置か？」マイアミ・ヘラルド紙は「大胆になるほど、破綻はソフトに」との見出しで、アービトラージャーたちを金持ちの甘やかされた子供とこき下ろした（注1）。

マートンは何より、ロングターム破綻が現代ファイナンス理論に残した汚点を深く気に病んだ。自身が学界で積み上げてきた巨大な業績の汚点でもある。暗黙のうちにモデルの失敗を認めながら、さらに精妙で高度なモデルを設計することで解決できると主張した（注2）。どう設計しようとも、公式モデルに頼りきることで不可避的にリスクを負うという反省はうかがえない。

マートンとともにノーベル賞を授与されたマイロン・ショールズは、サンフランシスコ在住の弁護士と再婚し、ニューヨークの瀟洒なピエール・ホテルで式を挙げた。救済から一週間後のことだ。結婚式ですら、崩壊劇の余波を免れるわけにはいかない。メリウェザーとローゼンフェルドは、ひっきりなしに中座して電話をかけに行き、マートン・ミラーは花婿に向かって、ショールズも今や市場を出し抜こうとするのがいかに危険か身をもって思い知ったと、やんわりと手きびしい言葉を贈った（注3）。血気盛んなショールズは、少なくともウィットは失っていない。恐れ入るどころか、浮かれ騒ぐ招待客ににこりともせずに言った。新婦のジャンがショールズを名乗るのではなく、自分が夫人の姓を名乗ることにする。

ＪＭはというと、胸中を公に語ることは一切なく、ロングタームがみずからの破綻を指して言う〝極端な事例〟については、おおむね口を閉ざしていた。スポットライトから逃げ回り、ドアを叩くリポーターに怖気を振るう内気なトレーダーは、個人的な悲劇に対して、現代では滅多にお目にかかれなくなった態度である完全な沈黙をもって応えた（注4）。確かに、アリソンに告げた通り、何もかも残念に思ってはいた。おそらくは、生涯を通じて慎重にオッズを計り、スポットライトを避け続けてきた自分が、過剰投機の象徴として悪名を鳴らすに至った不思議に、思いを巡らせもしただろう。いや、むしろ、そこはJMらしく、災難を胸の内から駆逐してしまったとも考えられる。ロングタームはまずい取引だった。また別の目が出ることもある。

❁

九月二十九日、火曜日、買収の翌日に、FRBは利下げを実施した。ただ、この利下げはロングタームにとっても、買い取った銀行にとっても、なんの支援にもならなかった。救済後、スワップ・スプレッドは米国で九六・〇五ポイントに拡大、英国では一気に一二〇ポイントに達した。ロイヤル・ダッチとシェルのスプレッドは、ロングタームが手がけた当時八パーセントだったのが、二二パーセントまで拡大する。フォルクスワーゲンの優先株と普通株のスプレッドは、ロングタームが投資した当時四〇パーセントだったのが、六〇パーセントを超えた。その後さらに拡大する。

自己資本を四十億ドルに修復しても、ロングタームは下げ止まらなかった。パラシュートのリップコードをぐっと引いてみたものの、相変わらず落ち続けている気分だ。救済後二週間でコンソーシアムは七億五千万ドルを失った。狙い撃ちがまた始まっている。何より恐れていた最終章のシナリオだ。

十月半ば、ウォール街全体がロングターム病に冒された様相を呈していた。メリルリンチが、バンカース・トラストが、UBSが、クレディ・スイス・ファースト・ボストンが、ゴールドマン・サックスが、ソロモン・スミス・バーニーが――コンソーシアムの中軸行が――次々と多額の損失を公表し、総額はグレニッチのそれと肩を並べるまでに膨らんだ。銀行株は急落する。ロングターム救済に駆けつけた銀行自体が、広く信認を失ったしるしだ。救済後、投資家はウォール街の軽はずみなヘッジファンド投資に戦々恐々となっていた。銀行は粛々と、この有害な分野――つい最近までウォール街中の羨望の的だったのが、今は忌み嫌われている――のエクスポージャーを引き下げていった。

実際のところ、銀行のエクスポージャーは、多額ではあったが、一部の警告好きが騒ぐほど危険なものではなかった。舞台袖に〝第二のロングターム〟が待機していたわけではない。それでも、ロングターム（他のヘッジファンドもそうだ）の影響はウォール街をじわじわと蝕んでいた。銀行はその夢のような――はかない夢だったが――収益の魅力に抗い切れなかった。有り余る資金を投じて、各行競い合うように社内に同類のトレーディング部門を立ち上げ、ヘッジファンドの分散戦略をまねる。ロングターム破綻後、債券アービトラージで、ロシアで、エクイティ・デリバティブで、銀行も同様に損失を被った。親しむにつれ、まねをしたい欲求が育つ。これこそ銀行が〝エクスポージャー（身をさらすこと）〟に対して支払った本当の代償だった。

メリルリンチの株価はわずか三カ月の間に三分の一に下がった。ロングタームの自己資本がピークから底まで九二パーセント減少したのに比べればましだし、いずれ回復するに違いないとはいえ、驚きであることに変わりはない。コマンスキーとアリソンは、自己勘定取引を敬遠してきたのが自慢だったが、債券トレーディングではやはり十億ドル近い損失が発生した。急に、自行の格付けにかかる圧力が不安になり、アリソンの指揮のもと、コスト削減に大なたを振るって、債券部門を中心に三千五百人を解雇する。十月半ば、ロングタームが再び傾いただけでなく、買収したウォール街の主要銀行も、泥沼に足をとられていた。

ここで、アラン・グリーンスパンがそろそろ限界と見極めをつけた。十月十五日、ＦＲＢ議長は二度目の利下げを実施した——システムの流動性が回復するまで、何度でも下げるというサインだ。市場は反発し、債券のスプレッドは縮小した。数カ月ぶりに、アービトラージ取引が持続的な収益を計上する。グレニッチでも、ポートフォリオがようやく底を打った。六カ月にわたり、まずは手痛い、次に予想外の、やがて身を切られるような、最後に壊滅的な局面をたどってきたロングタームが、四月以来五十億ドルという途方もない損失を計上したのち、ようやく下げ止まった。嵐は過ぎ去った。

破綻の火の粉は、幅広く降り注いだが——こうした例でいつもそうなる通り——ロングタームの投資家、社員、カウンターパーティ、ウォール街の友人たちといったさまざまな関係者に均等に振り注いだわけではない。ファンド救済に誰よりも尽力した立役者ハーブ・アリソンは、間もなく、徹底的なコスト削減策の主導者として社内で孤立した。危機が過ぎ去り、パニックの記憶が薄れると、騒ぎ過ぎたと非難される。コマンスキーの後継者リストに自分の名前が載っていないことを知らされたアリソンは、社を辞し、ジョン・マッケイン上院議員の大統領選支援団体に移った。メリルのリスク・マネジャー、ダニエル・ナポリは、損失の責任をとらされる形で失脚した。更迭され、長期休暇に入る。

ゴールドマンのジョン・コーザインは、ロングターム・キャピタルを相手に演じてきた酔ったり醒めたりのロマンスを、もう少しだけ続けた。ゴールドマンはウォーレン・バフェットが——適正価格で——ロングターム買い取りにいまも乗り気であることを明らかにする。さらにコーザインはアルワリード王子と連絡をとり、新たな買収計画に参加する意向がないか打診した。しかし十月末、ファンドは落ち着きを取り戻し、コンソーシアムはゴールドマンの居所定まらぬバンカーに支援を仰ぐ必要がなくなった。

ゴールドマンは株式公開計画を練りなおし、一九九九年五月に上場を果たした。だが、先の公開計画にみずからのキャリアを賭け、次いでそれをメリウェザーに賭けたコーザインは、成就を待つことなく失脚する。一月、取締役会で異例の反乱が起こり、他のパートナーたちにクビにされたのだ。

コーザインは、いつかいっしょにやりたいと夢みてきた相手メリウェザーと、最後のすれ違いを演じた。一九九九年春、ふたりで組んで資金を集め、ウォール街の銀行団からロングタームを買い取って共同で運営する構想を立ち上げる。しかしこれは途中で頓挫した。その後、ゴールドマンの株式公開で二億三千万ドルを手にしたコーザインは、ウォール街を去り、ニュージャージー州民主党の上院議員候補指名選挙に名乗りをあげて、強力なキャンペーンを開始する。いわば矛盾の塊だった。穏当な人物でありながら、容赦ない手口で知られる会社の舵をとり、利益がすべての金融界に身をおくバンカーでありながら、もっと広い世界の中で自分をとらえる視点を備え、ライバルであるメリウェザーのために剣を置き、失望しながらも惹かれ続けた。

ＵＢＳはぼろぼろだった。ロングタームへの投資のせいだけでなく、ラミー・ゴールドスタインのエクイティ・デリバティブ部門で発生した損失で、致命的な打撃を被っていた。かつてスイス銀行界のプリンスと謳われ、ＵＢＳの怪しげな戦略の青写真を描いた張本人マティス・カビアラベッタが辞任する。引き比べて慎重なスイス銀行出身の現ＣＥＯマルセル・オスペルは、さっそく粛清に乗り出した。不運な犠牲者がアンドリュー・シシリアーノで、パートナーの友人であり、ＵＢＳ幹部だったシシリアーノは、ロングタームの例のワラントに真っ先に疑問の声を上げていた。その懸念を最上層部まで伝えなかった手落ちを問われて、シシリアーノは解雇された。

バンカース・トラストは、ルーブル建て債券を大量に買っていたロシアのほか、ブラジルなど新興市場で壊滅的な損失を被った。フランク・ニューマン会長の大物を衒う努力も空しく、ドイツのライバル行、ドイツ銀行に身売りを余儀なくされる。腹立ちまぎれにロングターム救済をつぶしかけたニューマンは、経営失敗の評価をよそに、みずからはゴールデン・パラシュートを確保して、推定一億ドルといわれる不当な額の退職金を手にした（注5）。

サンディ・ワイルは、どうやらいつもそうなるようだが、結局勝ちを収めた。シティコープとトラベラーズ=ソロモンは予定通り合併した。噂に苦しめられたリーマン・ブラザーズはすぐに立ち直った。チェース・マンハッタン――チェースが繰り返し助け船を出さなかったら、ロングタームは間違いなく破綻していた――は、債権を回収し、態勢を立て直す。実際、ロングタームが追い証請求にすべて応じることができたのは、チェースの支援のおかげだった。ロングタームは借入を完済した。

❁

ロングタームの投資家の大半は、最終的に利益を手にしている。皮肉にも、一九九七年末の強制返還に救われた格好だ。ファンド設立当初から参加し、一九九七年に大部分を返却されていた三十八名ほどの幸運な投資家は、年平均一八パーセントのリターンを確保した。同じ時期の主要株式ファンドほどではないが、極めて好成績であることに変わりはない。ほぼ同数の投資家は、一九九八年の壊滅的な損失の前に全額返却されていて、これ以上のリターンを手にした。

特別に許されて、投資資金の大半をファンドに残していた投資家は、最終的に損をした。皮肉にも、あと一歩でファンドをつぶすところだったベアのジミー・ケインも、この〝優遇〟損失組のひとりだ。メリル会長のコマンスキーも高額投資家のひとりで、やはり損をした。大手行のうち十数行は、年率一桁台のささやかなリターンを手にし、あとの十数行——特にUBS、クレディ・スイス・ファースト・ボストン、ドレスナーなど——は損失を被った。

外部投資家のリターンがまちまちだったからといって、ロングタームの失敗の大きさがいささかでも減じるわけではない。最初の四年間の成績がいくらすばらしくとも、最終的な累積損失額は途方もなかった。一九九八年四月の時点で、ロングタームに投資した一ドルは四倍に膨らんで四ドル十一セントになっていた。それからわずか五カ月後の救済時に残っていたのは三十三セントだ。パートナーの手数料を差し引くと、もっとささやかになる。一ドルにつき、いったん二ドル八十五セントに増えたあと、二十三セントまで縮んだ。純資産で見て史上最大の——IQでも間違いなく最高の——ファンドが、一般の株式投資家が元手を二倍以上に増やした時期に、自己資本の七七パーセントを失ったことになる。

◉

ロングタームの社員は、ウォール街のたいていの同業者と同じく、報酬の大半を年末のボーナスの形で受け取っていた。このボーナスの大部分はファンドに投資され、損失の穴に吸い込まれた。「われわれはみんな損をしました」アナリストとして勤務していたある社員は言う。債券トレーダーだった別のひとりはこう表現した。「骨折り損のくたびれ儲けです」

十月、従業員が小型の反乱を起こし、引き出し不能の信託基金を設けて、将来のボーナス原資を囲い込むよう要求した。また、彼らをずっと蚊帳の外に置き続けてきた非をなんらかの形で認めるよう上司に迫った。しかし、パートナーたちの秘密主義は、根が深かった。パートナーとスタッフとが話し合うミーティングで、あるスタッフが言った。「なぜ職探しにも出かけず、ここに座っていなければならないのか、説明してください」あるパートナーが答える。「もっともな質問だ。きみとはあとで話そう」有能で仕事熱心な従業員たちが上司の信頼を得ることは、ついになかった。

救済から一カ月後、ロングタームは全従業員の五分の一にあたる三十三名を解雇した（注6）。その後も切れ目なく流出が続く。会社からはささやかな退職手当が支給されたが、それすらJMその他の側からすれば、人参を与えるようなもので、辞めていく社員は見返りを要求された。ロングタームについて一切口外しないという誓約を盛り込んだ解雇契約書に、署名を求められたのだ。何か、知られては困る恥でも隠しているかのようだった。

❁

ファンドが落ち着きを取り戻すと、パートナーたちは改めてその居心地悪い宙吊り状態に気がついた。巨額のファンドを扱っていることに変わりはなかったが、ウォール街のご主人たちがその手をしばり、心配性の女教師のごとく、いちいちポジションを監視している。新たな取引を手がけるなどもってのほかで、コンソーシアムはただただ投資の回収しか頭になかった。まずは以前の通りにファンドを運用できると夢見ていたパートナーたちは、ひどくがっかりした。コンソーシアムの指令のもと、少しずつ規模を縮小し、ポジションを削って、ひたすらエクスポージャーを引き下げる。ハガニは取引の清算にたっぷり時間をかけた。監視委員会は、わざと時間を稼いでいると見て、ロンドンまでメンバー数名を派遣し、この鼻柱の強いアービトラージャーが指示に従っているかどうか確かめなくてはならなかった。

土壇場で強硬に捩じ込んだおかげで、パートナーは一年間の留任の見返りに、手厚いボーナスの権利──平均五十万ドル──を勝ち取っている。そのほかの点では、雇い人同様に扱われ、みずから焦がした鍋の苦い粥を飲み込むしかなかった。銀行団との間に意見の対立があれば、全権を握る銀行側の言い分が通った。口の減らないアービトラージャーに恥をかかされるのは懲り懲りとばかりに、コンソーシアムはファンドのイメージにも管理体制を敷く。立場が逆転して、パートナーたちは、公に発言する場合は上の許可を得なくてはならないという屈辱を味わった。パートナーたちには信頼が置けないと、暗に言われているようなものだった。

危機を乗り越えたあと、グループの異例に固い団結にひびが入った。パートナーの一部が、会社のために、ヒリブランドとハガニは去るべきだという結論に至る。損失に対してふたりが負う責任のためだけでなく、その支配的な、妥協を知らない性格のためだ。どちらも共同作業には向いていない。メリウェザーはこの反乱軍の不満を、ホーキンス、マッケンティ、モデスト、マリンズの各人からそれぞれの言い方で聞いた。しかし、対処への心構えはまったくできていなかった。何度かミーティングを開いて、不満分子をなだめようとしたが、トップ・トレーダーふたりと真っ向からやり合うには、メリウェザーは内向的すぎ、グループに頼りすぎていた。ホーキンスはある日、ボスを捕まえて、ヒリブランドか自分か、どちらかを選んでくれという意味のことを訴えた。いつも多くを語らないメリウェザーは、「幸運を祈るよ」とだけ言って、部屋を出ていった。

救済から一年の間に、不幸なパートナーはひとり、またひとりと（コンソーシアムの許可を得て）社を去った。大半は昔のコネを使って、通常の職業生活に戻っている。不名誉の刻印は残っていない。ウォール街では政治の世界と同じく、敗者復活が当たり前だ。議員の任期にしろ景気の周期にしろ、一巡するあたりまでが、世間の記憶の限界なのだろう。

ショールズは妻ジャンとふたりベイ・エリアに戻り、執筆に打ち込むかたわら、ときどきスタンフォードで講義をしている。東京オフィスのヘッドだったチー・フー・ファンとともに、テキサスの石油王バース一族の資産管理顧問に迎えられた。マートンは引き続きハーバードで教えている。救済から一年後、高い授業料と引き換えに身をもって学んだ知識を買われたのか、JPモルガンのリスク・マネジメント顧問に迎えられた。

教養人のモデル設計者モデストは、モルガン・スタンレー株式部門のマネジング・ディレクターに転じた。中央銀行バンカーのマリンズは、三度目の転職を決意し、インターネット・ベンチャー設立の可能性を探っている。ホーキンスとマッケンティは投資ファンド設立を計画中だ。屈託なく意見を口にするのが持ち味のショールズ――ロングタームについても同様で、詳細な記録を残している――は別として、出ていったパートナーたちは、望み通り、世間の前から姿を消した。

メリウェザーは、ソロモン時代以来の中核グループといっしょに、もう一度資金を集めて再起できることを信じて疑わなかった。買収契約のインクが乾いていくらも経たないうちに、JMとその忠臣たちはコンソーシアムの制約にいらだつようになる。絶えず資金調達の自由を求めて監査役を困らせ、そのうちJMは、アリソンが――少し待たなくてはならないと言い張ったアリソンが――約束を果たしていないと不満めいたことをつぶやき始めた。まるでグループの救い主が、彼らに負い目でもあるかのような口ぶりだった。

パートナーたちは一九九八年の終わりから翌年初めにかけて、元の投資家を訪ねて回る巡業に出かけた。名目は先の破綻の説明だが、実際は将来の資金調達をにらんだ種蒔きだ。アリソンはJMが、欧州の投資家に向けて破綻に関する説明のレター――次の事業を売り込む準備だ――を送付したと知って仰天し、コンソーシアムはこれをやめさせた。

「名声を回復できると、本気で思っているのだろうか」コンソーシアムのあるバンカーはいぶかった。明らかに、彼らはそう思っていた。まだ口を封じられていない頃、パートナーたちはあるマスコミのインタビューに応じ、自分たちを都合よく美化して、頭脳明晰なる超合理的な一団が、ひどい不運に見舞われ、理性のない欲得ずくの世の中にしてやられたという姿で描いてみせた（注7）。

パートナーたちは表向き、責任を認めている。自分たちのしでかしたことだと言明し、さまざまな場で謝罪もしてきた。しかし、何に対して謝っているのか、明らかにしたことは一度もない。JMをはじめグループは、レバレッジないしポートフォリオの規模が大きな要因だったという見方を、大筋で否定している。根本的な戦略に欠陥があったという見方すら、否定している（注8）。かわりに、機会あるごとに、他社のトレーダーの非合理性と欲得ずくの行動を批判した。彼らはロングタームを、外部の出来事の犠牲者として描いた。外部の出来事とはつまり、八月の流動性枯渇と、それに続く九月の悪質なフロント・ランニングだ。

FRBで歴史的ミーティングが行われてからちょうど一年目にあたる日、マイロン・ショールズが、ニューヨークで行われた投資家セミナーで、次のような巧みな論を展開している。当時の低格付け債のスプレッド拡大幅は、単なるデフォルト・リスクで説明できる水準を超えていた。したがって、このスプレッドは〝流動性スプレッド〟と考えるしかない。流動性スプレッドとは、投資家が流動性の高い証券を買うために支払うプレミアムを指す。この種の議論は循環論になりがちで、価格が下落するといつも、買い手がいなくなったから、つまり〝流動性〟がなくなったからとされる。ショールズ本人が指摘する通り、当時は現実にあるイベントが発生したあとで、投資家がおびえて市場から姿を消していた。投資家はIMFが新興成長国を救済すると当てにしていたのに、IMFとしては、全員を同時に守るわけにはいかなくなっていたからだ。

たとえて言えば、何人もの息子を持つ父親のようなものです。息子はそれぞれ、困ったら父親が助けてくれると思っている。ところが、兄弟のうち誰かが先に支援を求めたら、次に自分が困ったときに回してもらえる父親の資源は少なくなっている。ほかの兄弟が期待できる分も同様に少なくなっている。支援を求めるというオプションの値打ちが下がっているわけです。これが、八月に起こった流動性への逃避の一因です。この例でいうと、一番目に支援を求めたロシアは、じゅうぶんに手当てを受けられなかった。結果的に、残る息子たち、新興成長国の信用力が不安視された（注9）。

ショールズは、この〝圧力下の流動性枯渇〟の要因とそれが価格に及ぼす影響とを、学者組も実践部隊もモデルに組み込まなかったことを嘆いた。しかし、明らかに、流動性枯渇とは問題が現象として表れた状態であって、原因ではない。このご都合主義的な事件の要約からは、そういう危険に身をさらしたことこそロングタームの間違いだったという考え方が抜け落ちている。時速五十キロで車を運転していた人間は、スリップしたのは路面の凍結のせいだと言ってもいいだろう。だが、時速百五十キロで走っていた人間に、それは許されない。

昔からあるこの自明の流動性リスクを、なぜ〝学者組と実践部隊〟が無視したのかについては、ショールズは触れなかった。歴史的な損失を出したあとですら、ロングタームのパートナーたちは、根本的な間違いを何ひとつ認めていない。彼らの言い分によると、不測の事態に――百年に一度しか訪れないものすごい嵐に――してやられたのだった。ローゼンフェルドは破綻のあとに言った。「これまでに例のない事態だったと信じています」(注10)。言うまでもないことだが、例はある。百年に一度どころか、何度となく――メキシコで、ウォール街で、株式市場で、債券市場で、銀市場で、タイで、ロシアで、ブラジルで――起こってきた。そういう金融崩壊にぶつかった人々はいつも、自分は格別に不運だったと思う。しかし、金融の歴史を振り返れば、〝ファット・テール〟の――価格が異例かつ極端な動きを示して、過去の標準からは考えられない水準に向かう――事例は、そこらじゅうにあふれている。

トラウマから何を学んだのか、パートナーたちは引き続き、救済前と変わることなく、こう主張していた。スプレッドは広がりすぎている。今こそ投資のチャンスだ。これほどの機会は見たことがない。モデルがそう言っている！　この点、彼らは間違っていたことが明らかになる――少なくとも、救済から一年たった現時点では、主張の通りになっていない。ウォール街は回復したが、ロングタームのアービトラージ・ブランドはさにあらず。主の変わったファンドは、一九九八年第四四半期は好成績を残し、翌年も好スタートを切った。その後、がくんと落ち込む。一九九九年夏、米国のスワップ・スプレッドがまたも拡大に転じ、一一二ポイントをつけた。天文学的に思えた前年夏のパニックのピークすら上回っている。百年に一度の洪水が、二年間に二回訪れたことになる。

一九九九年九月二十八日、救済からちょうど一年後、スワップ・スプレッドは依然九三ポイントの水準にあり、エクイティ・ボラティリティは三〇パーセントだった。いずれも、ロングタームが手がけた当初の水準を大幅に上回っている。救済後の一年間にロングタームは一〇パーセントの利益を計上した。劇的な回復とはいいがたい。その後、このささやかな利益とは別に、コンソーシアムに三十六億五千万ドルを返済する。そして二〇〇〇年の年頭、ロングタームは事実上、清算された。

したがって、ロングタームの問題は流動性の枯渇だけではなかったことになる。おそらくは、ファンドの戦略そのものに間違いがあり、一九九八年当時の世の中の（ロングタームを含めて）信用見通しがやや楽観的に過ぎたということだろう。事実を見る限り、ふたつの要因が噛み合った結果のようだ。ロングタームは相場を読み違え、読み違いの代償が、九月に壊滅的に増幅した。この時期、他社トレーダーがロングタームの崩壊を見込んでわが身を守るためにストライキを起こし、〝流動性〟が姿を消したからだ。

❀

アラン・グリーンスパンは、FRBがロングターム救済の音頭をとったことで、将来のリスク・テイクが奨励され、危機再発の可能性が高くなったという見方を、率直に認めている。「確かに、ある程度のモラル・ハザードが、わずかなりとも、FRBの関与で生み出されたかもしれません」FRB議長はそう明言した（注11）。ただし、そういう悪影響以上に、「ロングタームの急な破綻で、市場が深刻な混乱に見舞われる」リスクの方が重大と判断した。

ロングタームのケースだけを切り取って眺めれば、FRBの介入は正しかったと見る向きが多いだろう。患者が急に精神的に不安定になれば、たいていの医者が精神安定剤を処方する。神経衰弱が差し迫ったリスクであるのに対し、薬物中毒のリスクはかなり先の話だ。ただし、ロングターム・キャピタルのケースは、ありのままの姿で見なければならない。つまり、これは孤立したケースではなく、一連のケースの最新の例であり、政府当局（ないしIMF）は過去に何度も民間の投機筋の救済に駆けつけた。ここ十年間で、この不運な人々の名簿は膨らみ続けており、不動産向け融資が焦げ付いた貯蓄貸付組合（S&L）や大手商業銀行、メキシコ、タイ、韓国、ロシア（救済が実行された諸国）に投資した投資家に続いて、今回ロングターム・キャピタルに関わった諸々の当事者の名が加わった。確かにFRBの関与は限定的で、公的資金は投入されていない。しかし銀行は、背後にFRBの巨大な権力と影響力がなかったなら、手を組みはしなかっただろう。そして銀行の協調支援がなかったなら、ロングタームは間違いなく破産していた。そうなればおそらく、銀行とその周辺が特に深刻な被害を被った——ただし、一部が主張するほど大きな被害ではなかったと考えられる。ロングタームのエクスポージャーは莫大だったが、ウォール街全体にならして考えると、大惨事というほどの規模ではない。いずれかの時点で売りは止まり、いずれかの時点で買い手が戻ってきて、市場は安定へと向かったはずだ。影響でつぶれる銀行があったかもしれないが、可能性としてはごく小さかっただろう。

そういう損失を容認する姿勢こそ、他の大多数の個人、機関投資家に、無謀なリスクをとることをためらわせる抑止力となる。とくに今日は、過去十年にわたって繁栄が続き、金融市場が上昇を続けてきただけに、無分別は結局高くつくことを思い出させるのは、むだではなかっただろう。ロングタームに用意されたソフトランディングに安心して、次なる問題児に投資する人々は、やはりFRBを当てにするのだろうか？　全体を秤にかけると、FRBは介入を決断したことで——一九九八年九月のパニック状況を考えれば理解できなくはないが——市場に必要な節度を処方する選択肢を、むざむざ見送ってしまったといえる。

マクドナーは一貫して自分の行動を弁護したが、ロングタームが生き延びたことを愉快には思わなかったようだし、おそらくは想定外でもあっただろう。救済から一年後、うっかり真情を吐露して、このニューヨーク連銀総裁はこう発言した。「ＬＴＣＭが近く清算される。ありていに申し上げて、この上なく喜ばしい結末だ」(注12)。

グリーンスパンのもっと深刻で息の長い間違いは、デリバティブについて規制と開示強化を求める見方を一貫して退けてきたことだ。銀行にはみずから事前に手綱を締める能力があると信じ込んでいて、破綻から六カ月経つか経たないかの時期に、規制の負担をもっと軽くするよう提案している(注13)。開示強化に対する――徹底した開示こそ投資家が自身の番犬になるための条件であり、自由資本市場の最良の友である――グリーンスパンの石器時代的な反発を見ていると、彼の初期の姿を思い出す。かつてグリーンスパンは（アイン・ランドに心酔して）こう記した。「規制の基本は武力である」(注14)。実際、透明性が欠落した国（ロシアなど）では、市場は兵隊で守らねばならない。

ロングタームのケースから何かが浮き彫りになったとすれば、それは現在の開示システムが、従来の証券に関しては実にうまく機能してきたものの、デリバティブ契約については、役に立っていないことだ。平たくいうと、投資家はバランスシート上のリスクはよく理解していても、デリバティブ契約にまつわるリスクについては、まったく実体が見えていない。報告基準の一部は改定される方向にあるが（グリーンスパンと銀行の反対を乗り越えて）、隙間はまだ残っている。デリバティブの利用が進むにつれ、この部分の不備は再びわれわれをさいなむだろう。

しかも、デリバティブ報告基準の改善をよそに、実際のエクスポージャーについては、規制を求める議論が盛んだ。規制当局はチェース・マンハッタンやシティコープの貸出に上限を設けて、貸出が自己資本の一定比率を上回らないよう目を光らせている。当局にはもっともな理由がある。銀行は、それが可能でさえあれば、節度の限界を踏み越えることを過去に何度も証明してきたからだ。では、なぜグリーンスパンは、銀行がエクスポージャーを――それが〝デリバティブ〟の形式である限り――好きなだけ積み上げられるシステムを是認するのか？

いわば双頭に等しいFRBの政策――一方の頭は危機を前に砂の中に突っ込んであり、事後に介入する――は、ひとつのまとまった政策として眺めてみると、いよいよ見当外れに思える。政府が力点を置くのは常に予防であって、活発な介入ではない。その点、銀行など規制対象機関向けに事前に規制を導入するのは、なるほど妥当だろう。だが、規制の対象外であるヘッジファンド危機に事後介入するとなると、話は別だ。

政府は〝金融市場に関する大統領諮問委員会〟を組織し、さまざまな機関（FRBを含む）が参加して、ロングターム破綻について調査した。委員会の報告書はこう結論づけている。「政策に関わる部分で、LTCM破綻が提起した最大の問題は、過剰なレバレッジをどう効果的に制限するかである」報告書はさらに、デリバティブの役割が増している点を認識して、こう指摘する。「バランスシート上のレバレッジだけを見ても、リスクを測る適切な物差しとはならない」(注15)。ところが解決方法を提案する段になると、歯切れが悪い。ヘッジファンドによる開示強化、銀行によるリスク管理、与信管理の改善、規制の強化を訴えることは訴えている。ただ、この一九九九年四月に発表された報告書は、慎重に言葉を選んだ内容で、議会の反応を喚起するほど熱の込もったものではなかった。いずれにしても議会は、ロングタームに対する興味を急速に失っていた。「昨年九月から十月にかけて、議会はロングタームで持ち切りでした」下院銀行金融委員会の広報担当デビッド・ランケルは危機の翌年の夏、そう語った。「今は違います」(注16)。

ヘッジファンド熱も同時に冷めた――冷めるべくして冷めた。ロングターム危機にはたまたまヘッジファンドが絡んでいたが、危機の生みの親はウォール街の大手銀行だ。銀行は懐具合に余裕が生まれるにつれ、しだいに基準を緩めていった。救済の当時、銀行は犠牲者として描かれ、ロングターム特有の秘密主義のおかげで何も知らされていなかったとされた。その見方は、多くのバンカーが何も知らなかったと言い張ったことで、いっそう力を得た（そのうちのひとり、コマンスキーはＦＲＢから引き揚げた際、友人に電話し、「彼らのポジションを見たときには、膝が震えた」と語った）。時が経つにつれて、そういう主張はうつろに響くようになる。どの銀行も、自行のロングターム向けエクスポージャーは逐一把握していた。ならば、なにも天才でなくとも、ロングタームが他行とも同じ取引をしていることを推察できたはずだ。

大統領諮問委員会に参加したＦＲＢ高官パトリック・パーキンソンは、救済から二カ月後の上院委員会でこう証言した。

ＬＴＣＭは、きわめて有利な条件で融資を受けていたようです。それが異例に高いリスクを伴う場合であってもです。……カウンターパーティはＬＴＣＭから情報を受け取っており、そうした情報には証券やデリバティブのポジションが自己資本に対してかなり大きくなっていることが示されていました。しかし、ＬＴＣＭのリスク・プロファイルを本当に理解していた人間は、いたとしても、少数だったようです（注17）。

したがって問題は、バンカーはなぜ貸したのか、になる。一九九九年初め、公開シンポジウムに出席したリパブリック・バンク前会長ウォルター・ワイナーによると、銀行にはほかに選択肢がなかったという。厳密にいえば、取引を断るという特異な、勇気ある決断以外に選択肢はなかった。「仲間に入るためには、ＬＴＣＭのルールに従わなければなりませんでした。条件は交渉で決まるのではなく――受け入れるか、立ち去るかの問題だったのです」（注18）。銀行は、受け入れた。銀行もまた強欲だった。そしてロングタームの運用成績に気圧され、パートナーたちの評判と博士号と名声とに目がくらんでいた。「彼らスーパーマンたちを前に、夢見心地になっていたかもしれません」ワイナーは認める。ウォール街の歴史上、類稀なこのファンドは、きらめくロケットさながらに、まぶしく光を放射しつつ金融界の天空を行き、半身は人間、半身はマシンとして、不確実な世の中を、厳密で冷徹なオッズに集約するかと見えた。教授たちは遠い未来から訪れた人さながら、でたらめに訪れる幸運も市場の陰に潜む不運も排斥したようだった。

❁

大金持ちから文無しへ、ロングターム伝説は投資家にとってためになる教訓に満ちている。驚くほどの利益も、その後の損失と合わせて考えればさほど驚きではない。保険会社が保険料をがっぽり徴収したあとに、大嵐に見舞われてそっくり払い戻したのと同じで、ロングタームの利益は、ある意味で、〝稼いだ〟とはいえない部分がある。一部は、サイクルが転じる日を抵当に、借り受けたものだ。いずれにしろ、投資は――インターネット業界の神童たちも含めて――サイクルの半ばでは評価できない。

ロングタームは現に、サイクルの転換点を迎えたが、どういうわけか、エクスポージャーを引き下げようとしなかった。スプレッドが縮小し、必然的にアービトラージのリスクが高まっていたのに、かえってレバレッジを引き上げた。借入によって、失われた妙味を補填できると思い込み、実際にはさらにハイリスクになることを考えなかったかのようだ。この失敗の背景には、ロングターム経営上の大きな欠陥がある。トレーダーを監視する独立した機能を持たなかったことだ。結局のところ、パートナー全員がリスク管理ミーティングに出席し、全員が最終的に、不本意ではあっても取引に同意した。この意味で、パートナー全員に責任がある。

ロングタームは、分散投資に至上の信頼を置いていた――今日の投資世界の合言葉のひとつだ。ただし、買い被られすぎの合言葉でもある。ケインズの言う通り、健全に考え抜かれたひとつの賭けの方が、誤解に基づくたくさんの賭けより好ましい。ロングタームのエピソードは、別々の篭に分散した卵が同時に割れることもあると証明している。しかも、ロングタームみずからは質的に分散しているつもりでいたが、実際には、形の上でそうしていたに過ぎない。基本的には、すべて同じ種類の取引で、格付けが低い方の債券に、想像の及ぶ限りあらゆる配列で賭けていた。サイクルが転換点を迎えて、信用が縮小に転じた――記録の及ぶ限り昔から、周期的に繰り返してきた通り――ときに、ロングタームの取引がもつれ合うように下落したのは、意外なこととはいえまい。

ロングタームの損失を、一九九八年年初から救済まで、取引の分野ごとに比較してみるとおもしろい(注19)。

ロシア他新興成長市場　四億三千万ドル
先進国での方向性取引（日本国債空売りなど）　三億七千百万ドル
エクイティ・ペア（フォルクスワーゲン、シェルなど）　二億八千六百万ドル
イールドカーブ・アービトラージ　二億一千五百万ドル
スタンダード&プアーズ五百種平均　二億三百万ドル
ジャンク債アービトラージ　一億ドル
M&Aアービトラージ　おおむねとんとん

以上七分野で合計十六億ドルの損失となった——惨憺たる成績だ。だが、ここまでなら、ロングタームは耐えしのいだだろう。

以下が、主要二分野の損失である。

スワップ　十六億ドル

エクイティ・ボラティリティ　十三億ドル

会社をつぶしたのは、この二分野だ。ロングタームはこのふたつの市場に深入りし過ぎた。この失敗は多くを物語っている。ロングタームは規模を大きくし過ぎた結果、市場そのものを歪めてしまい、ロングタームの拠り所である市場の効率性まで歪めてしまった。それだけなら、あるいは問題は起こらなかったかもしれないが、ロングタームは同時に、自己資本に対して三十倍のレバレッジをかけていた——言うまでもなく、そのうえにデリバティブ取引での巨大なレバレッジがある。規模を大きくする(結果的に流動性がなくなる)のもいいし、レバレッジをきかせるのも(慎重に上限を設定すれば)いいだろう。だが、高くレバレッジをきかせ、同時に流動性を失った投資家の取引は、ロシアン・ルーレットと変わりない。相場が最終的にどうなるかだけでなく、日々の動きまでを正確に読まなくてはならないからだ(読みが一日でも外れれば、破産する)。ロングタームは自信を持ちすぎたあげく、市場がその予想から大きく外れることは絶対にないと(八月、九月の乱高下の最中ですら)思い込んでいた。

マートン=ショールズの説く効率的市場仮説で育った教授たちは、価格はどこまでもモデルが示唆するところまでまっすぐに到達するものと心の底から信じていた。慢心のあまり、モデルから値動きの限界を予想できると考えた。実際、モデルは彼らに、過去の標準に照らして、どこが理論的に適正か、どこが予想範囲内かを示してくれた。教授たちが見逃したのは、人間というものは、トレーダーも含めて、いつも理論通りに動くとは限らないことだ。これこそ、ロングターム崩壊の真の教訓だろう。モデルがなんと言おうとも、トレーダーはシリコンチップに導かれるマシンとは違う。彼らは影響されやすく、人まねが好きで、いっせいに駆け出し、群れをなして退却する。

トレーダーが事象を〝適正〟に理解している場合にも、市場は正確に正弦波を描いて振幅するわけではけっしてない。価格やスプレッドの変動は、企業の成長や、政策の変化や、はては文明の推移といった定まりない現象に左右される。予測しにくいことにかけては社会そのものと変わりなく、価格はその経済活動を刻々と織り込んでいく。さいころの目の確率なら、コンマ以下の精密さで予測が可能だ。だがロシアの行動は、そうはいかない。そして、トレーダーがロシアの行動にどう反応するかは、もっと予測しにくい。さいころと違って、市場の動きは、リスクという数学的概念だけでなく、もっと広い範囲で、未来をなべて包み込む不確実性にも左右される。残念ながら、不確実性はリスクとは別物で、限定できない条件であり、数値という制服を着せて整列させるわけにはいかない。

教授たちは、この決定的な違いを曖昧に見ていた。数学の生んだフランケンシュタインを、恐れを知らず世の中に送り込んだ。人生そのものに潜む偶然の要素を、手なずけられるとでも思ったかのようだ。彼らはみずから疑って立ち止まることをしなかった。腰の抜けそうな金額を賭ける前に、一歩下がって全景を見ることをしなかった。

究極の皮肉は、教授たちが目指したのはリスクを分解して最終的に極小化することで、けっして――

本人たちの考えでは――リスク克服をテーマに投機することではなかった。この点、ロングタームは特殊ではない。むしろ、二十世紀の終盤を体現した典型的ファンドともいえる。実験の場として、市場の首っ玉に引き具をかけ、金融経済学とコンピューター・プログラムという新時代の双子のシステムでこれを御そうと試みた。明日のリスクは昨日の価格とボラティリティから推測できるという考えは、事実上すべての投資銀行とトレーディング・デスクを席巻している。これがロングタームのそもそもの間違いだった。その途方もない損失こそ、現代ファイナンス理論の核心部分――ブレーンそのもの――の欠陥を物語っている。

ほかでもないメリルリンチが、一九九八年の年次報告書でこう述べている。「当行は計量的なリスク測定モデルを利用し、市場リスクに対するエクスポージャーの評価に役立てています」どうやら、こういうモデルの危険性をほのかに認識し始めたらしく、続けてこうも言う。「こうしたモデルは実態以上に安心感を与えることがあるため、モデルに基づく評価は一定程度に制限しています」(注20)。ウォール街がロングターム破綻から何かひとつだけ学ぶとしたら、これだろう。そうすれば次に第二のマートンが現れ、リスクを管理しオッズを予想する優美なモデルを発表しても、また、過去を完璧に記憶するコンピューターが開発され、将来のリスクを測定できると言われても、投資家は今度は――大急ぎで――別の方向へ逃げ出すだろう。

しかし、ウォール街で長く記憶される教訓は少ない。一九九九年十一月、JWMパートナーズ――中心はメリウェザー、ハガニ、ヒリブランド、レーヒー、ローゼンフェルド、アージュン・クリシュナマッカー――は、〝レラティブ・バリュー・オポチュニティ・ファンドII〟の募集案内書を配布した。案内書によると、新ファンドのレバレッジは比較的低水準な十五倍を上限とし、基準をきびしくしたうえ、〝リスク管理システム〟を採用するという。これは「一九九八年に経験したような極端な状況に際して、ポートフォリオ会社がどこまで耐えられるかを可能な範囲で確認する」ために設計した支援ツールだそうだ。どう設計するとしても、前回の危機を前提とする計量システムで将来の問題に備えられるものかどうかは疑問だが、ともかくもメリウェザーは、ＪＷＭのローンチに成功し、またしても驚きの復活を遂げた。ウォール街はだてに敗者復活で名を馳せているわけではない。十二月、十五カ月前に叙事詩的な破綻劇で四十五億ドルを失い、ウォール街とその周辺を軒並み道連れにするかに見えたメリウェザーは、二億五千万ドルを調達する。大部分は、不運に終わったロングターム・キャピタルの元の投資家から募ったものだ。活動再開、ふたたび走り始めた。

訳者あとがき

一九九八年九月、ロングターム・キャピタル・マネジメント、通称ＬＴＣＭの破綻を伝えるニュースは、世界を震撼させた。ロングタームといえば、ウォール街では垂涎の的の有力ヘッジファンドとして知られてきた。〝債券の帝王〟ジョン・メリウェザーを筆頭に、ノーベル賞受賞学者二名を含む大学教授と有名トレーダーをずらり揃え、数理的なモデルを武器に、複雑極まるデリバティブを駆使して、年率四〇パーセントという奇跡的なリターンを稼ぎ出す、輝かしい〝ドリームチーム〟だ。だが、金融専門筋の間に勇名を轟かせこそすれ、ジョージ・ソロスの「クォンタム・ファンド」などと違って、一般の大多数は名前すら知らない存在でもあった。この世間的には無名のヘッジファンドが、破綻をきっかけに一躍注目を浴びる。なにしろ投資銀行ドレクセル・バーナム倒産の際には小指の一本も動かさなかったＦＲＢが、預金業務にも決済業務にも関わっていない一ファンドの救済に腰を上げ、その指揮の下でウォール街の主要銀行十四行が三十六億五千万ドルを拠出したというのだから。

マスコミは当然、大きく取り上げる。本文で詳しく触れられている通り、米国各紙はまずＦＲＢの介入に焦点を当て、一握りの富豪を相手とするヘッジファンド救済の意図を疑問視した。日本では、救済劇から一夜明けた九月二十五日、東京市場の平均株価が年初来四番目の下げ幅を記録し（特に銀行株が軒並み売られた）、ＦＲＢ介入という事態の異例さそのものから、ヘッジファンドを震源とする世界的な金融危機という連想が働いていると論じられた。いずれにせよ、ヘッジファンドは市場の一大要因に育っていながら依然実態の見えない世界であり、その不透明さがさまざまな憶測と不安とを呼んだ。

結局、世界的な金融危機は回避されたが、改めて事件を振り返る段階になって、誰もが同じ疑問を抱いた。なぜ投資の世界のスーパースターとリスク管理の専門家が、無謀な取引に挑んだのか、なぜウォール街の一流銀行が呆れるほどの規模で貸し込んだのか、なぜ当局は危機を事前に察知できなかったのか。事件後、この問いの答えを探ろうとする試みが、さまざまな新聞、雑誌で行われた。救済劇から約二年後に発表された本書は、なかでも際立って総括的、立体的なアプローチといえるだろう。

著者のローウェンスタインは、ウォーレン・バフェットの半生を描いてベストセラーとなった前作 *Buffett*（『ビジネスは人なり　投資は価値なり』総合法令出版、一九九八年）で示した手腕をここでもう一度披露する。ウォール街の大物から、学界の権威、メリウェザーの幼なじみまで、関係者への丹念なインタビューと内部資料を含む文献調査を通じて、ここ数十年にわたる金融システムの変遷とウォール街の変容ぶりを読み解きながら、人物ひとりひとりの役割に光を当て、一九九〇年代の市場の空気を写し取り、結果的に、一九九八年九月にハイライトを迎える一連のドラマとして、ロングタームの栄光と転落の道のりを描き出すことに成功した。

役者は、まずは〝カーテンの陰にいる男〟メリウェザーとその使徒たる天才アービトラージャーたちであり、ライバル銀行であり、アラン・グリーンスパン率いる規制当局であり、そして、マートン＝ショールズに代表される〝現代ファイナンス理論〟だ。本書がノンフィクションとして際立っているのは、それぞれの行動を、内面から理解することに努力を傾けている点だろう。パートナーの生い立ちに始まり、その人となりや、互いの微妙な関係、膨らむ「傲慢」、ウォール街との距離、ロングタームに踊らされるウォール街の面々、はては救済策を巡る主要行CEOたちのつばぜりあいまで、日々の報道からはうかがい知れないウォール街の息づかいを、見てきたかのような臨場感をもって再現してみせる。特に、頂点まで登りつめた男たちが転落していく数週間の攻防は圧巻だ。〝現代ファイナンス理論〟に対するアプローチもしかりで、デリバティブ取引の複雑な仕組みを、いちいち身近な比喩を用いて、専門用語に頼ることなく説明しようと試み、ロングタームの巨額の利益と損失の出所を解き明かそうとする。このため、きわめて特殊で狭い世界の出来事が、誰にでも入り込め、さまざまな読み方のできる、人間と市場と取引の〝物語〟として再構築された。

〝ロングターム後〟のヘッジファンド業界がどうなったかとみると、大部分は一九九八年後半の深刻な混乱を乗り切り、全体としてはこの年も黒字を維持したばかりか、一九九九年には資本の純流入と高リターンとで、さらに大きく成長したという。富裕な個人投資家だけでなく、機関投資家からの関心も高まっており、一九九九年八月には米国最大の公的年金システム、カリフォルニア州教職員年金基金がヘッジファンドへの投資比率を引き上げたというニュースが伝えられた。一方でヘッジファンド規制強化を求める動きも進んでいる。一九九九年九月、情報開示強化を義務づける法案が米議会に提出された。法案によると、対象は資本が三十億ドル以上か総資産が二百億ドルを超えるファンド、ないしはレバレッジが十倍以上のファンドとされ、四半期ごとに総資産、デリバティブ取引、レバレッジやリスク管理に関する情報をFRBに提出するよう義務づけるという。

そんな中、本文末尾に紹介されている通り、メリウェザーは一九九九年末、JWMパートナーズを旗揚げした。ロングタームは伝説となったが、ドラマはまだまだ終わらない。

二〇〇一年五月

訳者

エピローグ

1 John Greenwald, *Time,* October 5, 1998; *San Francisco Chronicle,* October 1, 1998; *The Boston Globe,* September 27, 1998; *The Philadelphia Inquirer,* September 27, 1998; *The Miami Herald,* September 27, 1998.

2 Michael Lewis, "How the Eggheads Cracked," *The New York Times Magazine,* January 24, 1999.

3 ユージン・F・ファーマへのインタビュー。

4 Lewis, "How the Eggheads Cracked."

5 Matt Murray, "Bankers Trust Is Hit by $488 Million Loss," *The Wall Street Journal,* October 23, 1998; Paul Beckett, "Former Chairman of Bankers Trust Is Expected to Quit Deutsche Bank Post," *The Wall Street Journal,* June 25, 1999.

6 Peter Truell, "Bailed-Out Hedge Fund Cutting 18 percent of Its Staff," *The New York Times,* October 28, 1998.

7 Lewis, "How the Eggheads Cracked."

8 Lewis, "How the Eggheads Cracked,"; Mitchell Pacelle, Randall Smith, and Anita Raghavan, "Investors May See 'LTCM the Sequel'," *The Wall Street Journal,* May 20, 1999.

9 Myron Scholes, "Risk-Reduction Methodology: Balancing Risk and Rate of Return Targets." 1999年9月22-23日，エコノミスト誌がニューヨークで開催したセミナーでのスピーチ。

10 エリック・ローゼンフェルドへのインタビュー。

11 アラン・グリーンスパンの1998年10月20日付のアルフォンス・M・ダマート上院議員宛てレター。

12 Lynne Marek and Katherine Burton, "Long-Term Capital Near to Being Out of Business, McDonough Says," Bloomberg, October 1, 1999.

13 1999年3月19日，フロリダ，ボカ・ラトンで，米国先物業協会を前にしてのアラン・グリーンスパンの発言。

14 *Capitalism: the Unknown Ideal,* "Ayn Rand: Still spouting," *The Economist,* November 27, 1999.に引用されたもの。

15 "Hedge Funds, Leverage, and the Lessons of Long-Term Capital Management," Report of the President's Working Group on Financial Markets, April 1999, 24, 29.

16 John Cassidy, "Annals of Finance: Time Bomb," *The New Yorker,* July 5, 1999.

17 Patrick M. Parkinson, "Progress report by the President's Working Group on Financial Markets." 1998年12月16日，米国上院農業栄養林野委員会での証言。

18 1999年1月28日，フォーダム大学スクール・オブ・ローのシンポジウム "Derivatives and Risk Management Symposium on Stability in World Financial Markets." の模様を再録した *Fordham: Finance, Securities & Tax Law Forum,* Vol. IV, 1999, No. 1, 21.

19 数値はLTCMが1999年2月に投資家に向けて発表したもの。

20 Merrill Lynch, *1998 Annual Report,* 50.

2　ジョン・コーザインへのインタビュー。
3　スティーブン・ブラックへのインタビュー。
4　エリック・ローゼンフェルドへのインタビュー。
5　リチャード・ダンへのインタビュー。
6　アンドリュー・シシリアーノへのインタビュー。
7　ジョン・コーザイン，ハーバート・アリソンへのインタビュー。
8　アラン・グリーンスパンの1998年10月１日，米国下院銀行委員会での証言。
9　ウィリアム・マクドナーの1998年10月１日，米国下院銀行委員会での発言。
10　J.R.Wu, "Treasurys Gains Are Trimmed After Yield Hits Low of 505 percent, as Stocks Rally on Tape Release," *The Wall Street Journal,* September 22，1998.
11　1998年10月20日，ワシントンD.C.のウッドロー・ウィルソン・インターナショナル・センター・フォー・スカラーズにおけるリチャード・ルービンの発言。
12　デビッド・コマンスキーへのインタビュー。
13　ジェームズ・ケインへのインタビュー。
14　ハーバート・アリソンへのインタビュー。
15　同上。
16　ＦＲＢでの会議の箇所は大部分，著者による関係者へのインタビューに基づく。例えばハーバート・アリソン，ジョン・コーザイン，ピーター・フィッシャー，デビッド・フルージ，デビッド・コマンスキー，トーマス・ルッソなど。
17　文書はウォールストリート・ジャーナル紙に掲載された。Michell Pacelle, Leslie Scism, and Steven Lipin, "How Buffet, AIG and Goldman Sought Long-Term Capital, but Were Rejected," September 30，1998.を参照。
18　ハーバート・アリソンへのインタビュー。
19　デビッド・フルージへのインタビュー。
20　Gretchen Morgenson, "Seeing a Fund As Too Big to Fail, New York Fed Assists Its Bailout," *The New York Times,* September 24，1998.
21　Michael Schroeder and Jacob M. Schlesinger, "Fed May Face Recriminaions over Handling of Fund Bailout," *The Wall Street Journal,* September 25，1998.
22　"Review & Outlook: Decade of Moral Hazard," *The Wall Street Journal,* September 25，1998.
23　Gretchen Morgenson, "Fallen Star: The Overview; Hedge Fund Bailout Rattles Investors and Markets," *The New York Times,* September 25，1998; Schroeder and Schlesinger, "Fed May Face Recriminaions over Handling of Fund Bailout."
24　"Mullins Magic," *Financial Times,* September 25．1998.
25　デビッド・フルージ，ハーバート・アリソンへのインタビュー。
26　スティーブン・ブラックへのインタビュー。
27　ハーバート・アリソンへのインタビュー。

ell Pacelle, "All Bets Are Off: How the Salesmanship and Brainpower Failed at Long-Term Capital," *The Wall Street Journal,* November 16, 1998.

10 Shawn Young, "Risk Arbitragers Have Been Feeling the Pressure As Gyrating Stock Prices Affect Value of Mergers," *The Wall Street Journal,* September 14, 1998.

11 Steven M. Sears, "IPO Outlook: Market's Well Is Running Dry," *The Wall Street Journal,* September 8, 1998.

12 Suzanne McGee, "Did the High Cost of Derivatives Spark Monday's Stock Sell-Off?", *The Wall Street Journal,* September 2, 1998.

13 Steven M. Sears, "Options Market Reflects Fear and Uncertainty Despite Yesterday's Sharp Rebound in Stocks," *The Wall Street Journal,* September 2, 1998.

14 Franklin R. Edwards, "Hedge Funds and the Collapse of Long-Term Capital Management," *Journal of Economic Perspectives,* 13, no. 2 (Spring 1999), 199.

15 Devid Wessel, "Credit Record: How the Fed Fumbled, and Then Recovered, in Making Policy Shift," *The Wall Street Journal,* November 17, 1998.

16 Brett D. Fromson, "Farm Boy to Financier," *The Washington Post,* November 6, 1994.

17 Lisa Endlich, *Goldman Sachs: The Culture of Success* (New York: Alfred A. Knopf, 1999). 特に126-8を参照。

18 前掲書, 195-207。

19 スティーブン・ブラックへのインタビュー。

20 ジョン・コーザインへのインタビュー。

21 Gretchen Morgenson and Michael M. Weinstein, "Teachings of Two Nobelists Also Proved Their Undoing," *The New York Times,* November 14, 1998.

22 Steven Lipin, Matt Murray, and Jacob M. Schlesinger, "Bailout Blues: How a Big Hedge Fund Marketed Its Expertise and Shrouded Its Risks," *The Wall Street Journal,* September 25, 1998.

23 ロッド・エイドリアンへのインタビュー。

24 スティーブン・ブラック，トーマス・マーラスへのインタビュー。

25 Carol J. Loomis, "A House Built on Sand," *Fortune,* October 26, 1998.

26 ジョン・ホワイトヘッドへのインタビュー。

27 Federal Reserve Bank of New York, "Chronology of Material Events in the Efforts Regarding Long-Term Capital Portfolio, L.P." アラン・グリーンスパンの1998年10月20日付のアルフォンス・M・ダマート上院議員宛てレター(同封資料)。

28 ジョン・コーザインへのインタビュー。

29 ウォーレン・バフェットへのインタビュー。

第10章

エピグラフ：ウィリアム・マクドナーの1998年10月1日，米国下院銀行委員会での発言。

1 ピーター・フィッシャーへのインタビュー。Jacob M. Schlesinger, "Long-Term Capital Bailout Spotlights a Fed 'Radical,'" *The Wall Street Journal,* November 2, 1998.

16 Carol J. Loomis, "A House Built on Sand," *Fortune,* October 26, 1998.
17 "How the Eggheads Cracked," でマイケル・ルイスはパートナーの一人の言葉としてこう引用している。「バフェットの頭にあるのはただひとつ。自分の評判だ」
18 Sam Dillon, "Economic Turmoil in Russia Takes Toll in Latin America," *The New York Times,* August 27, 1998.
19 Sheryl WuDunn, "Japan Stocks Fall 2 percent but Rebound from a 12-Year Low," *The New York Times,* August 28, 1998.
20 "Russian to the Exits: 'a Global Margin Call' Rocks Markets, Banks——and Boris Yeltsin——Stocks Drop World-Wide; There's Sober News, Too, About the U.S. Economy," *The Wall Street Journal,* August 28, 1998.
21 ウォーレン・バフェットへのインタビュー。
22 エリック・ローゼンフェルドへのインタビュー。"Hedge Funds, Leverage, and the Lessons of Long-Term Capital Management," Report of the President's Working Group on Financial Markets, April 1999, H. 11.
23 Gary Weiss with Barbara Silverbush and Karen Stevens, "Meriwether's Curious Deed," *Business Week,* October 19, 1998.
24 Greg Ip and E. S. Browning, "The Bear Stirs: Stocks Plunge Again, Battering Stalwarts and Internet Stars——Dow Industrials' 6.37 percent Drop Wipes Out 1998's Gains; on Nasdaq, It's Worse——Some Say Bottom Is in Sight," *The Wall Street Journal,* September 1, 1998.
25 ジャック・マルベイへのインタビュー。
26 Kolman, "LTCM speaks," *Derivatives Strategy,* April 1999.

第9章

1 John W. Meriwether, letter to investors, Bloomberg, September 2, 1998.
2 Anita Raghavan and Matt Murray, "Financial Firms Lose $8 Billion So Far——Global Fallout from Russia Hits Big Banks, Others; Meriwether Fund Hurt," *The Wall Street Journal,* September 3, 1998.
3 James J. Cramer, "Wrong! Rear Echelon Revelations; Einstein Has Left the Building," thestreet. com, September 3, 1998.
4 エリック・ローゼンフェルドへのインタビュー。
5 Michael Lewis, "How the Eggheads Cracked," *The New York Times Magazine,* January 24, 1999.
6 エリック・ローゼンフェルドへのインタビュー。
7 著者はダンレビーに，ロングタームはありのままを語ったかどうかと質問した。ダンレビーの答えは「その質問にはお答えしかねます。なんであれ私と顧客との間のやりとりはメリルリンチの情報となります」
8 Lewis, "How the Eggheads Cracked."
9 マーロン・ピースへのインタビュー。Michael Siconolfi, Anita Raghavan, and Mitch-

Aid," *The Wall Street Journal,* July 8, 1998.

20　エリック・ローゼンフェルドへのインタビュー。

21　Michael Lewis, "How the Eggheads Cracked," *The New York Times Magazine,* January 24, 1999.

22　Richard Spillenkothen, "Lending Standards for Commercial Loans," June 23, 1998.

23　アラン・グリーンスパンの1998年7月30日，米国上院農林委員会での証言。

24　Gary Weiss with Barbara Silverbush and Karen Stevens, "Meriwether's Curious Deed," *Business Week,* October 19, 1998.

第8章

エピグラフ：Merton H. Miller, "A Tribute to Myron Scholes," 1999年1月4日，ニューヨークで開催されたアメリカ経済学会のノーベル賞記念昼食会でのスピーチ。

1　Robert O'Brien, "Citicorp, J.P.Morgan and Chase Fall on Woes in Russia," *The Wall Street Journal,* August 21, 1998.

2　Mark Whitehouse, Betsy McKay, Bob Davis, and Steve Liesman, "Bear Tracks: In a Financial Gamble, Russia Lets Ruble Fall, Stalls Debt Repayment-Other Markets Face Pressure from Move, but So Far Their Reaction Is Modest-Blow to a Weary Citizenry," *The Wall Street Journal,* August 18, 1998.

3　Franklin R. Edwards, "Hedge Funds and the Collapse of Long-Term Capital Management," *Journal of Economic Perspectives,* 13, no. 2 (Spring 1999), 203.

4　Myron Scholes, "Risk-Reduction Methodology: Balancing Risk and Rate of Return Targets," 1999年9月22-23日，エコノミスト誌がニューヨークで開催したセミナーでのスピーチ。

5　ジョン・コーザインへのインタビュー。

6　マイケル・アリックスへのインタビュー。

7　Michael Siconolfi, Anita Raghavan, and Mitchell Pacelle, "All Bets Are Off: How the Salesmanship and Brainpower Failed at Long-Term Capital," *The Wall Street Journal,* November 16, 1998.

8　André F. Perold, "Long-Term Capital Management, L.P.(C)," Harvard Business School, case N9-200-009, October 27, 1999, 3.

9　André F. Perold, "Long-Term Capital Management, L.P.(A)," Harvard Business School, case N9-200-07, October 27, 1999, 12.

10　エリック・ローゼンフェルドへのインタビュー。

11　同上。

12　ジョージ・ソロスへのインタビュー。

13　クレイトン・ローズへのインタビュー。Tracy Corrigan and William Lewis, "Merrill Lynch Details Contacts with LTCM," *Financial Times,* October 31, 1998.

14　エリック・ローゼンフェルドへのインタビュー。

15　ジョセフ・ブランドンへのインタビュー。

1997年12月9日，ストックホルムでのノーベル賞受賞講演を *American Economic Review*, June 1998. が再録した。

37 Douglas Frantz and Peter Truell, "Long-Term Capital: A Case of Markets over Minds," *The New York Times*, October 11, 1998.

38 デビッド・マリンズへのインタビュー。

第7章

1 エリック・ローゼンフェルドへのインタビュー。

2 André F. Perold, "Long-Term Capital Management, L.P.(A)," Harvard Business School, case N9-200-007, October 27, 1999, 12; Perold, "Long-Term Capital Management, L.P.(C)," case N9-200-09, October 27, 1999; Joe Kolman, "LTCM speaks," *Derivatives Strategy*, April 1999.

3 前掲書。

4 Michael Siconolfi, Anita Raghavan, and Mitchell Pacelle, "All Bets Are Off: How the Salesmanship and Brainpower Failed at Long-Term Capital," *The Wall Street Journal*, November 16, 1998.

5 エリック・ローゼンフェルドへのインタビュー。

6 Perold, "LTCM (A)," 17.

7 Riva Atlas and Hal Lux, "Meriwether Falls to Earth,"*Institutional Investor*, November 16, 1998.

8 Franklin R. Edwards, "Hedge Funds and the Collapse of Long-Term Capital Management," *Journal of Economic Perspectives*, 13, no. 2 (Spring 1999), 199.

9 スティーブン・ブラックへのインタビュー。

10 Kolman, "LTCM Speaks."

11 Betsy McKay and Robert Bonte-Friedheim, "Russian Markets Stabilize as Rates Ease After Rise," *The Wall Street Journal*, May 20, 1998.

12 Gregory Zuckerman, "As Yields Drop to Historic Levels, Future of Rates Depends on Asia," *The Wall Street Journal*, June 15, 1998.

13 1998年4月末日から6月末日までの数値。メリルリンチの許可を得て転載。

14 本段落はゴールドマンのロシアとの関わりを伝える以下の優れた記事に負うところが大きい。Joseph Kahn and Timothy L. O'Brien, "For Russia and Its U.S. Bankers, Match Wasn't Made in Heaven," *The New York Times*, October 18, 1998.

15 Anita Raghavan, "Salomon Shuts Down a Bond Unit," *The Wall Street Journal*, July 7, 1998.

16 Kolman, "LTCM Speaks."

17 Perold, "LTCM (C)," 1.

18 Kolman, "LTCM Speaks."

19 Michael R. Sesit and Robert Bonte-Friedheim, "Investors' Confidence in Russia Fades Further-Bond Yields Jump to 120 percent and Stocks Fall Sharply amid Rush for IMF

cial Woes," *The Wall Street Journal,* September 28, 1998.

17 Anita Raghavan, "Long-Term Capital's Partners Got Big Loans to Invest in Fund," *The Wall Street Journal,* October 6, 1998.

18 Andrei Shleifer and Robert W. Vishny, "The Limits of Arbitrage," *Journal of Finance,* 52, no. 1 (March 1997), 35-54. 特に45を参照。

19 ジョン・キャンベルへのインタビュー。

20 Gregory Zuckerman, "Credit Markets: Foreign Bonds Hit by Turmoil in Asia Markets," *The Wall Street Journal,* July 16, 1997.

21 引用の出所は以下の記事。本節はこの記事に大きく依拠している。Nicholas D. Kristof with David E. Sanger, "How U.S. Wooed Asia to Let Cash Flow In," *The New York Times,* February 16, 1999.

22 Laura Jereski, "Hedge Fund to Shrink Capital of $6 Billion by Nearly Half," *The Wall Street Journal,* September 22, 1997.

23 ウィリアム・F・シャープへのインタビュー。

24 André F. Perold, "Long-Term Capital Management, L.P.(A)," Harvard Business School, case N9-200-007, October 27, 1999, 16.

25 Steven Lipin, "Travelers to Buy Salomon for $9 Billion: Deal to Create Securities Firm of Global Power," *The Wall Street Journal,* September 25, 1997.

26 "Black-Scholes Pair Win Nobel: Derivative Work Paid Off for Professors Who Made Fortune from Investment in Wall Street Hedge Fund," *Daily Telegraph,* October 15, 1997.

27 Mike Shahin, "The Making of a Nobel Prize Winner: Myron Samuel Scholes Never Felt the Need to Be Conventional," *Ottawa Citizen,* October 25, 1997.

28 Michael Phillips, "Two U.S. Economists Win Nobel Prize-Merton and Scholes Share Award for Breakthrough in Pricing Stock Options," *The Wall Street Journal,* October 15, 1997.

29 "The Right Option: The Nobel Prize for Economics," *The Economist,* October 18, 1997.

30 David R. Henderson, "Message from Stockholm: Markets Work," *The Wall Street Journal,* October 15, 1997.

31 Roger Lowenstein, "Intrinsic Value: Why Stock Options Are Really Dynamite," *The Wall Street Journal,* November 6, 1997.

32 Sara Webb, Bill Spindle, Pui-Wing Tam, and Silvia Ascarelli, "Hong Kong Plunge Triggers Global Rout," *The Wall Street Journal,* October 28, 1997.

33 Nicholas Brady, unpublished "Talking Points," Brookings-Wharton Papers on Financial Services, October 29, 1997.

34 エリック・ローゼンフェルドへのインタビュー。

35 Dirk Schutz, "Excerpts from the Fall of UBS," *Derivatives Strategy,* October 1998. Schutzの著書 *Der Fall der UBS* (Zurich: Bilanz, 1998) からの抜粋, Sigrid Stangl 訳.

36 Robert C. Merton, "Applications of Option-Pricing Theory: Twenty-five Years Later."

18　LTCM, 1996年11月１日付の投資家向けレター。

第６章

エピグラフ： Robert Kuttner, "What Do You Call an Economist with a Prediction? Wrong," *Business Week,* September 6, 1999.

1　Michael Lewis, "How the Eggheads Cracked," *The New York Times Magazine,* January 24, 1999.

2　Burton Malkiel, *A Random Walk Down Wall Street,* 5th ed. (New York: W.W.Norton, 1990, first published 1973), 98. (井手正介訳『ウォール街のランダム・ウォーカー』(原著第７版)，日本経済新聞社，1999年12月。第５版は『ウォール街のランダム・ウォーク』のタイトルで1993年に訳出されている)

3　エリック・ローゼンフェルドへのインタビュー。

4　Lewis, "How the Eggheads Cracked."

5　国際スワップ派生商品協会（ニューヨーク)。

6　ニコラス・ブレイディへのインタビュー。

7　ニューヨーク連銀理事チェスター・B・フェルドバーグが，第二連邦準備地区の加盟銀行，外銀支店・代理店，銀行持株会社の CEO に送付した1994年４月28日付のレター。

8　Alan Greenspan, "Private-Sector Refinancing of the Large Hedge Fund, Long-Term Capital Management." 1998年10月１日，米国下院銀行委員会での証言。

9　アラン・グリーンスパンの1998年10月20日付のアルフォンス・M・ダマート上院議員宛てレター。

10　アラン・グリーンスパンの1995年11月30日，米国下院商業委員会電気通信・金融小委員会での証言。

11　この表現は以前出版された作品のそれに極めてよく似ているので，私の父，ルイス・ローウェンスタインの次の著書を，感謝の意を込めて注に加えねばならない。Louis Lowenstein, *What's Wrong with Wall Street: Short-Term Gain and the Absentee Shareholder* (New York: Addison-Wesley, 1988), 67.

12　Patrick McGeehan and Gregory Zuckerman, "High Leverage Isn't Unusual on Wall Street," *The Wall Street Journal,* October 13, 1998. 数値は1998年６月30日現在。

13　Robert Clow and Riva Atlas, "Wall Street and the Hedge Funds: What Went Wrong," *Institutional Investor,* December 1998.

14　"Another Fine Mess at UBS," *Euromoney,* November 1998; Michael Siconolfi, Anita Raghavan, Mitchell Pacelle, "All Bets Are Off: How the Salesmanship and Brainpower Failed at Long-Term Capital," *The Wall Street Journal,* November 16, 1998.

15　ニコラス・ブレイディへのインタビュー。

16　エリック・ローゼンフェルドへのインタビュー。1999年２月に行われた LTCM との面談に関する投資家のコメント。Anita Raghavan and Michael R. Sesit, "Fund Partners Got Outside Financing-Move to Boost Investments in Long-Term Capital Adds to Finan-

19 André F. Perold, "Long-Term Capital Management, L.P.(A)," Harvard Business School, case N9-200-007, October 27, 1999, 10.
20 エリック・ローゼンフェルドへのインタビュー。
21 本節の数値の出所は以下の2つ。ロングターム・キャピタル・ポートフォリオがCFTCに提出した財務諸表，ロングターム・キャピタル・マネジメントが1998年の損失について説明した1999年1月13日付の内部資料。
22 LTCM, 1995年7月15日付の投資家向けレター。
23 数値は著者の計算。LTCMの1999年1月付の内部資料で公開された月次資産総額に基づく。
24 エリック・ローゼンフェルドへのインタビュー。

第5章

エピグラフ： Robert C. Merton, unpublished autobiography, May 1998.
1 "Hedge Funds, Leverage, and the Lessons of Long-Term Capital Management," Report of the President's Working Group on Financial Markets, April 1999, 14.
2 Merrill Lynch, "Q&A on *Financial Times* Story," October 29, 1998.
3 Tracy Corrigan, "Komansky Condemns Lack of Transparency," *Finacial Times,* October 14, 1998.
4 ロングターム・キャピタル・ポートフォリオがCFTCに提出した財務諸表。
5 Nikki Tait, "Leverage of LTCM Was Well Known," *Financial Times,* November 19, 1998.
6 Robert Clow and Riva Atlas, "Wall Street and the Hedge Funds: What Went Wrong," *Institutional Investor,* December 1998.
7 André F. Perold, "Long-Term Capital Management, L.P.(A)," Harvard Business School, case N9-200-007, October 27, 1999, 18.
8 サイモン・ボーデンへのインタビュー。
9 ダニエル・タリーへのインタビュー。
10 ハーバート・アリソンへのインタビュー。
11 Leah Nathans Spiro, "Dream Team," *Business Week,* August 29, 1994.
12 Douglas Frantz, Peter Truell, "Long-Term Capital: A Case of Markets over Minds," *The New York Times,* October 11, 1998.
13 Christopher Rhoads, "A Prince Undone: UBS CEO's Fall from Grace Tells a Tale of Euroland," *The Wall Street Journal Europe,* January 25, 1999.
14 Clay Harris and William Hall, "UBS Suffers Share Fall over LTCM Inquiry," *Financial Times,* October 1, 1998.
15 ロングターム・キャピタル・ポートフォリオがCFTCに提出した財務諸表。
16 LTCM, 1999年1月13日付の内部資料。
17 Peter Truell, "Losses Are Said to Continue at Troubled Hedge Fund," *The New York Times,* October 10, 1998.

第4章

エピグラフ：マートン・H・ミラーへのインタビュー。

1 LTCM, 1994年10月10日付の投資家向けレター,“Addendum ＃1, Volatility and Risk Characteristics of Investments in Long-Term Capital Portfolio L.P.,” October 10, 1994.

2 Leah Nathans Spiro, “Dream Team,” *Business Week,* August 29, 1994.

3 Peter L. Bernstein, *Against the Gods* (New York: John Wiley, 1996) ,141-2.

4 Fischer Black and Myron Scholes, “The Pricing of Options and Corporate Liabilities,” *Journal of Political Economy,* May-June 1973, 637-54. 多くがこの公式と物理学とのつながりについてコメントしている。例えば, Todd E. Petzel, “Fischer Black and the Derivatives Revolution,” *Journal of Portfolio Management,* December 1996, 87-91: “The Black-Scholes formula is a basic heat exchange equation from physics.” などを参照。

5 Bernstein, *Against the Gods,* 331. より引用。

6 Peter L. Bernstein, *Capital Ideas* (New York: Free Press, 1992), 216.

7 ウィリアム・サールマンへのインタビュー。

8 ポール・サミュエルソンへのインタビュー。

9 Eugene F. Fama, “The Behavior of Stock-Market Prices,” Reprint Series, No. 39, Center for Mathematical Studies in Business and Economics, Graduate School of Business, University of Chicago, reprinted from *The Journal of Business of the University of Chicago,* 38, no. 1 (January 1965).

10 前掲書, 94.

11 この現象に初めて気づいた人物, バーノイト・マンデルブロットは, 綿価格のファット・テールを論証した。マンデルブロットはポーランド生まれの数学者で, IBM勤務の後イェール大学で教鞭を執り, ファーマの論文に助言した。

12 ユージン・F・ファーマへのインタビュー。

13 Jens Carsten Jackwerth and Mark Rubinstein, “Recovering Probability Distribution from Option Prices,” *The Journal of Finance,* 51, no. 5 (December 1996), 1612.

14 ローレンス・サマーズの言葉。Bruce I. Jacobs, *Capital Ideas and Market Realities: Option Replication, Investor Behavior and Stock Market Crashes* (Malden, Mass.: Blackwell, 1999), 88. に引用されたもの。

15 Robert C. Merton, unpublished autobiography, May 1998.

16 Terry A. Marsh and Robert C. Merton, “Dividend Variability and Variance Bounds Tests for the Rationality of Stock Market Prices,” *American Economic Review,* 76, no. 3 (June 1986), 483-4.

17 Christopher May, *Nonlinear Pricing: Theory and Applications* (New York: John Wiley & Sons, 1999), 29.より引用。メイの著書は, 市場の無秩序をテーマとするウィットに溢れた詳しい専門書で, 市場がコーヒーに入れたクリームと同様に動かないのはなぜか, 理解を深めたい向きには格好の一冊。

18 Till M. Guldimann, J.P.Morgan & Co., Global Research, “Risk-Metrics™—Technical Document,” October 1994. 特に1-28を参照。

Pacelle, "All Bets Are Off: How the Salesmanship and Brainpower Failed at Long-Term Capital," *The Wall Street Journal,* November 16, 1998.

20 Peter Truell, "An Alchemist Who Turned Gold into Lead," *The New York Times,* September 25, 1998.

第3章

エピグラフ：ダグラス・ブリーデンの言葉。Kevin Muehring, "John Meriwether by the Numbers," *Institutional Investor,* November, 1996. に引用されたもの。

1 Keith Bradsher, "No.2 Official Is Resigning from the Fed," *The New York Times,* February 2, 1994.

2 本章は，ウォールストリート・ジャーナル紙に掲載された，債券市場の混乱を伝える以下の優れた記事に負うところが大きい。David Wessel, Laura Jereski, and Randall Smith, "Stormy Spring: Three-Month Tumult in Bonds Lays Bare New Financial Forces," May 20, 1994.

3 LTCM, 1994年7月12日付の投資家向けレター。

4 Wessel, Jereski, and Smith, "Stormy Spring."

5 前掲記事。

6 John M. Keynes, *The General Theory of Employment, Interest and Money* (New York: Cambridge University Press, 1973; first published 1936), 155.

7 André F. Perold, "Long-Term Capital Management, L.P.(A)," Harvard Business School, case N9-200-007, October 27, 1999, 3.

8 エリック・ローゼンフェルドへのインタビュー。

9 Perold, "LTCM(A)," 6.

10 前掲書,14。

11 Leah Nathans Spiro, "Dream Team," *Business Week,* August 29, 1994.

12 Perold, "LTCM(A)," 3.

13 マイケル・ハウへのインタビュー。

14 Michael Lewis, "How the Eggheads Cracked," *The New York Times Magazine,* January 24, 1999.

15 マイケル・フリードランダーへのインタビュー。Gary Weiss, "Meriwether's Curious Deed," *Business Week,* October 19, 1998.

16 Perold, "LTCM(A)," 3.

17 エリック・ローゼンフェルドへのインタビュー。

18 LTCM, 1994年10月11日付の投資家向けレター。

19 Muehring, "Meriwether by the Numbers."

20 エリック・ローゼンフェルドへのインタビュー。

21 LTCM, 1994年7月12日付の投資家向けレター。

22 Seth A. Klarman, Baupost 1993 Partnership Letter, January 26, 1994.

第2章

エピグラフ：フィールディングの引用は *Oxford English Dictionary,* 2d ed., vol. 7（Oxford: Clarendon Press, 1989），94. ホームズの引用は前掲書 96，quoting Holmes's *Pages fr. Old Vol. Life, Bread & Newsp*（1891），12.

1 Franklin R. Edwards, "Hedge Funds and the Collapse of Long-Term Capital Management," *Journal of Economic Perspectives,* 13，no. 2（Spring 1999），193.

2 Gary Weiss, "Fall Guys?" *Business Week,* April 25，1994.

3 *King John,* 2.1.26，1595，*O.E.D.,* vol.7，96より。

4 Edwards, "Hedge Funds and the Collapse of Long-Term Capital Management," 189-90; Ted Caldwell, "Introduction: The Model for Superior Performance," in *Hedge Funds: Investment and Portfolio Strategies for the Institutional Investor,* ed. Jess Lederman and Robert A. Klein（New York: Irwin Professional Publishing, 1995），5-10.

5 Caldwell, 前掲記事。

6 "Hedge Funds, Leverage, and the Lessons of Long-Term Capital Management," Report of the President's Working Group on Financial Markets, April 1999，1.

7 Robert K. Merton, "The Self-Fulfilling Prophecy," *Antioch Review,* 8，no.2（June 1948），194-95.

8 Robert C. Merton, unpublished autobiography, May 1998.

9 Gretchen Morgenson and Michael M. Weinstein, "Teachings of Two Nobelists Also Proved Their Undoing," *The New York Times,* November 14，1998.

10 Peter L. Bernstein, *Against the Gods: The Remarkable Story of Risk*（New York: John Wiley & Sons, 1996），310-16.（青山護訳『リスク－神々への反逆』日本経済新聞社，1998年8月）。バーンスタインの著書では，*Capital Ideas: The Improbable Origins of Modern Wall Street*（New York: Free Press, 1992），207-16.（青山護・山口勝業訳『証券投資の思想革命』東洋経済新報社，1995年5月）のブラック=ショールズ式に関する記述も参照されたい。

11 マックスウェル・バブリッツへのインタビュー。

12 ユージン・ファーマへのインタビュー。Bernstein, *Capital Ideas,* 212. も参照されたい。

13 Mike Shahin, "The Making of a Nobel Prize Winner: Myron Samuel Scholes Never Felt the Need to Be Conventional," *Ottawa Citizen,* October 25，1997; Bernstein, *Capital Ideas,* 212.

14 Shahin, 前掲記事。

15 ウィリアム・F・シャープへのインタビュー。

16 Kenneth H. Bacon, "Fed Says Clinton Bank-Regulation Plan Would Limit Its Ability to Handle Crises," *The Wall Street Journal,* December 3，1993.

17 James Blitz, "Bank of Italy Put $250m into LTCM," *Financial Times,* October 2，1998.

18 ウォルター・ワイナーへのインタビュー。

19 テレンス・サリバンへのインタビュー。Michael Siconolfi, Anita Raghavan, Mitchell

注

（インタビューはすべて著者によるもの）

Henry T.C. Hu, "Misunderstood Derivatives: The Causes of Informational Failure and the Promise of Regulatory Incrementalism," *The Yale Law Journal,* 102, no. 6, April 1993, 1477.

第1章

1　トーマス・E・クレービィへのインタビュー。

2　Gretchen Morgenson, "The Man Behind the Curtain," *The New York Times,* October 2, 1998.

3　前掲記事。

4　Michael Lewis, *Liar's Poker* (New York: Penguin, 1989) ,15.（東江一紀訳『ライアーズ・ポーカー』角川書店，1990年11月）

5　Roger Lowenstein, *Buffett: The Making of an American Capitalist* (New York: Random House, 1995), 371, note.（ビジネスバンク訳『ビジネスは人なり 投資は価値なり―ウォーレン・バフェット』総合法令出版，1998年)。ルイス自身，後にニューヨーク・タイムズ・マガジン誌に書いた記事で，メリウェザーは賭け金を引き上げたと「されている」として，逸話に否定的に傾いている。Michael Lewis, "How the Eggheads Cracked," *The New York Times Magazine,* January 24, 1999を参照。

6　Morgenson, "The Man Behind the Curtain."

7　ミッチェル・ケーパー，ウィリアム・サールマンへのインタビュー。

8　Michael Siconolfi, Anita Raghavan and Mitchell Pacelle, "All Bets Are Off: How the Salesmanship and Brainpower Failed at Long-Term Capital," *The Wall Street Journal,* November 16, 1998.

9　引用の後半部分は，Kevin Muehring, "John Meriwether by the Numbers," *Institutional Investor,* November, 1996. より。

10　Lewis, "How the Eggheads Cracked."

11　Douglas Frantz and Peter Truell, "Long-Term Capital: A Case of Markets over Minds," *The New York Times,* October 11, 1998.

12　Lewis, "How the Eggheads Cracked."

13　Randall Smith and Michael Siconolfi, "Roaring '90s ? Here Comes Salomon's $23 Million Man," *The Wall Street Journal,* January 7, 1991; Martin Mayer, *Nightmare on Wall Street: Salomon Brothers and the Corruption of the Marketplace* (New York: Simon & Schuster, 1993), 36.

14　モーザー事件の詳細については，Lowenstein, *Buffett,* 374-85，を参照。

15　Leah Nathans Spiro, "Dream Team," *Business Week,* August 29, 1994.

16　チャーリー・マンガーへのインタビュー。

ロジャー・ローウェンスタイン
10年以上にわたってウォールストリート・ジャーナル紙記者として活躍。1989年から91年にかけて同紙株式欄にコラム"Heard on the Street"を、95年から97年にかけてはコラム"Intrinsic Value"を執筆。現在はスマートマネー誌にコラムを連載するほか、ニューヨーク・タイムズ紙、ニューリパブリック誌などに寄稿。前作 *Buffett : The Making of an American Capitalist* は全米でベストセラーとなった。

東江 一紀 北海道大学卒。主な訳書：マイケル・ルイス『ニュー・ニュー・シング』(日本経済新聞社)、トーマス・フリードマン『レクサスとオリーブの木』(草思社)、ネルソン・マンデラ『自由への長い道』(ＮＨＫ出版)、ゴードン・トーマス『憂国のスパイ』(光文社) など。

瑞穂のりこ 広島県生まれ。お茶の水女子大学英文科卒。

天才たちの誤算
ドキュメントＬＴＣＭ破綻

2001年6月11日　1版1刷

著　者　Ｒ・ローウェンスタイン
訳　者　東江　一紀
　　　　瑞穂　のりこ
発行者　羽土　力

発行所　日本経済新聞社
http://www.nikkei.co.jp/pub/
東京都千代田区大手町1-9-5　〒100-8066
振替 00130-7-555　電話 (03) 3270-0251

印刷　東光整版印刷／製本　積信堂
ISBN4-532-16391-9　Printed in Japan